Photo Art Therapy

사진 미술 치료

Photo Art Therapy

사진 미술 치료

Jerry L. Fryrear, Irene E. Corbit 지음

김준형, 서시영 옮김

북스힐

역자 머리말

2008년에 사진이라는 매체를 심리치료에 활용하는 사진치료를 처음으로 접하게 되었다. 다양한 임상장면에 적용해본 결과 놀라운 치료효과를 경험하게 해준 사진치료에 대해, 그 후 좀 더 깊이 있는 공부를 해보고 싶었다. 그러나 국내에 사진치료에 관한 전문서적이 없었다. 이제 이 책의 출간으로 다양한 매체치료와 절충하여 활용이 가능한 사진치료를 국내에 소개할 수 있게 되어 매우 의미있게 생각한다.

제리 프라이리어와 이렌느 코빗이 1990년대 발간한 사진 미술치료는 사진치료를 국내에 처음으로 소개하는 책이다. 또한 융의 이론적 관점에서 미술치료에 사진과 미술, 놀이, 동작, 비디오 촬영 등을 접목하여 현장에서 실제 적용한 기법들과 사례들을 상세하게 기술하고 있다. 따라서 기존의 언어적 상담이나 심리치료에 접목하여 활용할 수 있는 새로운 기법들을 공부하는 데 상당한 도움을 줄 수 있을 것이다.

사진을 찍기 위해 우리가 취하는 동작은 자신의 이미지에 대해 의식적으로 표현한 것이며, 미술활동은 무의식적인 상징들을 의식화한 것이다. 사진과 미술이라는 매체를 접목한 사진 미술치료는 우리의 의식과 무의식의 상호작용을 촉진시켜주고, 이러한 상호작용에 의한 이미지들의 시각적 전환을 통해서 생기는 미묘한 변화가 어떻게 변형이 되고 치료의 기반인 창조적 활동과 연결되는지 다양한 사례와 함께 그 진행과정을 잘 보여주고 있다.

이 책은 자기 이해, 고통과 증상 완화, 집단치료에서 사진 미술치료를 어떻게 적용하는지 자세한 기법과 기술, 그리고 발생 가능한 문제점에 대한 대안을 제시한다. 또한, 내담자의 사진과 관련한 비밀 유지와 윤리적인 측면에서 실제적인 문제들을 다루고 있어 사진 미술치료의 실용서로 활용하는 데 어려움이 없을 것이다.

의역을 하는 과정에서 역자의 여러모로 부족한 언어 능력의 한계로 인해 저자의 의도를 정확하게는 살리지 못했을 수도 있다. 그러나, 독자들이 이 책이 보여주는 내용의 풍요로움과 생생한 치유적 에너지를 통해 이러한 염려를 보완해주기를 바라는 마음이다.

번역을 흔쾌히 허락해주시고 약속기일을 넘겼는데도 기다려주신 북스힐 조승식 사장님과 마지막까지 편집에 애쓰신 편집부 직원 여러분, 번역과정에서 많은 도움을 준 정현정 선생, 유필호 선생 모두에게 감사의 말씀을 전한다.

역자 일동

머리말

이 책을 집필한 우리의 의도는 즉석 사진, 기타 미술매체들을 사용하는 치료기법에 대한 학술적인 논문과 다양하게 제안된 적용기법들을 담은 실용서 간의 균형점을 찾아내는 것이다.

새로운 치료기법들이 사업, 의학, 교육, 종교, 그리고 최근엔 심리치료 내에서 자신들의 자리를 찾아가고 있다. 하지만 심리치료자들이 이러한 기법을 수용하는 데에는 커다란 저항이 존재하는 듯하다. 심리치료 분야는 프로이트(Freud)식의 소파(couch)와 브로이어(Breur)와 프로이트의 '언어적 치료(talking cure)'의 이미지들을 상기시킨다. 내담자는 이야기하고 심리치료자는 듣는다. 기타 다양한 심리치료들은 내담자와 치료자 간의 관계, 따듯함, 진솔성(Rogers, 1951) 같은 치료자와의 개인적인 속성들에 커다란 의미를 둔다. 거의 한 세기 동안 많은 심리치료자들은 자기 자신을 치료적 도구, 수단으로 간주하고, 치료회기에서 기술적, 외재적인 도구들이나 다른 것들을 받아들이기를 꺼려해왔다. 한 가지 중대한 예외는 이완 훈련과 유도된 심상(guided imagery)에서의 바이오피드백 기구와 오디오테이프를 활용한 것이다. 또 다른 중대한 예외는 표현적 치료 분야이며, 이 분야에서 치료자들은 빠르게 미술과 음악매체를 활용하였다. 최근에는 비디오카메라와 사진(우리의 경우 즉석 사진기)이 새롭게 추가되었다.

집단과 개인치료 회기들은 집단원과 그들의 치료자들이 나중에 고찰하기 위해 비디오 촬영을 할 수 있다(Berger, 1978; Fryrear와 Fleshman, 1981; Hilveil, 1983). 사진들은 어린 시절의 기억들을 되짚고, 자기 자신을 직면하며, 전환을 쉽도록 하기 위해 활용될 수 있다(Krauss와 Fryrear, 1983). 즉석 사진은 내담자들로 하여금 느낌들을 탐구하고 자세를 취하면서 개인의 이미지들을 포착할 수 있도록 도움을 준다.

한 명의 선구자가 우리의 작업에 특히 중대한 영향을 끼쳤다. 로버트 울프(Robert Wolf)는 수년 전부터 어린이들과 청소년들에게 즉석 사진술을 사용하기 시작하였다(Wolf, 1976, 1978, 1983). 학습장애 아동들, 반사회적 아동들, 그리고 행동화하는 청소년들과 함께 작업하면서, 울프는 즉석 사진술이 다루기 어려운 내담자들을 치료과정에 참여하게 하는 데 유용하다는 것을 발견하였다. 그의 기법들과 아이디어들 중 다수가 우리의 기법들과 아이디어에 영감을 주었다. 휴스턴의 춤치료자인 위넬 딜라니(Wynelle Delaney)에 의한 전환적 동작 작업(transitional movement work)은 이 책에서 언급된 사람들의 다른 작업과 마찬가지로 우리의 생각에 영향을 주었다. 융의 개념은 이 책에 전반적으로 스며 있으며 이 모든 것들을 지탱하는 이론적 실마리를 제공해준다.

사진을 기타 미디어들과 결합하여 사용하는 우리의 작업은 1980년대 초반 우리가 집단 회기 내에서의 표현적 미술치료들의 생동성을 탐구할 때 시작하였다. 그때 우리는 '태곳적의 치유의식과 현대의 기법을 통합하기'라 불리는 워크숍을 이끌었으며, 이 속에서 사진, 비디오, 연극, 가면, 그리고 미술을 과거와 현재의 치유방법에 힘을 불어넣기 위해 사용하였다. 그 이후 우리는 우리의 기법들을 다듬고 많은 새로운 방법들을 추가하였다. 이 책에 나오는 대부분의 연습들과 과제들은 개인치료의 내담자, 집단, 혹은 워크숍의 특정한 요구에 적합하다. 그것들은 우리의 다양한 치료적 경험과 재미있는 브레인스토밍 섹션들의 결과로 선정하여 탄생한 것이다.

독자들은 이 책을 읽으면서 즉석 사진을 강조한 미술치료에 대한 논의를 발견할 것이다. 1948년 에드윈 랜드(Edwin Land)에 의한 즉석 사진의 발명과 폴라로이드 600 카메라와 필름이라는 현대 기술은 동일한 치료 회기 내에 내담자를 찍거나 내담자가 찍은 사진을 활용하는 것을 가능케 하였다. 사진을 찍는 것에서부터 컬러로 인화하는 데까지는 1분이 걸리는데 펜으로 그리거나 붓으로 색칠하는 것보다 빠르다. 게다가, 사람들은 사진을 찍을 수 있고 기꺼이 찍힐 수도 있는 반면에, 그들은 그릴 수 있다고 느끼지 못하거나 자신이 '예술적'이라고 느끼지 못할 수도 있다. 사진들은 미술작품의 창작을 위한 실용적이며 현실적인 출발점을 제공하고 치료를 위해 고안된 지침들을 따른다.

대부분의 경우에 이 책의 학문적인 부분은 C. G. 융의 이론적인 관점을 기본으로 하여 접근하였다. 모든 위대한 이론가들 중에서 융은 치료에 대한 다양한 양식의 접근을 독려하였으며, 특히 창조적이고 예술적인 치료에 대해 언급하였다. 그는 특별히 사진을 장려하지는 않았는데, 그의 시대엔 사진기의 부피가 크고, 비싸며, 비실용적이었기 때문에 그러했을 것이다. 따라서 현재 사진의 대중화를 가정하여 어디서든 연관이 있고 가능하다면, 우리는 앞으로 나올 장들에서 융의 글들을 인용할 것이다.

먼저 도입부를 위해서 미술치료에 대한 융의 언급을 인용해보자. 융은 이 글을 1916년에 썼는데, 1958년까지 출판되지 않은 원고로 남아 있었다.

> "정서적 혼란은 다른 방식으로도 다루어질 수 있다. 그것을 지적(知的)으로 명료화하는 것이 아니라 그것에 시각적인 형상을 입힘으로써 다루는 것이다. 그리기나 색칠하기에 재능을 지닌 환자들은 그림이라는 수단으로 그들의 기분

을 표현할 수 있다. 그림이 기술적으로, 혹은 미학적으로 만족스러운지는 중요치 않으며 단지 환상이 자유롭게 펼쳐지고 가능한 모든 것이 이루어지는 것이 중요하다. (……) 의식과 무의식에 의해 영향을 받아 하나의 작품이 만들어지며, 이는 빛을 향한 무의식의 갈망과 실체를 향한 의식의 갈망을 구체화한다 (Collected works, Vol. 8, pp. 78~79).”

우리는 정서적 혼란에 ‘시각적 형태’를 부여하는 것에 대해 전적으로 융에게 동의한다. 게다가, 많은 사람들이 말하듯이 심리치료에서 나타나는 문제들의 전부는 아니라도 부분적으로 시각적 형상을 갖추면 보다 잘 다룰 수 있다고 말하곤 한다. 추상적인 개념보다는 직면시키고, 논의하고, 바꾸거나, 아니면 구체적인 대상을 가지고 다루는 것이 사람들에겐 훨씬 쉽다. 추상적인 것에 ‘시각적인 형태’를 부여함으로써 내담자는 제법 실체가 있는 대상을 만들어낸다. 그것은 형태, 색깔, 크기를 가지고 있으며 직접 마주할 수 있고 논의될 수 있으며 시각적으로 바뀔 수 있다. 내담자는 사진을 가지고 감정이나 기억의 시각적 형태인 신체 자세를 만들 수 있고 결국엔 분명히 치료적인 방식으로 사진을 마주하고 논의하며 변경할 수 있다.

우리는 환자(혹은 우리가 도움을 구하는 사람들을 부르는 명칭으로 선호하는 내담자)들에게 미술적 재능을 많이 요구하지 않는다. 사진을 위한 자세를 취하거나 사진을 오려 올려놓는 데는 미술적 재능이나 창조성이 거의 필요하지 않다. 미술적 재능이나 연습은 분명히 사진 미술치료를 위한 필요조건이 아니다. 치료를 받은 어떤 내담자는 “사진에 대한 한 가지 독특한 점은 그것들이 나에게 잘 그릴 수 없는 것에 대해 걱정할 필요가 없다는 자유를 가져다주는 거예요! 어떤 예술적이지 않은 사람도 적절한 사진들을 찍을 수 있어요. 그러니까 이 기술은 제가 이 작업을 계속할 수 있게 해주고 타인과의 작업에 대해 내가 어떻게 반응할 것인지에 대해 걱정하지 않게 해주죠."라고 말하였다.

우리는 그림이 기술적으로, 혹은 미학적으로 만족스러울 필요가 없다는 융의 말에 동의한다. 미술치료는 미학이 아니라 치료를 강조하기 때문에 미술 분야로 취급하지는 않는다. 이 과정을 미술적 전문기술에 의해 평가받는 어떤 작품이 아닌 하나의 진솔한 표현으로 내담자가 가치를 부여하도록 하는 것이 중요하다. 최종적인 미술작품은 치료적인 이유로 가치가 있으며 미학적인 이유는 거의 없다. 어떤 내담자들은 자신들의 미술적 기술의 부적절함으로 인해 이따금 당황하거나 좌절하여 치료자의 추가적인 독려가 필요하지만, 다른 내담자들은 미학적으로도 만족스럽고 놀랄 만큼 훌륭한 미술작품들을 열심히 만들려고 할 수도 있다.

미술은 다른 많은 매체들과 더불어, 융의 말처럼 '공상이 자유롭게 노닐게' 허용한다. 우리는 사진 자체만으로는 다소 제한적이라 생각했기에 다양한 미술매체들을 추가하였다. 우리는 공상이 자유롭게 노닐게 허용하고, 정신은 복합적인 것이어서 다양한 방식으로 접근되어야 한다는 생각에 동의한다. 융은 1935년에 또 다른 경우에 대해 썼다.

> "우리가 더욱 깊게 정신의 본성을 살펴볼수록, 인간 본성의 다양성, 다차원성이 정신의 다양성을 만족시키기 위해선 매우 다양한 관점과 방법이 필요하다는 확신이 더욱 커진다(Collected Works, Vol. 16, p. 9)."

최근에 맥니프(Mcniff)는 "치료에 대한 미술 철학에서 가장 두드러지는 특징은 아마도 다양성을 향한 경향일 것이다. 다양한 이미지들이 정신으로부터 자연스럽게 표현되며, 우리는 더욱 민감하게 더 많은 자원들을 가지고 그 이미지들에 대비해야 한다. 유연하지 못한 지적인 관점은 이미지들이 정신을 드러내는 것을 어렵게 하며 그것들에 대처할 준비가 되지 않은 환경 내에서 작업하는 사람들에게 (이미지들이) 제대로 이해되는 것을 더욱 어렵게 만든다. 정신은 다양한 형태로 표현된다. 개인적인 표현 스타일들은 서로 다르며 하나 이상의 표현적인 양태(modality)들이 유용할 수 있다(1987, pp. 260~261)."라고 기술했다.

내담자들 중 한 사람은 "사진에 종이, 빛, 상자 등을 추가하면서 활기를 띠었어요. 추가적인 재료들 모두가 과제를 개별적인 방식으로 나타나게 하죠."라고 언급하였다.

또 다른 집단원은 "나는 미술재료들이 사진들과 결합되었을 때 치료적인 효과를 분명히 경험했어요. 그러한 조합은 놀라울 정도로 간결하면서도 의식과 무의식적 과정의 상당부분을 촉진하였어요. 전 제가 고른 미술재료들이 처음에는 사진들만 가지고도 충분하다고 여겼던 제 생각을 어떻게 변화시켰는지에 대해 놀랐어요. 더욱이 다른 집단원들의 미술작품들을 관찰하면서, 어떻게 우리들 각자가 색, 모양, 다양한 크기, 재료 등으로 각각의 문제를 독창적으로 해결하게 되는지 점점 더 명확해졌어요."라고 말했다.

이들은 우리로 하여금 우리가 한 일들, 우리의 프로젝트가 우리 안에 불러일으킨 느낌들, 그리고 어떻게 미술재료들과 사진의 통합이 심오한 질문에 응답하도록 기여하는지 탐구하도록 하였다.

우리는 사진 미술치료 작업 내에서, 내담자에게 즉석 사진기와 필름, 마킹 펜들, 물감과 붓, 색실, 잡지, 색종이, 박엽지, 포스터보드, 크레용, 가위, 풀, 장식용 금속판(sequins), 깃털, 글리터, 리본, 그리고 우리가 가용할 수 있는 그 밖의 모든 것들을 제공하였다. 우리가 개발한 사진 미술치료 활동은 '자유로운 놀이'를 최대한 허용하면서 구조화를 하기 위해 고안되었다. 우리는 광범위한 개요와 지침을 안내하면서도 개인적인 창조성을 허용하였다.

이 작업은 성격상 완전히 인지적이지 않은 구조를 제공하는 것이 중요하다. '의식과 무의식 둘 다에 영향을 받으면서 무의식의 빛을 향한 갈망과 의식의 실체를 향한 갈망을 구체화하는' 작품을 창조하게 해야 한다. 미술치료가 적절하게 구조화되면, 내담자가 희미하게 약간이라도 자각한 무의식적인 공상을 허용한다. 융은 "비판적인 생각들은 반드시 제거되어야 한다. 시각적 유형은 내면의 이미지가 표현될 것이라는 기대에 집중하여야 한다. 일반적으로 이와 같은 공상-그림이 실제로 나타날 것이다(Collected Works, Vol. 8, p. 83)."라고 말했다. 우리는 이 작업 속에서 내담자들이 미술재료를 가지고 놀 때 그들의 첫 번째 의도를 추구하면서 지나치게 많이 생각하거나 계획하는 것을 피하도록 하였다. 미술작품에는 어떤 형태와 색깔이 요구되는데, 만약 어떤 내담자가 지나치게 인지적이거나 지적이지 않으면 그 공상은 자유롭게 펼쳐지게 되고 거기엔 실제로 의식과 무의식 간의 상호작용이 나타난다.

미술과 사진의 결합은 의식과 무의식 간의 상호작용을 촉진한다. 램버트(Lambert, 1983)는 "미술과 사진은 두 가지 서로 다른 방향으로부터 자기 자신에게 접근한다. 미술은 우선 이전에 승화되어서 종종 자아에게 알려지지 않았던 무의식을 표면으로 끌어낸다. 사진은 자기의 바깥에 있는 이미지(상징적 자료의 풍부한 자원뿐 아니라 객관적인 자료)를 가지고 시작한다. 외재적 이미지는 그 다음에 일반화되어 내적 자아와 통합될 수 있다. 그러므로 나는 미술과 사진이 서로를 보완한다."고 생각했다.

우리는 이 작업 속에서, 보통 사람들이 실제로 사진을 찍거나 찍히기 전에 사진을 구상해볼 것을 요청하였다. 그 결과로 나오는 이미지는 의식, 즉 가장 중요한 개념을 담은 하나의 묘사로, 사람들은 스냅사진을 찍을 때조차 순간적으로 사진을 찍기 전에 어떤 개념화가 존재한다는 것을 의식한다. 우리는 사진이 인화된 다음에 사진 위에 다양한 미술매체를 가지고 미술적으로 더하는 단계를 추가하였다.

이 두 번째 단계는 미술적인 추가 혹은 장식으로 이전에는 명확하게 구체화되지 못하였다. 대부분의 사람들은 그저 미술이 명확한 계획 없이 진행되게 하였다. 게다가, 미술가들이 미술작품에 몰입하게 되었고, 그들이 재료를 사용하면서 어떤 몰입의 경지에 들어갔다고 보고하였다. 이 두 번째 단계, 사진에 미술을 더하는 것은 내담자가 적극적이고 의식적인 사고로는 쉽게 접근할 수 없었던 느낌, 사고와 기억들에 접촉하도록 도움을 줄 수 있다. 즉, 과제에서 사진 부분은 의식적이면서 의도적인 것이다. 과제의 미술적 부분은 보다 무의식적이고 자동적인 것이다.

융의 저술에 나타나는 한 가지 주제는 바로 대극의 긴장이다. 의식과 무의식에 대한 생각과 더불어, 융은 의식적 정신이 무의식을 보상하며 그 반대도 마찬가지라고 반복적으로 말하고 있다. 정신에 대한 보상적인 특성은 긴장이 개인 내에 존재할 것이라는 사실을 피할 수 없게 만든다. 개인은 대극의 긴장을 초월적 기능으로 극복한다. 즉, 단순히 긴장 덩어리가 되는 것 이상이다. 초월적 기능은 개성화 과정에 달려 있으며, 그로 인해 한 개인은 완전하게 그 자신이 된다. 융은 다음과 같이 말했다.

> "초월적 기능은 목표나 목적 없이는 진행되지 않으며, 인간의 본질을 드러나게끔 한다. 본질적인 인간의 계시다. 그것은 우선 순수한 자연적인 과정이며, 어떤 경우에는 개인의 지식이나 도움 없이 그 과정을 추구할 수 있다. 또한, 이따금 반대의 경우에도 그 스스로 달성할 수 있다. 이 과정의 의미와 목적은 근원적으로 배아의 세포 속에 숨겨 있던 잠재적인 전체성, 근원의 생성과 펼침; 모든 측면에서 개성의 실현화이다. 이러한 목적지를 향한 무의식에 의해 사용된 상징들은 인류가 언제나 전체성, 완전성, 그리고 완벽함을 표현하기 위해 사용하여 온 것들과 동일하다. 대체적으로, 원형과 사위일체(四位一體)로 표현된다. 이러한 이유로 나는 이것을 '개성화 과정'이라고 이름 붙였다(Collected Works,

Vol. 7, p. 110)."

개성화 과정은 개인의 성격에 대해 차츰 알아가면서 실현된다. 사진과 미술작품의 특정한 조합은, 우리가 앞서 논했듯이 한 개인이 개인에 대한 지식을 추구하고 대극의 긴장을 초월하는 것을 돕는 효과적인 방법이다.

이 책은 4부로 나누어져 있는데, 자기 이해, 고통과 증상 완화시키기, 집단치료, 그리고 논의다. 우리는 내담자들이 만든 사용이 가능한 미술치료 작품을 개념들에 대한 실례로 활용하였다.

1부는 개성화를 추구하면서 자기 자신을 이해하는 것과 관련된 6개의 장들을 담고 있다. 1장은 자연계와 관련하여 자기 자신을 이해하는 데 도움을 주는 사진 미술치료 과제에 대한 논의다. 2장은 타인과의 관계를 이해하기 위한 방법을 담고 있다. 3장은 '페르소나'나 우리가 타인에게 투사한 성격을 탐구할 수 있는 지침과 방법을 제공한다. 4장은 쉽게 인식되거나 평가되지 않는 성격의 측면인 '그림자'에 관한 것이다. 5장은 사진 미술치료와 원형에 대한 논의, 특히 민화와 동화를 참조한 논의다. 6장은 꿈과 적극적 상상에 대한 사진 미술치료의 접근으로 구성되어 1부를 마무리하고 있다.

2부는 불안, 우울, 그리고 공포증 같은 심리적인 증상들의 직접적인 치료를 위한 구체적인 제안에 대해 그림을 사례와 함께 담고 있다. 7장은 두려움, 특히 어린이들과 관련한 두려움에 관하여 사진을 결합한 모래놀이로 작업하는 것을 포함한다. 8장은 인간관계의 갈등을 해결하는 과정에서 사진 미술치료의 활용을 다루고 있다. 9장은 무감정, 우유부단, 그리고 우울증을 다루는 과정에서 사진 미술치료의 활용이다. 10장은 사진 미술치료 방법으로 내면의 상처받은 아이를 달래고 학대의 영향력을 극복하는 데 활용한 것으로, 아동 학대에서 살아남은 한 성인 생존자에 대한 사례 연구다.

3부에서 우리는 집단치료에 대한 3개의 장을 담았다. 11장의 '시각적 전환 집단'은 저자에 의해 개발된 사진 미술치료 기법을 기술하였다. 이는 미술, 사진, 비디오, 동작, 언어적 논의를 통합한 다양한 양식을 갖는다. 12장과 13장은 집단 응집력을 발전시키기와 '정체된' 집단에 새로운 생기를 불어넣기라는 집단치료 내에서 흔한 문제점들을 다루었다.

4부는 2개의 장으로만 이루어졌다. 14장은 주로 비밀유지의 윤리와 미술재료 같은 실질적인 문제들에 대한 논의이며 새롭지만 완전히 개발되지는 않은, 혹은 개념적으로 다른 어떤 장에도 들어맞지 않는 사진 혹은 비디오 미술치료 프로그램에 대한 간략한 기술도 곁들였다. 15장은 이 책에 대한 간단한 요약이다. 끝으로, 참고 문헌들의 목록으로 마무리된다.

성차별적인 언어와 어색한 그/그녀, 그녀 자신/그 자신과 같은 구문을 피하기 위해, 우리는 임의적으로 어떤 구에서는 여성적 대명사를 사용하였고, 어떤 구에서는 남성적 대명사를 사용하였다. 내담자의 신원은 익명으로 하였으며 내담자의 작품은 복제를 허락받고 다시 인화하였다.

서문

제리 프라이리어(Jerry Fryrear)와 이렌느 코빗(Irene Corbit)은 《사진 미술치료: 융 심리학적 관점》에서 다양한 미술매체와 치료방법을 통해 미술치료의 새로운 가능성을 열고 있다. 비록 이 책이 융 심리학의 이론과 작업에 기반을 두고 있지만 저자들은 다른 치료적 관점들과도 절충을 시도했다. 이 모든 것들은 초월적인 우주와 치료의 다양한 측면을 지니고 있어서 융의 믿음과도 일치한다. 즉, 미술매체들을 결합하는 혁신적인 방법을 설명할 뿐만 아니라 내담자로 하여금 일련의 대화와 서사를 통해 치료과정의 내적 작업을 명확히 표현하도록 한 것이다. 이러한 협력정신은 저자들의 공동 작업을 비롯하여 이 책의 모든 곳에 스며들어 있다. 또한, 사진과 융 심리치료라는 두 가지 분야가 미술치료와 긴밀하고 필수적인 관계임을 밝혔다는 데 의미가 있다.

로버트 울프(Robert Wolf)와 와이저(Weiser, 역주: 사진치료 전문가)에 의해 인정된 미술치료자들의 선구적인 공헌으로, '사진치료'와 '비디오치료'는 미술치료 분야에서도 비슷하게 발달하였다. 미술치료와는 상관없이 출판되었던 사진(Cornelison과 Arsenian, 1960)과 비디오(Alger와 Hogan, 1967)를 치료에 활용하는 것에 대해, 초기의 문헌뿐만 아니라 많은 치료자들이 거부감을 가지고 있었다. 1970년대에 저명한 미술치료자들은 시각적 미술 공동체 내에서는 다양하고 기술적인 미술 활동을 받아들일 수 없으며, 그리기, 색칠하기, 그리고 찰흙으로 소조하기와 같은 헤게모니가 유지되어야 한다고 주장하였다.

이 시기에 제리 프라이리어는 미술의 여러 전문 분야가 어떻게 협력할 수 있는지에 대한 실험을 하였다. 그리고 1981년에 밥 플레쉬맨(Bob Fleshman)과 공동으로 <치료에서의 미술(The Arts in Therapy)>이라는 책을 쓰게 되었다. 이때 프라이리어는 미술 분야들이 언제나 친밀한 관계를 맺고 있었으며, 종종 분리할 수 없고, '재결합을 하려고 지속적인 노력을 기울이는 경향이 있으며 특히 현대미술 속에서 그 경향이 두드러진다'는 역사적 사실을 확인했다. 일부에서 사진과 비디오를 미술치료에 도입하는 것에 대해 반대하는 것은, 이 기법들이 자연스럽게 연극, 동작, 그리고 몸의 표현을 포함하게 되므로 협의의 전문화라는 경계가 없어진다는 사실을 더욱 확실하게 보여준다.

프라이리어는 <치료에서의 미술>에서 미디어 예술(비디오테이프, 사진, 오디오테이프, 그리고 영화)에 대한 언급을 1개의 장에서만 하였으나, 이후 심리치료(1983년)와 비디오치료(1981년)에 대한 출판물들을 공동 집필하게 된다. 이 책들은 예술적인 스펙트럼을 가로지르는 협력에 대한 지속적인 연구를 한 결과들이다. 이로 인해 어떻게 비교 연구가 각 분야의 개별화(individuation)를 심화시키는지를 확인할 수 있다. <사진 미술치료>는 이러한 일련의 책들로부터 나온 것이며 어떻게 특정한 기법에 초점을 맞추는지, 예를 들면, 사진치료처럼 다른 시각적 미술 측면에 연결될 수 있을 뿐만 아니라, 추가적인 미술의 형태와 치료적 가능성의 귀중함을 포함하는지를 보여주면서 이 과정을 완성하였다. 이렌느 코빗과의 공동 집필은 사람들과 상상의 대상들 간의 영적인 대화와 같았으며, 치료에 집중하며 경험한 시적이고도 개인적 체험을 바탕으로 하고 있다.

프라이리어와 코빗은 미술치료와 사진의 결합으로부터 나온 산물이 또 하나의 창조적인 미술치료 분야를 만들어내기 보다는, 어떻게 하여 미술치료가 그 분야의 통일성을 위협 받지 않고 그 범위를 확장할 수 있는지를 보여준다. 그들은 이미지들이 포스터보드 위에 올려질 때나 조각상의 형상으로 조합될 때, 어떻게 하여 즉석 사진들이 다른 시각적 미술 활동(그리기, 색칠하기, 콜라주 등)의 참여를 이끌 수 있는지를 기술하였다.

저자들이 즉석 사진을 활용한 것은 '자기 이미지의 직면'이라는 사진과 비디오 치료의 전통과 일치한다. 하지만 전통적인 방법들과는 달리, 그들은 내담자들로 하여금 이미지를 구성하고 느끼는 상태와 기분을 신체를 통해 상상하면서 사진을 위한 자세를 취하도록 하였다. 비록 이런 경험들이 많은 미술치료자들에게는 이차적인 것으로 여겨질 수 있지만, 신체 치료자나 이를 연습시키는 치료자는 그것들을 가장 중요한 것으로 여길 것이다. 자세를 취하는 것에 대해 강조하는 것은 마음이 이미지에 대한 신체의 표현에 응답하는 치료를 의미한다. 나는 내 미술치료 스튜디오 안에서 행위예술을 하면서 시각적 이미지로 신체를 표현한 것과 비슷한 경험이 있다.

프라이리어와 코빗이 '스틸' 사진들을 활용한 것에는 운동적인(kinetic) 지향성이 존재한다. 그들의 방법은 변화하는 감정들에 맞춰 신체 자세를 전환하는 것을 포함한다. 자세를 바꾸면서 어떻게 신체 자세의 변화가 느낌에 영향을 끼치는지를 명확히 표현하는 역방향의 작업을 시도해볼 수 있다. 사진들은 이러한 신체의 느낌들을 외재화(externalize)하며 이미지들에 대한 깊이 있는 생각을 하게 하고, 내재화(internalization)를 심화시키는 기반을 만든다. 사람들이 사진들을 포스터 위에 배열하고, 이미지를 자유롭게 바꾸며 사진들을 포스터 위에 어떻게 배치할지를 결정하면서 또 다른 변형이 일어난다.

저자는 아론 벡(Aaron Beck)의 인지치료를 습관적인 이미지들을 바꾸기 위한 하나의 모델로 제안하였으며, 융 심리학의 전통 내에서 제임스 힐만(James Hillman)은 이와 유사하게 우리가 삶을 조직하는 방식에 따른 우리의 이야기와 만들어낸 이야기를 바꾸어볼 것을 제안하였다. 이미지들이 변함에 따라 우리도 변한다. 치료의 기반은 변화의 창조적 활동이며, 이는 프라이리어와 코빗에 의해 '시각적 전환'으로 기술되었다. 그들은 어떻게 행동의 미묘한 변화가 개인의 삶 속에서의 중대한 변형을 촉진하는지에 대해 보고하였으며, 이는 "구원자는 그 자체로는 중요하지 않으며 그로부터 일어나는 일들이 중요한 것이다."라는 융의 믿음과도 일치한다.

'페르소나'를 탐구하기 위해 사용되는 '자화상 상자'는 창조적인 탐구를 잘 보여주고 있다. 페르소나에 대한 미술작업을 하는 사람의 사진은 상자의 바깥쪽 6면에 붙여지고 사적인 특성을 지닌 이미지들은 상자의 안쪽 6면에 붙여진다. 이 과정은 하나의 단일한 페르소나의 존재에 대한 의문을 제기하며 우리가 세상에 드러내거나 드러내지 않는 여러 면들에 대한 명확한 표현을 가능하게 한다. 차단과 내면의 피난처라는 특성을 지닌 상자의 이미지는 이차원적인 표면으로 미술적 표현이 제한된 상황에서 유용하다. 상자의 단순한 형태는 사진 찍기와 조소를 결합한 것이며, 이것은 조셉 코넬(Joseph Cornell)의 작업과 다른 미술 분야가 연관되는 것을 보여준다.

나는 이 책을 통해 나타난 융의 이론에 대한 저자의 성찰에 즐거웠다. 융은 상상이 변형의 가장 중요한 능력이라고 믿었으며 내적 상태를 그림의 형태로 표현하도록 하였다. 이는 '그것들(내적 상태)을 환자가 보다 잘 이해하도록 하기' 위한 것이었다. 그는 이미지들과 가까이 머물고자 노력하였고 '꿈꾼 이가 그로부터 탈출하려는 모든 시도'를 차단하였다. 그의 연구는 여전히 미술치료 작업에 있어 알려지지 않았지만 중요한 근거로 남아 있다. 이 책은 미술치료 공동체들이 이미지에 대한 심층심리학에서 융을 간과할 수 없다는 사실을 알게 할 것이다.

이렌느 코빗이 미술치료에서 '적극적 상상'을 활용한 것은 어떻게 심층 심리치료가 자아의 습관을 다양한 표현과 대안으로 자연스럽게 표현하는지를 보여주었다. 알아차림(awareness)이 확장되고 예전에는 개인의 의식 바깥에 있던 것들이 표현된다. 민감성과 안전함은 이미지 자체의 이야기를 말해주고, 의미심장하며 자발적인 정신 활동의 틀을 제공해주는 이미지와 접촉하여 머무는 것으로 한층심화된다.

이미지의 틀 안에서의 정신활동에 대한 믿음은 6장의 해리(Harry)의 꿈 작업에 의해 설명되었다. 그가 끈적거리는 진흙밭과 닭똥밭을 오랫동안 판자를 진 채 걸은 것은 내가 여태껏 읽었던 치료적 대화들 중 가장 참여적인 것이었다. 환자와 치료자는 꿈의 맥락으로 들어가 이미지에 대해 생각하고 적극적 상상을 통해 꿈의 신비로움을 인식하고 명료하게 표현하며 꿈의 특성들과 함께 머물렀다. 그 결과가 퍼즐을 풀거나 어떤 숨은 이유를 밝혀낸 것은 아니지만 세상에 대한 재각색(redramatization)이라는 융의 요구를 따른 것이다. 우리가 지적으로 정신적 이미지들을 설명할 때, 그는 "새가 날아갔다."라고 표현하였다. 해리와의 대화는 어떻게 치료가 우리로 하여금 우리의 표현들을 보다 깊게, 그리고 보다 개인적으로, 미술적인 탐구 분야 안에서 상상하는 것을 도와줄 수 있는지를 설명해주었다.

이 책은 물리적인 형태를 갖춘 사진들을 통해서 미술치료와 융 심리치료 둘다의 특성을 살리며 연구에 기여하고 있다. 하지만 그것들은 보편적인 '무언가(widgit)'로 상상될 수 있으며, 사진은 물리적인 형태들의 무한한 스펙트럼 안에서 구현되는 것을 알 수 있다. 나는 독자들이 사진의 콜라주나 모래로 만든 형상을 가지고 놀기처럼 어떤 고정된 미술과정을 행하려는 경향만을 고집할 것이 아니라 사진들에 의해 구현된 원형적 힘들을 경험해 볼 것을 권한다. 특정한 창작방법이 그 자체로 하나의 학파가 되어버리면, 그것은 그와 연관된 움직임들, 파생물들(spin-offs), 공식적인 변형, 그리고 예기치 않은 출현들을 억누르기 때문이다.

원형적인 힘은 그 자체를 세상에 드러내기 위해서 미술의 물리적 형태에 의존하며, 미술은 이와 유사하게 상상이라는 보이지 않는 조력자가 필요하다. "이미지가 정신이다"라는 융 학파의 선언은 새로운 이미지들을 만들어내면서 지속적이고 놀라운 상상을 통해 의식으로 들어오는 원형적인 흐름을 제시한 것이다.

<사진 미술 치료: 융 심리학적 관점>은 이를 통해 미술치료가 하나의 원형을 알게 하는 훈련으로서 활용될 수 있는 무수한 경로들 중 하나로 모범이 되는 탐구 과정이다. 제리 프라이리어와 이렌느 코빗은 열린 눈을 가지고 미술치료 전문가들을 선도하기 위한 작업을 텍사스에서 함께하였다. 이 책은 보다 많은 독자들이 그들의 창조적인 상호작용을 목격하고 참여하도록 초대하고 있으며, 나는 고맙게도 그 내용들로부터 분명하게 자라날 유산에 대해 살펴볼 기회를 갖게 되었다.

Shaun McNiff

Professor

Lesley College Graduate School

Cambridge, Massachusetts

감사의 말

몇몇 사람들이 이 책을 저술하는 데 다양한 방법으로 도와주었다. 잉그리드 벤더(Ingrid Bender)는 몇몇 자료들을 제공해주었다. 휴스턴의 융 교육센터(C. G. Jung Educational Center)의 사서인 잰 페리(Jan Perry)는 참고문헌들을 제공해 준 원천이었다. 메이 폴리센(May Paulissen) 박사와 데이빗 베스트(David Vest) 박사는 원고의 모든 번역문들을 읽고 유용한 제안을 해주었다. 특히, 자신들의 미술작품과 그에 대한 언급을 책에 실을 수 있게 허용해준 사람들에게 고마움을 전한다.

Contents

Part I 자기 이해

자기(self)는 모든 성격 이론에서, 그리고 매일의 삶 속에서 하나의 핵심적인 개념이다. 우리는 어떤 사람을 이기적이라고 이야기하고, 자기 개념, 자기 존중감(self-esteem), 스스로 동기 부여한(self-motivated), 스스로 만든(self-made), 나 자신(myself), 자기 실현(self-actualization), 자기 인식(self-realization) 등에 대해 이야기한다. '자기'에 대해 이야기하는 것은 쉽지만, '자기'를 정의하는 것은 쉽지 않다. 융은 자기를 다음과 같이 말하였다.

> "의식과 무의식은 반드시 서로에게 반대되는 것이 아니라 전체를 형성하기 위해 서로를 보완한다. 그러한 전체가 자기(self)다. 이러한 정의에 따르면 자기는 의식적인 자아를 양적으로도 능가하는 것이다. 그것은 의식을 포함할 뿐 아니라 무의식적인 정신(psyche)도 포함한다. 그러므로 자기는, 이를테면 우리 자신이기도 한 성격(personality)이다. (……) 그것은 자기로서 우리가 어떠한지에 대한 명확한 그림을 그리는 상상의 힘을 넘어서 있다. 이러한 작용(자기에 대해 상상) 속에선 부분이 전체를 파악하려 하기 때문이다. 우리는 자기에 대해 대략적으로도 의식할 수는 없다. 우리가 아무리 의식화시킨다 하더라도 거기에 언제나 자기라는 총체(totality)에 속해 있는 정해지지 않은 양의 무의식적 내용들이 존재하기 때문이다. 그러므로 자기는 언제나 보다 상위의 양(quantity)으로 남아있을 것이다(Collected Works, Vol. 7, p. 175)."

우리가 결코 우리 자신을 진정 이해할 수 없다면, 왜 그런 시도를 해야 하는가? 자기 이해 혹은 자각(self-knowledge)을 위해 노력할 만한 가치가 있는 것일까? 융(Collected Works, Vol. 7)은 자아의 횡포로부터 자신을 자유롭게 하도록 허용하는 자각과 그에 따른 행동을 강조하였다. 우리는 개인적인 소원, 희망, 그리고 두려움의 자기중심적인 세계에 의해 얽매이는 대신, 보다 객관적인 관심사로 이루어진 넓은 세계에 참여해야 자유로워질 수 있다.

융은 자각이 분명히 좋은 것이라고 느꼈다. 우리는 이에 진심으로 동의하며 자각이라는 목표를 가지고 사진 미술치료 활동을 고안하였다.

이에 1부에서는 자각에 대해 6개의 서로 다른 접근에 대해 자세한 설명을 제공할 것이다. 1장은 자연계(natural world)와 연관된 자기에 대한 질문을 다룬다. 2장은 타인과 연관된 자신에 대해 좀 더 다룰 것이다. 3장은 우리가 세상에 드러내려고 가다듬은 우리 성격의 일부인 페르소나와 관련이 있다. 4장은 성격의 어두운 일면, 희미하게 지각되는 그림자의 측면을 파고들 것이다. 5장은 원형에 대한 폭넓은 관점을 살펴본다. 6장은 꿈과 적극적 상상(active imagination)을 통해 자기에 대한 이해를 논할 것이다. 이러한 개념들은 각 장의 초반에서 보다 풍부하게 기술되고 논의될 것이다. 각 장에서 우리는 자기 이해를 위한 시도 속에서 내담자들이 수행한 미술작업들과 그것에 대한 그들의 의견을 재현할 것이다.

Chapter 01

자연과 관계하기

당신은 창문이 영원히 닫혀 온도가 조절되는 건물 속에서 귀에 거슬리는 알람 소리에 벌떡 일어난다. 그리고 미리 데워진 물에 세수를 하고 가공된 아침 식사를 먹은 후, 엘리베이터를 타고 외부로부터 폐쇄된 차고로 향한다. 거기에서 실내의 온도 조절이 가능한 자동차 안에 갇혀 콘크리트로 만든 고속도로에 진입한다. 각자 그들의 차 안에서 서로 차단된 사람들로 가득한 고속도로다. 고속도로를 빠져나가면서 당신은 또 다른 폐쇄된 차고에 들어서고, 실내의 온도 조절이 가능한 사무실로 향하는 또 다른 엘리베이터를 타고 간다. 당신은 인공조명 아래서 하루를 보낸다. 오후 5시에 당신은 아침의 과정을 거꾸로 밟는다.

이 시나리오를 다음과 대조해보자.

당신은 여명과 함께 눈을 뜨고 늘어지게 기지개를 편다. 일어나 앉아서 마루에 발을 디딘다. 슬리퍼를 찾고 부엌을 어슬렁거리면서 커피를 끓인다. 당신은 손 안엔 김이 나는 커피 잔을 들고, 나무 위로 떠오르는 태양을 보기 위해 현관으로 향한다. 바깥의 초원에는 대지 위로 듬성듬성 안개가 걸려 있다. 초원 위의 숲 가장자리에선 여섯 마리의 암컷 사슴과 두 마리의 새끼 사슴이 안개에 싸인

풀들을 뜯고 있다. 당신은 안개 너머로 어린 새끼 사슴의 쫑긋거리는 귀와 그들이 어미 사슴의 무릎을 향해 다가서는 것을 볼 수 있다. 어미 사슴의 머리는 그들이 풀을 뜯기 위해 고개를 숙이면 잠시 사라지지만 고개를 들면 다시 나타난다. 언제나 포식자를 경계하고 있는 것이다. 당신은 그를 볼 순 없지만, 수사슴이 숲의 가장자리에서 보초역할을 수행하고 있으리라 짐작한다.

태양이 점점 초원을 밝히고 안개를 태우면서 회색에서 분홍색으로 변하고 사슴들은 숲 속으로 사라진다. 당신은 집 가장자리에 있는 떡갈나무의 가장 높은 가지에서 우는 지빠귀 소리를 듣는다. 두 마리의 진홍색 종달새가 현관 끝의 호랑가시나무 덤불의 짙은 초록과 대비하여 두드러지게 생생한 색을 뽐내며 지저귄다. 머리 위로는 붉은 어깨를 한 매가 초원을 활공하면서 아침 식사를 위해 조심성 없는 쥐를 찾아 헤맨다. 동료 매는 숲 가장자리 나무의 거의 꼭대기쪽에 있는 죽은 가지 위에 조용히 앉아있다. 당신은 조금 있다가 그들이 함께 사냥을 하는 것을 볼 수 있다.

이젠 완전히 햇살이 비치고 당신은 커피 잔을 다시 채워서 현관으로 돌아가 계단 위에 앉는다. 떡갈나무 옆의 풀숲에서 버석거리는 소리가 당신의 주의를 끌고 당신은 회색 다람쥐가 나와서 미래를 위해 도토리를 묻는 것을 본다. 다람쥐는 자신이 묻은 대부분의 도토리를 잊을 것이며 몇몇은 새로운 떡갈나무의 탄생을 알리며 싹을 틔워 자라날 것이다. 당신의 시선은 푸른 하늘에 윤곽을 드리운 떡갈나무의 꼭대기를 향하고, 거기서 위험의 손길에서 벗어날 만큼 높은 곳의 갈라진 가지 속에 자리 잡은 다람쥐 둥지를 본다. 2월에, 그곳엔 새끼 다람쥐가 있었다. 아마도 지금 풀숲에서 매우 부지런히 땅을 파는 이 다람쥐는 바로 그 둥지에서 태어났을 것이다.

스스로 이른 아침의 풍경과 냄새에 몰두하면서, 당신은 당신의 세계를 공유하는 작은 창조물들과 더욱 조화를 이룬다. 거미는 이슬로 빛나는 거미줄 위에서 기다린다. 각다귀의 작은 날개가 태양을 받아 빛난다. 나비는 그녀의 날개를 폈다 접었다 하다가 별난 방랑길을 떠난다. 당신은 사신이 수백만, 수익의 생명체들 중 하나임을 알아차린다. 지렁이는 맹목적으로 자신의 발밑을 파고든다. 한 떼의 애벌레가 나뭇잎을 씹고 있다. 여전히 작은 생명체들은 먹고 먹힌다. 자연의 끝없는 순환 속에서 번식하고 죽는다.

아침의 태양과도 같은 선명함으로, 당신은 당신이 자연과 하나임을 알게 된다. 모든 생명은 상호의존적이며 당신은 그것의 일부다. 식물과 동물이 없이는 당신은 더 이상 존재할 수 없다. 지구의 막대한 자원들은 당신이 쓰고 버리라고 있는 것이 아니라 쓰고 다시 새롭게 되살리기 위해 있다. 경외감과 겸손이 뒤섞인 뿌듯함과 더불어 당신은 남은 하루를 준비하기 위해 집으로 들어간다.

현재 나타나는 큰 문제 중 하나는 자연의 일부가 되기보단 그것을 통제하고 이용하려는 강한 충동이다. 우리는 강에 댐을 세워 막고, 나무를 자르고, 동물을 죽이고, 자연의 힘으로부터 우리를 교묘하게 지키려 한다. 이와 동시에, 자연과 정원으로 돌아가기를 원하며 캠프를 가고 하이킹을 하고 보트를 타고 스키를 탄다. 자연과 우리의 관계 속에 존재하는 기본적인 양가감정이 이번 장의 주제다. 자연에 대한 개인의 관계를 이해하는 것은, 나아가 개인 자신의 정신에 대한 이해로 이어진다. 융은 우리가 의식적인 이성과 이해를 추구하면서 우리 자신을 자연으로부터 소외시킬 위험이 있음을 인식하였다.

분석 심리학은 의식의 과도한 합리화에 대한 반동이다. 이러한 과도한 합리화는 자연을 통제하면서, 자연으로부터 자신을 소외시키고, 결국 인간으로 하여금 자신의 자연적 역사(natural history)를 거부하게 한다. 융은 자신이 탄생과 죽음 사이의 짧은 기간으로 이루어진 제한된 현재에 있음을 발견한다. 그러한 제한은 자신이 의미 없는 우연의 피조물이라는 느낌을 들게 하며, 삶이 완전히 누려야 할 것임에도 불구하고, 자신의 삶을 강렬하게 사는 것을 막는다. 결국 삶은 김이 빠지고 더 이상 완전한 인간을 보여주지 않는다. 이것은 살아보지 않은 많은 삶들이 무의식으로 떨어지는 이유다. 사람들은 마치 자신에게 너무나 작은 신발을 신고 걷는 것처럼 조심스럽고 불편하게 산다. 원시인들의 삶의 특성인 영원성은 완전히 결여되어 있다. 합리적인 벽에 둘러싸인 채로 자연의 영원함으로부터 차단되어 있다.

분석 심리학은 우리의 합리주의가 내던진 무의식적인 공상 이미지들을 다시 파고들어서 이러한 벽들을 깨뜨리고자 한다. 이러한 이미지들은 벽 너머에 놓여 있다. 그들은 우리 안의 자연의 일부이며, 우리의 과거 속에, 그리고 우리가 우리 자신을 막은 그 방책 너머에 묻혀 있다. 분석심리학은 갈등을 루소처럼 '자연으로 돌아가서' 해소하려는 것이 아니라 우리가 이미 도달한 이성의 수준을 유지하면서 인간 정신의 근원에 대한 지식을 통해 의식을 풍부하게 함으로써 해소하려고 시도한다(Collected Works, Vol. 8, pp. 380~381).

사진 미술치료 과제에서 우리는 "자연이 무엇이지요?" 혹은 "내가 자연에 대해 무엇을 할 수 있을까요?"라는 질문을 하지 않는다. 대신 이렇게 묻는다. "자연과의 관계 속에 있는 나는 누구인가요?" 이러한 질문은 현재 우리 이성의 수준을 부정하진 않지만, 우리가 '우리의 합리화가 내던진 무의식의 환상 이미지들을 파고들 것'을 요구한다. 이 공상 이미지들은 포스터보드(poster board)의 배경 위에 놓인 사진과 기타 미술매체의 형태로 볼 수 있는 모습이 된다. 자연과 우리의 관계를 고찰함으로써, 우리는 자연적 리듬의 무한성과 자연계에서 우리의 위치를 올바르게 인식하게 된다.

자연계는 보이거나 만져질 수 있는 모든 곳과 모든 것이다. 이때, 자연이란 완전히 영적이지도 혹은 환상적이지도 않은 것을 의미한다. 하지만 자연계는 영적, 그리고 심리적인 것을 나타내는 상징이다. 예를 들면, 신화에서 초자연적 환상을 나타내는 자연적 상징들의 무수한 사례를 볼 수 있다. 게다가, 이러한 신화적 상징들은 심리적 과정을 반영하는 상징이 되기도 한다.

> "모든 신화화된 자연의 과정, 즉 여름과 겨울, 달의 위상, 우기와 같은 것들은 객관적 사건에 대한 은유가 아니다. 차라리 그것들은 투사(즉, 자연의 사건 안에 반영)의 형태로 인간의 의식에 접근 가능한 정신의 내적, 무의식적인 드라마의 상징적 표현이다(Jung, Collected Works, Vol. 9, Pt. 1, p. 6)."

자연과 우리의 관계를 알게 됨으로써 우리는 자연과 보다 더 조화를 이룬다. 또, 우리의 자연적 역사를 인정할 뿐 아니라 자연 그 자체의 오래된 상징을 통해서 우리 자신의 정신에 대해 더 많이 알게 된다. 오랜 시간 동안 하늘은 영적인 상징이 되어왔고, 식물과 동물들은 삶 그 자체와 생식과정을 상징할 수 있다. 예를 들면, 몇몇 동물들은 많은 사람들에게 서로 다른 감정의 상징이 되었다. 토끼는 두려움에 가득 차 있다. 사자는 자신감에 차 있고 도도하다. 개는 친근하다. 물은 정신의 깊이를 반영한다. 흙은 모든 생명을 키우는 서식지다.

자연활동

'자연과의 관계 속에 있는 나는 누구인가?'라는 활동을 위해서, 우리는 내담자에게 포스터보드와 카메라, 필름, 가위, 풀, 그리고 다채로운 미술재료들을 제공한다. 우리는 내담자에게 흙, 하늘, 동물, 식물, 물과의 관계에 대해 스스로 생각하고 개인이 어떻게 이 5가지 관계를 묘사하는 자세를 취할 수 있는지 상상하도록 요청한다. 꼭 완벽한 자연을 배경으로 완벽한 사진을 구성할 필요는 없다. 왜냐하면 미술재료를 가지고 개인은 동물들, 산, 나무 혹은 그 밖의 아무것이나 그릴 수 있기 때문이다. 또한 미술구도에 잡지에서 오린 사진을 더할 수도 있다. 하지만, 사람들이 자연에 가까이 갈 수 있도록 하기 위해 실외에서 사진을 찍도록 하였다. 내담자가 자세를 결정하면, 치료자 혹은 다른 치료집단 구성원들이 스냅사진을 찍는다. 개인당 모두 5장 정도의 사진을 찍는다.

내담자가 5장의 스냅사진을 찍은 후, 치료자는 내담자에게 자연과 연관된 자기 초상화를 표현하도록 포스터보드 위에 5장의 사진을 어떻게 구성할 것인지에 대해 생각해보라고 요청한다. 그 이미지들은 틀에 맞게 오려질 수도 있고 포스터보드의 배경은 유성 파스텔, 박엽지, 색종이, 마킹펜, 리본, 그리고 뜨개실 같은 미술 매체들로 장식할 수 있다. 많은 사람들은 또한 나뭇잎, 풀, 나무껍질, 깃털, 그리고 기타 자연물들을 모아 미술작품에 덧붙이기도 한다.

우리는 이러한 과제에 사람들이 신나게 즐기는 태도로 접근할 수 있도록 분위기를 조성한다. 이 책에서의 모든 연습도 마찬가지로 작품을 만드는 데 있어 올바르거나 잘못된 방식은 없다. 또한, 최후의 작품이 예술적인지 여부도 문제가 되지 않는다. 우리는 사람들에게 자신의 타고난 창조성을 믿고 '맞다'고 느껴지는 것이 무엇이든지 '따라갈 것'을 권한다. 사람들은 그들이 재료들을 포스터보드 근처로 옮기고 서로 다른 형태, 색깔, 그리고 물체들을 사용해볼 때 자신의 느낌과 맞아떨어지는 것처럼 느껴지는 모습이 드러난다는 것을 발견한다. 몇몇 사람들은 5개의 서로 다른 포스터보드를 사용하고 5개의 자세를 개별적으로 준비하는 것을 선호한다.

작품이 배치된 포스터가 준비되면, 내담자에게 그 작품에 대해 이야기할 것을 요청한다. 만약 집단과 작업을 하고 있다면, 우선 집단원들이 서로 짝을 지어서 이야기를 하고, 다음에 전체적으로 집단에게 이야기하도록 한다. 우리는 집단구성원들에게 무비판적으로 듣고, 분석하거나 비판하려고 하면 안 된다고 미리 주의를 준다. 작품을 분석하기보다는 내담자로 하여금 작품에 대해 가능한 많이 말하도록 하고 가능한 많은 연상을 하도록 한다. 치료자에게 "그 특정한 형상에 대해 말해주세요." 혹은 "난 이 사진과 저 녹색 원이 어떤 연관성이 있음을 알아차렸어요." 같은 의견을 말하거나 이끌어내는 질문을 할 수 있다.

이렇게 하면 사람들은 자신의 작품에 대해 이야기하면서 종종 어떤 부분은 다르게 했으면 하는 소망을 말하기도 한다. 우리는 사람들에게 그들이 바라는 어떤 방식으로든 작품을 변화시키고, 새로운 사진을 더하고, 색이나 형태를 바꾸면서 작품을 변화시키도록 격려한다. 상상이 변화함에 따라 그 이미지들도 바뀐다. 중요한 것은 과정이지 결과물이 아니다.

보니(Bonnie)

4년 전인 1987년에 보니는 갈베스톤 섬의 해변 별장에서 열린 주말 집중 워크숍의 참석자였다. 거기에는 8명의 참석자와 2명의 리더인 아이린(Irene E. Corbit)과 제리(Jerry L. Fryrear)가 있었다. 우리는 주말에 다양한 미술치료 프로젝트를 부여하는 것에 추가로, 참가자들에게 '자연과의 관계 속에 있는 나는 누구인가?'를 나타내는 3장의 포스터를 준비할 것을 요청했다. 시간제한 때문에 '공기와의 관계 속에 있는 나는 누구인가?', '물과의 관계 속에 있는 나는 누구인가?', 그리고 '흙과의 관계 속에 있는 나는 누구인가?'를 부여했다.

그때 보니의 아버지는 불치병을 심하게 앓고 있었다. 보니의 마음속에 아버지는 이미 죽어 있었고 그녀는 슬픔에 잠겨 있었다. 그러나 겉으로 보기에 그녀는 그러한 깊은 슬픔을 드러내지 않았다. 오히려 좀 도도하게 보이고 타인에게 무관심한 듯 보이기도 하였다. 아마도 그녀의 겉으로 보이는 냉담함 때문에 주말 워크숍의 과정에서 다른 집단원들 중 몇몇이 그녀를 공격하기도 했다. 그럴 때면, 다른 사람들이 그녀를 보호해주었다. 그녀의 슬픔을 명확히 보여주면서 그녀가 하는 행동의 진짜 동기까지 파고들어간 것은 바로 그녀의 미술작업이었다. 그녀의 그림은 대부분 검은색과 회색을 사용하였고 그린 양도 매우 적었다. 하나의 예로써 그녀의 포스터를 실었다(<그림 1-1> 참조).

이 포스터는 보니가 물결의 가장자리 위에서 깊은 수심에 잠긴 듯한 자세로 무릎을 꿇고 있는 것을 보여준다. 사진의 양쪽에는 각각 3개의 거대한 회색 기둥을 그려놓았으며 우측의 3개와 좌측의 3개는 사진을 통과하고 작품 밖으로 벗어난 회색 호선(弧線)들에 의해 서로 연결되어 있다. 그녀의 사진과 기둥 아래에는 3개

<그림 1-1> 보니의 포스터, '물과 관계하고 있는 나는 누구인가?'

의 회색 물결들이 그려져 있다. 질문에 대한 대답으로 보니는 포스터에 대해 이렇게 썼다. "애도. 나의 가족은 7명이었는데, 이제는 6명이다. 가운데의 선들은 아버지로부터 나오는 에너지다. 그것들은 그가 죽었어도 여전히 나를 둘러싸고 있다."

1991년 8월, 이 책에 그녀의 작품을 싣기 위해 보니를 만났다. 그녀는 감사하게도 이 작품에 대한 인터뷰에 동의하였다. 다음 내용이 그녀가 말한 것이다.

물과 관계하고 있는 나는 누구인가?(〈그림 1-1〉 참조)

"1987년에 나는 아버지를 위한 애도과정 중이었어요. 그리고 1991년에 나는 또 다시 내가 애도과정 중에 있음을 발견했어요. 이번엔 암으로 죽은 친구를 위해서죠. 이 그림을 보면서 비슷한 많은 느낌들이 표면으로 올라왔어요. 물은 인생의 과정에서 무한성을 상징하고 그것은 내게 평화로운 느낌을 주었어요. 내 가족의 힘을 이용해 나는 내 친구를 돌볼 수 있었죠. 그 힘으로 그 친구를 사랑했고, 보낼 수 있었어요. 이러한 원천으로부터 내가 느꼈던 에너지가 없었다면, 나는 이 과정이 훨씬 더 고통스럽다고 느꼈을 거예요. 다시금 나는 내면으로 들어가서 내 자신도 죽을 수 있음을 보았고 내 인생에 대해 새로운 결정을 내릴 수 있었어요."

공기와 관련된 나는 누구인가?(그림은 이 책에 실리지 않음)

"이 그림은 태양과 수평으로 연결된 푸른 해변과 태양과 수평으로 연결된 노란색 선 위를 날아가는 작은 비행기를 보여주고 있어요. 우측 아래 구석에는 색과 선이 자유로운 디자인을 보여주고 있으며 인생을 나신으로 묘사한 것을 담았죠. 오늘 이 그림으로부터 받는 느낌도 예전과 거의 똑같아요. 나는 여전히 내 인생이 복잡해질 때 관점을 얻기 위해 비행기를 활용하죠. 디자인이 다른 사람의 것이 아니라 내가 고안한 것일 때, 그리고 디자인에 창의적으로 임하는 것은 보람 있고 고무적이었어요. 지난 4년간 내 삶은 복잡다난했으며 힘들었어요. 나는 내 디자인에 만족해요."

흙과 연결된 나는 누구인가?(그림은 이 책에 실리지 않음)

"이 그림에서 나는 해변의 돌, 막대기, 그리고 조개껍질을 모래 속에 있는 디자인으로 만들기 위해 사용했어요. 나는 결코 끝나지 않은 내 아버지의 삶으로부터 나오는 물결을 보여주기 위해 디자인 주변에 선들을 그렸어요. 나는 이것이 내 친구에게도 마찬가지로 진실이라고 느꼈어요. 그의 죽음 후에도 내 삶에서 그의 영향력은 나의 미래에 영향을 줄 정도예요.

내가 4년 전에 만든 이 그림들을 보면서, 나는 오늘 그림이 주는 메시지를 통해 죽음은 사랑을 방해하지 못한다는 것을 깨달았어요. 나는 이런 연습이 죽은 내 친구를 도울 수 있는 힘을 내게 주었다고 믿었어요. 고맙습니다."

마지막 워크숍과 인터뷰 사이의 4년 동안, 보니는 개인적인 치료를 위해 다양한 콜라주를 만들었다. 앞서 나온 포스터들과 달리, 그녀의 최근 작품은 생생한 색과 질감으로 더욱 풍성하고 복잡했다. 우리는 그녀가 인격적으로 보다 풍성해지고 다양해졌음을 알게 될 것이라고 믿는다.

자연활동의 참가자들은 이 작업에 각각 다르게 접근할 것이다. 우리는 10장에 어린 시절 학대를 당했던 주디스(Judith)가 만든 미술작품과 그에 대한 언급을 실었다. 미술작품들의 일부는 자연과제(Nature assignment)에 대한 응답이었다. 그녀의 작품은 여기서 보여준 보니의 것보다 훨씬 세밀하고 낙관적이다. 실제로, 이 자연연습을 실행한 개개인들은 저마다 다르게 연습에 접근하였다.

마지막 사례로, 헬가(Helga)가 그녀의 자연 포스터에 대해 한 언급을 살펴보자. 그림자에 대한 헬가의 사진 미술치료 과제는 그녀의 삶에 대한 자세한 내용과 더불어 4장에 제시하였다. 헬가는 동일한 포스터보드에 5개의 자연과제를 모두 모아 놓았다. 그녀는 사무실 바깥의 작은 공원에서 4장의 사진을 위한 자세를 취하였고, 나머지 1장은 빌딩 안에서 장난감 동물들인 쥐, 곰과 함께 찍었다. 그녀는 다음과 같이 말했다.

"이 포스터는 자연에 대한 제 관계를 나타내요. 맨 꼭대기의 그림에서 당신은 하늘과 저와의 관계를 볼 수 있어요. 팔을 편 채로 나는 하늘과 하나가 되고 싶어해요. 난 하늘을 사랑해요. 특히, 여기 텍사스의 하늘을. 그것은 언제나 무언가 흥미로운 것, 드라마, 이야기를 제공하죠. 특히 저를 매혹시키는 건 이글거리는 노란색에서 오렌지색, 보라색에서 은빛 회색으로 변하는 아름다운 저녁 하늘이에요. 어느 추운 날에는 구름의 형상을 보면서 '누가 가장 아름다운 양을 가졌나'라는 노래를 종종 떠올려요. 이따금 구름은 핑크색 시폰으로 덮여 있는 것 같아요. 내가 이러한 하늘을 그릴 만큼 충분한 훈련을 받는다면, 나는 연속적으로 하늘 그림을 그렸을 거예요. 하늘은 종종 달래주는 듯한 특성을 가지고 있어요. 나는 이따금 폭탄에 의해 피해 입은 도시를 걷고, 공습 직후 폐허에서 연기가 나는 것을 본다는 식으로 눈앞에 펼쳐진 전쟁을 그려보아요. 하지만 태양이 마치 아무 일도 일어나지 않은 것처럼 폐허 위를 비추고, 마치 이렇게 말하고 싶어 하는 것 같아요. "너희들 뭐하고 있니?" 마치 자연이 놀리는 것처럼요.

무지개, 사람들은 저마다 아마도 자신의 삶에서 무지개를 갖고 싶어 할 거예요. 그것은 아름다움의 상징이죠. 나는 하늘을 사랑하는 것처럼 무지개를 사랑해요. 그러나 이따금 사람들은 그들의 삶 속에 무지개를 갖지 못하죠. 무지개를 갖고 싶으면 먼저 비가 내려야 해요. 비는 땅, 자연, 그리고 사람들에게 중요하죠. 상징적으로 비는 아마도 사람들의 삶에서 무언가 슬픈 것을 의미할 거예요. 사람들은 때때로 각자 자신의 삶에서 무언가 슬픈 일을 경험하지만 우리가 이것들을 경험할 필요가 없다면 훨씬 나을 거예요. 나는 슬픔이 없어도 쉽게 그런 일들을 경험할 수 있었어요.

이 그림들은 식물과 나와의 관계를 묘사한 거예요. 음, 그건 끝이 없는 주제이기도 하죠. 이 그림에서 나는 나무를 껴안고 있어요. 나는 나무를 너무 좋아해서 그들과 많은 시간을 함께 보내요. 이 나무는 작년의 잎과 올 봄에 핀 꽃을 함께 갖고 있어요. 믿을 수 없는 일이죠!

나는 가을의 그 모든 아름다운 빛깔들을 사랑해요. 그리고 난 특히 차가운 첫 번째 북풍과 추워지기 시작하는 겨울을 좋아하죠. 누군가 잠깐 산책할 수 있다면 집에 새로운 기분으로 돌아올 거예요. 나무가 마치 유령처럼 앙상한 가지를 하늘을 향해 뻗을 때, 그들은 정말 그릴 만한 멋진 조각상이 되죠. 특히 겨우살이 소나무 이끼(Spanish moss)로 뒤덮여 있을 때는 어떤 늙은 유령을 닮았죠.

저는 자연 속에서, 그리고 식물들과 더불어 많은 것들을 발견했어요. 시간만 많았더라면 더 많이 자연의 풍경을 그렸을 거예요. 어떤 때는 단 한 그루의 나무도 저에겐 매혹적이에요. 혹은, 오직 잎사귀들의 다양한 형태와 색을 그려내는 일도 매우 즐겁죠. 전 언제나 나무를 떠나 달아난 잎들에 대한 이야기를 쓰고 싶었어요. 언젠가 난 그걸 할 거예요.

물론, 전 꽃이 없는 자연은 상상할 수도 없어요. 전 꽃들을 마치 제 자식인 것처럼 돌봐요. 그리고 그것들은 감사하게도 활짝 피어나죠. 종종 전 '꽃을 받았어요'라는 노래를 해요. 전 꽃을 뽑아 버리는 것은 견디기 힘들어요. 보통 전 그들이 자라나서 죽을 때까지 내버려두죠. 우리 집 창문 앞의 두 그루 장미덤불들은 31살이고 여전히 꽃들을 피워내고 있어요.

다음 그림은 땅과 저와의 관계를 보여주기 위한 거예요. 저는 윤기가 나는 초록색 잔디 위에 누워있어요. 작은 잎들이 너무나 부드럽고 푹신해서 마치 이끼 위에 누워있는 것 같아요. 정말 편안하죠. 땅은 우리가 바로 그 위에 살고 있기 때문에 거의 모든 것을 포함하고 있어요. 땅은 우리에게 우리가 사는 데 필요한 모든 것을 제공해주죠. 그래서 '어머니 지구'라고 표현하는 거예요.

동물과 저와의 관계는 곰과 쥐를 그린 제 그림에 묘사되어 있어요. 저는 동물을 매우 좋아해요. 저는 그들을 마치 제 자식처럼 돌봐요. 우리 집엔 닭이 몇 마리 있어요. 저는 닭들이 비를 맞으면서 서 있는 걸 좋아한다는 사실을 알기 전에는 비가 올 때마다 밖으로 달려나가 닭들을 다시 닭장으로 돌려보내곤 했어요. 전 도시에서 자랐기 때문에 녀석들을 안으로 집어넣을 필요가 없다는 걸 몰랐던 거죠. 동물들은 제게 친구예요. 녀석들을 보면 편안해져요. 동물들이 공격적으로 변할 때만 피하죠. 개가 기쁨으로 저에게 달려든다 하더라도 그런 건 싫어요. 전 생쥐가 웃기다는 걸 발견했어요. 저는 특히 어린 동물들을 좋아하죠.

마지막 그림은 물과 저와의 관계를 나타내는 것이죠. 물은 모든 생명을 위해 필수적이죠. 심지어 콘크리트에게도 그것이 부서지지 않으려면 물이 필요해요. 저는 여기서 멀리 떨어지지 않은 바다를 사랑하고 파도로 뛰어드는 것을 좋아해요. 바닷가의 물은 목욕물만큼이나 따뜻하고 이따금 마치 파도가 몸을 애무하는 것처럼 느껴져요. 여름 동안 여기서 할 수 있는 최고의 일은 바로 수영을 하는 거예요.

제 포스터에 어두운 갈색의 실가닥들을 붙여 놓은 것은 단조롭게 초록색 풀로 덮여 있는 부분에 좀 흥미를 불러일으키기 위한 것이죠. 저는 자연 안에 무수한 녹색과 갈색이 존재한다는 것을 발견했어요. 핑크색과 갈색 실들을 보면 제가 어렸을 때 얼마나 핑크색과 어두운 갈색이 섞인 색깔을 좋아했는지 기억이 나요. 그래서인지 전 이 그림 안에 어떻게든 그것들을 함께 모아 놓고 싶었어요."

보니, 헬가, 그리고 주디스는 이 과제에 서로 다르게 접근하였으나, 각각 과제로부터 어떤 종류의 해결책 혹은 결과에 도달한 것 같았다. 우리는 자연과제가 자연과 우리의 끊을 수 없는 관계를 상기시켜준다는 것을 알 수 있었다.

Chapter 02

타인과 관계하기

인간이 사회적 존재라는 것은 명백하다. 우리는 하나의 종으로서 가족, 일과 직업, 사교 클럽, 공동체, 마을, 도시, 주, 그리고 국가 단위로 뭉친다. 이렇게 다양한 사회적 단위들 속에서 매일 서로 연결된다. 우리들 각각은 서로의 성격과 결과를 결정하는 기본적인 사회적 태도를 가지고 상호작용을 하게 된다. 근본적으로, 융(Jung)은 알프레드 아들러(Alfred Adler)와 같이 우리가 기본적으로 서로 관심을 가지고 있으며 서로를 필요로 하고, 조화롭게 살기를 바란다는 것에 동의하였다. 그는 또한 아들러의 우월감과 열등감, 그리고 권력을 향한 의지라는 개념에 동의하였다. 우월감을 향한 갈망이 조화로운 관계의 욕구를 넘어서면 신경적이거나 자기 좌절을 하도록 하는 경향이 있다.

아들러의 기초적인 개념에 덧붙여, 융은 외향과 내향이라고 잘 알려져 있는 타인과의 관계에 대한 태도를 추가하였다. 이것은 일생에 걸쳐 적용되는데, 어떤 이는 자신의 의식적인 삶 속에서 외향적이고 사교적일 수 있고, 혹은 내향적이거나 부끄러움을 탈 수도 있다. 이러한 기본적인 우월감과 열등감, 외향적, 내향적 태도는 타인에 대한 개인적인 태도의 상당 부분을 설명할 수 있다.

융은 그의 콤플렉스 이론에서 관계에 대해 보다 깊이 파고들었고 우리 안에 존재하는 아니마와 아니무스라는 원형을 논하였다(원형에 대한 보다 정교한 논의는 5장을 참조한다). 아니마는 남성 안에 있는 여성적 원형이며, 아니무스는 여성 안에 있는 남성적 원형이다. 이 두 원형 때문에 우리는 모두 무의식적으로 반대 성에 대한 지식을 가진다. 우리 자신 안에 여성적 성격과 남성적 성격을 둘 다 가지고 있기 때문이다. 남성은 자신의 자아 혹은 의식을 남성성과 동일시하고 이에 따라 여성적 측면은 무의식이 된다. 반면에 여성은 자신을 의식적으로는 여성성과 동일시하며 남성성은 무의식이 된다.

샌포드(Sanford, 1980)는 무의식적인 아니마와 아니무스를 관계 안에서의 '보이지 않는 파트너'라고 불렀다. 그는 이에 대해 다음과 같이 말했다.

> "이 모든 것이 다른 성들 간의 관계에 중요한 의미를 가진다. 자신의 남성성과 동일시한 남자는 보통 자신의 여성적 측면을 여자에게 투사하고, 여성은 자신의 여성적 성격과 동일시하고 보통 자신의 남성적 측면을 남자들에게 투사한다. 이렇게 투사된 정신적 이미지들은 모든 남성과 여성 관계에서 보이지 않는 파트너가 되며 관계에 지대한 영향을 끼친다. 투사가 일어날 때마다 투사된 이미지를 지닌 개인은 과도하게 높이 평가받거나 혹은 너무 낮게 평가받는다. 이 두 가지 경우 모두 투사를 지닌 개인의 현실은 투사된 이미지에 의해 불명확해진다. 특히 아니마와 아니무스의 경우에 두드러지며 이는 이 원형들이 매우 신비스러운 것이기 때문이다. 또한 그것들이 정신적 에너지로 충전되어 있어서 우리를 감정적으로 휘어잡는 경향이 있음을 의미한다. 그 결과로 이렇게 투사된 이미지들은 우리에게 자석과 같은 효과를 갖고 투사를 지닌 개인은 마치 자석이 다른 금속을 끌어당기거나 밀어내는 것처럼 우리를 강력하게 끌어당기거나 혹은 밀쳐낸다(p. 13)."

말하자면, 모든 관계 속에는 서로 상호작용하는 4가지의 성격, 즉 드러난 파트너들과 보이지 않는 파트너들이 있다. 그러므로 혼란과 모순이 상당히 존재한다. 게다가, 아니마와 아니무스는 부정적인 특성과 긍정적인 특성 둘 다를 지니고 있으며, 투사된 아니마 혹은 아니무스는 타인이 실제로 어떠한지와 상관없이 어떤 순간에는 극단적으로 호감이 가다가 갑자기 다음 순간에는 싫어진다.

슈츠(Schutz, 1958)는 우리의 사회적 태도에 대한 또 다른 분석을 추가하였다. 외향/내향과 우월감/열등감과 원형적 토대뿐 아니라, 우리가 소속(inclusion), 통제(control), 애정(affection)이라는 3개의 영역을 가장 중요한 3가지 태도로 고려해야 한다고 주장하였다. 이에 그는 우리가 타인으로부터의 소속과 통제, 애정을 바라는 정도, 우리가 우리의 행동 속에서 타인을 소속시키기 및 통제하기를 바라는 정도와 그들을 향해 애정을 보이길 원하는 정도를 반영하기 위해 자신의 모델을 좀 더 확장시켰다. 우리는 슈츠의 모델에서 융과 아들러의 이론이 잘 섞였음을 쉽게 알 수 있다. 부끄러움이 많고 내향적인 사람은 다른 사람들과의 활동에 소속되기를 원하지 않을 것이며 타인으로부터 애정을 바라지만 애정을 보여주지도 않을 것이다. 우월감을 갈망하는 사람은 타인을 통제하기를 원할 것이나 애정에는 관심이 없을 것이다. 이처럼 투사된 아니마와 아니무스는 욕구를 강화시키거나 왜곡하는 것을 돕는다.

슈츠(1978)는 소속, 통제, 애정이라는 3개의 영역으로 개인의 태도를 확인하는 데 도움을 주는 기초적인 대인관계 태도-행동(The Fundermental Interpersonal Relations Orientation-Behavior, FIRO-B)이라는 질문지를 출판하였다. 이와 유사하게 MBTI(Myers-Briggs Type Indicator)는 융 학파의 이론으로부터 개발된 것으로 내향성 혹은 외향성의 개인적 수준을 확인하는 데 도움을 준다. 치료자들과 내담자들은 이 도구들이 도움이 된다는 것을 알 수 있을 것이다.

타인과의 상호 생산적이고 만족스러운 관계를 향한 우리의 지속적인 욕구에도 불구하고, 사람들은 좀처럼 자신의 기본적인 사회적 태도를 살펴보지 않는다. 그러나 사진 미술치료 과제에서, 내담자는 사회적 태도를 살펴보아야 한다.

어느 정도 내담자가 타인에 대한 우월감을 갈망하는가, 혹은 열등감에 굴복하는가? 얼마나 내담자가 내향적, 혹은 외향적인가? 소속, 통제, 그리고 애정의 영역은 어떠한가? 내담자는 타인을 통제하길 바라는가, 아니면 아무도 자신을 통제하지 않기를 바라는가? 그는 타인으로부터 애정을 원하지만 애정을 보여주진 않는가? 그는 자신의 아니마를 실제 다른 사람을 불명확하게 만들 만큼 투사하고 있는가? 우리가 자신의 사회적 태도를 잘 이해하는 것이 타인과의 관계에서 기본이 된다는 것은 명백하다. 타인과의 보다 나은 관계는 결국 우리 모두를 만족스러운 삶으로 이끈다.

다른 과제들과 관계하기

우리는 사진 미술치료 과제를 '다른 사람들과의 관계 속에 있는 나는 누구인가?' 라고 부른다. 보다 구체적으로 여기에는 세 가지 연습이 있다. '남성과 관련한 나는 누구인가?', '여성과 관련한 나는 누구인가?', 그리고 '어린아이와 관련한 나는 누구인가?' 어떤 내담자에게 관련이 있다면, 보다 구체적인 다른 과제들도 가능하다. 예를 들어, 내담자는 노인, 학생, 선생님, 흑인, 백인, 심지어 배우자 혹은 다른 개인과의 관계를 살펴볼 수도 있다.

치료자와 내담자는 우리가 앞서 기술한 관계에 대한 태도에 대해 이야기를 나눈다. 내담자가 자신의 태도를 보다 명확히 보도록 돕기 위해 FIRO-B와 MBTI 검사를 포함하는 것이 도움이 된다. 태도에 대한 이야기를 나누면서, 내담자는 세 가지 관계(여성, 남성, 어린아이) 중 하나를 택하고 선택한 집단에 대한 기본적인 태도를 반영하는 하나의 자세 혹은 여러 가지 자세들을 결정한다. 치료자나 집단의 파트너는 자세를 취하는 내담자의 사진을 찍는다.

사진 이미지를 오려서 포스터보드 위에 붙여 놓고 다른 미술매체들을 가지고 포스터를 완성한다. 다양한 색깔의 마킹 펜, 미술 공작용 색종이, 유성 파스텔, 박엽지, 잡지 사진, 실, 그리고 리본 등이 유용한 도구들이다. 이렇게 완성된 포스터는 '남성(혹은 여성이나 어린아이)과 관련한 나는 누구인가?'라는 과제에 대한 묘사가 되는 것이다.

다루기(Processing)

개인치료에서는 치료자가 포스터보드를 치료의 구현 공간(referent)이자 초점으로 활용한다. 집단 내에서는 사진을 찍어준 파트너들끼리 먼저 서로 자신의 포스터보드에 대한 이야기를 나누고 만족스러울 만큼 자세히 설명을 한 다음 보다 큰 집단과 이야기를 나눈다. 집단 내나 치료자에게 이러한 이야기를 할 때면 좀 어색할 수도 있다. 파트너 혹은 치료자가 논의의 대상이 되고 있는 사람들이 속한 집단(남성, 여성 혹은 어린아이) 중 하나의 구성원이기 때문이다. 내담자가 여성에 대한 그의 관계를 고찰할 때, 그리고 치료자나 집단에서의 파트너가 여성이라면, 치료자나 파트너는 고찰대상이 된다. 치료자는 어느 정도, 그리고 집단 파트너는 보다 더, 내담자가 말한 것이 무엇이든지 개인적으로 받아들일 가능성이 있다. 치료자와 집단구성원들은 방어적이 되는 것을 피하려는 특별한 고통을 감수해야만 한다

하나의 실례로, 우리는 '다른 남성과 관련한 나는 누구인가?'라는 활동에 대한 반응에서 제임스(James)가 수행한 미술작품을 이 책에 실었다(<그림 2-1> 참조). 치료 회기는 다음의 축어록으로 풀었는데, 미술작품이 어떻게 치료의 언어적 부분을 위해 중요한지를 보여준다. 사진과 미술작품은 한 회기 동안 이루어졌으며

언어적으로 다루는 것은 한 주 뒤에 이루어졌다. 여기서 주어진 사례는 제임스가 참여한 예닐곱 개의 사진 미술치료 회기 중 하나다. 관계에 대한 초기의 논의에서 제임스는 슈츠(Schutz)의 일상적 용어인 소속, 통제, 애정이 사진과 미술작품을 어떻게 다룰 것인가를 결정하는 데 꽤나 유용함을 발견하였다. 치료자는 제리 프라이리어(Jerry Fryrear)다.

제임스(James)

제임스는 자신의 두 아이를 양육하는 40살의 이혼한 아버지다. 원래, 그는 자신의 감정을 보다 명확히 이해하고 이따금 무섭기까지 한 자신의 분노를 통제하려고 치료에 참가하였다. 그는 치료과제에 매우 진지하게 접근하였다. 그는 모든 사진, 미술작품과 언어적 다루기 과정에 분산되지 않고 신중하게 주의를 기울였다.

그의 '남성과의 관계 속에 있는 나는 누구인가?' 포스터는 3장의 음화된 사진을 담고 있으며 3장의 그림이 미술공작용 색종이에 그려졌다. 3장의 사진은 각기 다른 색깔의 배경을 가진 색종이 위에 붙어있었다. 치료 회기의 축어록은 다음과 같다.

제임스 제 자신을 찍은 사진은 바로 저 자신이구요. 제가 그린 것은 다른 남자들이에요.

치료자 이들은 어떤 특정한 남성들인가요, 아니면 일반적인 남성인가요?

제임스 제가 어떤 사람을 생각한 건 아니에요. 그냥 다른 남성들이죠. 하지만 그것들은 다른 남성들이 가진 다양한 측면들이에요. 이것들은 다른 사람들이 저를 이렇게 봐주었으면 하는 제(자신의 사진을 가리키며)가 가진 각기 다른 측면들이죠. 제 사진의 좌우를 바꿔서 복사한 듯한 이 음화된 사진들은 제가 확신하지 못하는 저의 일부 측면들, 회색지대라고 볼 수 있죠.

치료자 그럼 이 3장의 사진부터 출발합시다. 여기에 대해 설명해주세요.

제임스 이것(<그림 2-1>의 우측 하단 사진)은 다른 남성들과의 관계가 시작될 때의 저예요. 조심스럽고, 방어적이고, 긴장되어 있으며 불안하죠. 이것(좌측 사진)은 시간이 지나며 제 자신을 좀 더 솔직하게 드러내는 나예요.

편안해지고 나 자신을 좀 더 보여줘서 상처받기 쉽고, 다른 사람으로부터 좀 더 많은 것을 원하게 되죠. 이것(우측 상단 사진)은 제가 아는 어떤 남성들과 함께 있을 때의 저예요. 이완되어 있고 자발적이며 개방적이죠. 이것은 좀 더 제 이상에 가까운 모습이지만 아무 때나 그렇지는 않아요.

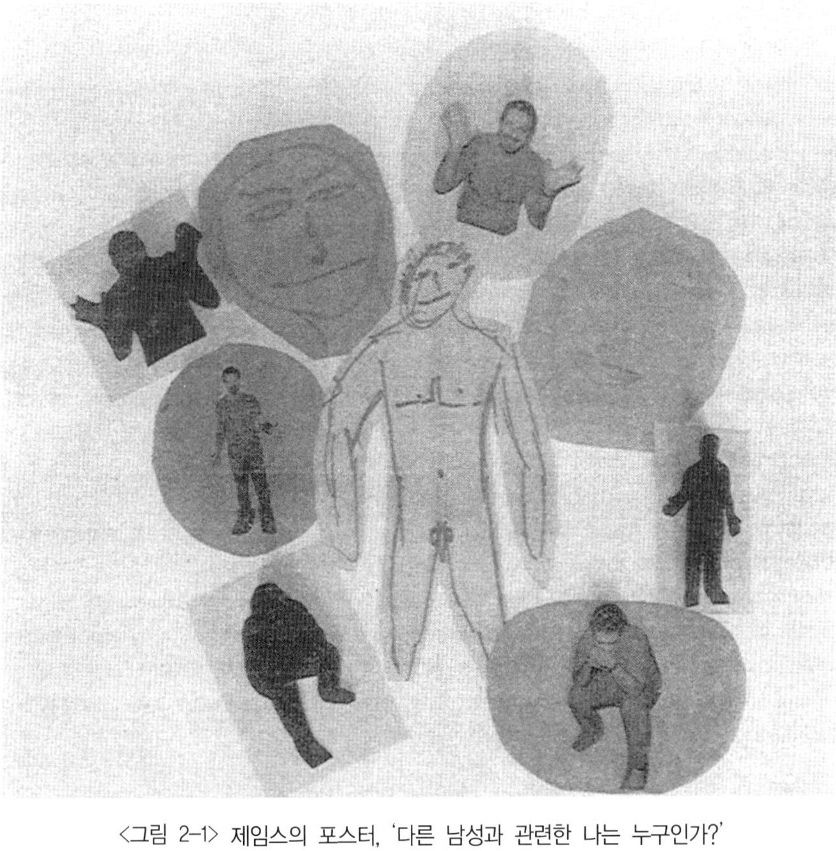

<그림 2-1> 제임스의 포스터, '다른 남성과 관련한 나는 누구인가?'

치료자 당신이 그렇게 되려면 다른 남성들에 대해 무엇을 알고 있어야 하나요?

제임스 확실치는 않아요. 아마도 그들의 내면이 저와 어떤 식으로든 비슷해야겠죠.

치료자 그러면 당신이 무언가 공통점이 있고 함께 공유하는 것, 아마도 어떤 공통된 가치를 지닌다고 보았을 때…….

제임스 음, 우리는 몇 가지 위험을 함께 감수해야 하죠. 아시다시피 그게 모든 사람들에게 일어날 수 있는 일은 아니죠. 하지만 시간이 흐르면서 제가 그들을 좀 더 알아갈수록 그들도 차츰 저를 알게 되죠.

치료자 그리고 지금은 마음을 열 수 있고, 방어하지 않아도 되는 사람들도 있죠.

제임스 이따금 그 수준에 도달하는 데 시간이 걸리긴 하지만 말이죠.

치료자 당신이 원하는 것보다 더 많은 시간이 걸리나요? 당신은 그런 수준에 보다 빨리 도달하길 원하나요?

제임스 아니요. 전 시간이 좀 걸린다는 걸 알아요. 그리고 그게 저에겐 편해요.

치료자 당신이 일정 기간 동안은 뒤로 물러서거나 방어적일 수 있다는 걸 인정하는 것이군요.

제임스 다른 남성들과의 관계 속에서 제가 보여지길 바라는 방식이 저 스스로 불확실하고 불편할 때가 있었어요. 때문에 저는 이것들(3장의 음화된 사진들)을 여기에 붙이기로 결정했어요. 저에게 어떤 방어들이 존재하고, 제가 보여지길 원하는 어떤 이미지들을 가지고 있다고 느꼈어요. 저는 여전히 다른 사람들 중 누구와 함께 있는 것이 가장 괜찮은지를 알기 위해 탐색하고 있기 때문에 그것은 좀 더 방어적인 자세에 가까워요.

치료자 당신은 너무 사람을 빨리 신뢰하였는데 그들이 당신을 제대로 대접해주지 않은 경험이 있었나요?

제임스 예, 특히 몇 가지 일들이 떠오르네요. 아마도 저는 스스로를 지나치게 취약하게 만들어서 배신 당했다고 느꼈고, 그들로부터 지나치게 많은 것을 기대했던 것 같아요. 이것들(3장의 그림들)은 각기 다른 남성적 페르소나들이에요. 제가 아는 어떤 특정한 사람이 결코 아니에요. 이것(노란색 색종이 위에 그려진 포스터보드 가운데에 위치한 그림)은 완전히 드러난 남성이에요. 강하고, 감춰지지 않고, 제가 가까이 가기에 꺼려지지 않을 누군가, 그들(다른 남성들)에게 가까이 다가가고 그들 자신을 나에게 드러내도 두렵지 않을 누군가죠. 이것은 여기(상단의 자기 사진)에 보이는 제 자신의 측면과 더 일치하죠.

치료자 아무것도 숨길 것이 없고 개방적이네요.

제임스 음, 하지만 여전히 현실적이기보단 이상적이에요. 저는 제가 이런 유형의 관계를 어떤 사람과 가졌었는지 확신이 없어요.

치료자 그리고 그것은 자연스러운 관계이구요.

제임스 음(긴 침묵).

치료자 그리고 나머지 2장의 그림들은요?

제임스 여기 위, 여기 위, 제가 점점 알아가고 있는…… (빨간색 색종이 위에 그려진 포스터보드 왼쪽 상단의 그림).

치료자 이건 실제 사람인가요?

제임스 아뇨. 여기엔 특정한 인물들은 하나도 없어요. 비록 제가 이것들을 특정 인물과 연결시킬 수 있을지는 몰라도요. 이것은 제가 관계를 시작할 때 그들을 종종 바라보는 대로의 남성을 그린 것이에요. 이건, 어, 그들은 마치 저를 확인하고 평가하려는 것처럼 바라보죠.

치료자 그다지 친근하게 바라보는 것은 아니군요.

제임스 그렇죠. 당신이 어디에 있는지 흘겨보는 눈이죠.

치료자 제 눈에도 판단적인 것으로 보이네요.

제임스 또한 어떤 분별하려는 특성이 있어요. 예, 제가 생각하기엔 판단이에요. 그리고 어떤 관계는 이 지점을 결코 넘어서지 못하죠.

치료자 당신은 그들이 당신을 평가하고 당신도 그들을 평가하는 지점에 머무는 것이군요.

제임스 그리고 그게 이것(왼쪽 상단 그림)과 이것(우측 하단의 자기 사진과 왼쪽의 사진을 가리키며)에 상응하는 거죠. 이따금 이것(좌측 사진)과 이것(우측 하단 사진)의 앞뒤로 왔다 갔다 할 수 있어요. 어떤 때 저는 제가 할 수 있는 한 이렇게(왼쪽 사진) 돼요. 그게 안전하죠. 그들이 여기(좌측 상단 그림)를 넘어섰는지 보죠. 대부분 여기로(우측 하단 사진) 되돌아가고 우리의 관계가 일이나 학교 혹은 어떤 것처럼 강제적이지 않은 한 관계를 끝내게 되죠.

치료자 어떤 구체적인 인물들이 여기에 해당하나요? 한 명은 분명히 한 사람의 남성으로서의 당신의 아버지일 테고, 당신은 그로부터 자신을 보호해야 하고 그를 조심해야만 했나요? 어쨌든 그는 아직도 살아 있나요?

제임스 예. 저는 이 그림들 각각 안에 그와 저의 관계가 있다는 걸 발견했어요.

치료자 복잡한 관계네요.

제임스 이런 복잡한 관계가 여기에도 좀 있어요(좌측 상단의 그림).

치료자 그는 여전히 당신을 흘겨보면서 평가하고 있군요.

제임스 그렇게까지는 아니에요. 저는 거의 그를 이렇게 바라보죠(다른 2장의 그림을 가리키며). 이따금 저는 제 아버지를 이렇게 보기도 해요(가운데 그림). 우리는 서로 매우 개방적이고 자발적이지요. 어쩌다가 저는 그를 이렇게(녹색 색종이 위에 그려진 포스터보드 오른쪽의 그림) 어떤 예민한 특성을 지닌, 변화중인 한 사람으로서 바라보기도 하고 그를 인정하고 이러한 이상(가운데 그림)에는 미치지 못하는 그의 한계를 존중하기도 하죠. 어떤 때 저는 그에 대해 여기(오른쪽 하단 사진)에서처럼 데면데면하게 느끼기도 해요. 주기적이고 그렇게 자주는 아니죠. 하지만 전 그런 일이 일어날 때 매우 실망하게 되죠. 일정 기간 동안 뒤로 물러나 있어요.

치료자 당신은 정확히 어떤 것이 결국 그런 일로 마무리하게 만든다고 설명할 수 있나요, 무엇이 그것을 촉발하나요?

제임스 저는 그저 그게 아버지로 하여금 저에게 권위적이거나 판단하게 하는 상황에서 일어났다고 알고 있어요. 그러면 관계에서 무언가가 바뀌죠. 마치 제가 수치심을 느끼는 어린 소년이 되고 그는 화난 아버지가 되는 것처럼 변하죠.

치료자 당신이 어린아이처럼 느끼기 시작할 때, 그게 언제…….

제임스 이따금 아버지가 저를 어린아이처럼 취급하는 것이 느껴져요. 제가 반드시 그렇게 느껴야 하는 건 아닌데도 말이죠. 어떤 때는 어른처럼 행동하지만 한 사람의 어른으로는 받아들여지지 않는 것처럼 느껴져요. 거기서 제가 그런 역할을 가정할 때는 아마도 시간이 좀 필요한 게 아닌가 싶어요. 저는 이것(오른쪽 그림)이 특정한 사람을 나타낸다고 생각하고 있었어요. 제 마음 속에 그 사람의 이미지를 가지고 있었어요. 아마도 지금은 죽고 없는 고등학교 때 절친했던 친구일 거예요. 그는 저에게 특별한 사랑을 준 사람들 중 하나였어요. 우리는 서로를 지나친 판단 없이도 인정하고 칭찬해주었지요. 서로가 반대 의견을 가지고 있을 때도 서로 이야기할 수 있을 만큼 자유로웠어요.

치료자 당신은 그와 정말 자연스러운 관계를 가졌군요. 그와의 관계에서 당신은 자신을 방어적이라고 느끼질 않았죠.

제임스 그래요. 그는 선천적인 심장 장애로 죽었어요. 다른 사람들이 기대했던 것보다는 훨씬 오래 살았어요. 그가 죽었을 때 슬프긴 했지만, 장례식은 일종의 축하잔치와 같았고 마치 좋은 장례식 같았어요.

치료자 그가 죽었을 때 당신은 몇 살이었나요?

제임스 5년 전이었으니까 35살이었죠. 그는 저보다 1살 많았어요.

치료자 그럼 당신은 정말 가까운 친구를 잃었군요.

제임스 비록 그가 결혼해서 이사를 가는 바람에 몇 년 동안 가깝게 지내진 못했지만 우리는 관계를 유지했어요. 아마도 그를 몇 년 동안 보지 못하고 그의 삶에서 너무나 많은 부분을 함께하지 못했다는 점 때문에 슬펐던 것 같아요. 그는 몇 차례 성공을 거두었고 자신의 가정과 직장생활을 튼튼하게 다졌는데 전 그때 많은 시간을 함께하지 못했어요.

치료자 당신은 장례식에 갔었나요?

제임스 음(긴 침묵, 자기 작품을 바라보고 있다).

치료자 그 밖에 다른 것을 본 게 있나요?

제임스 저는 제가 이 작품을 시작했을 때, 심지어 사진을 찍고 순서대로 작업을 하면서부터 나아진 것이 있음을 알았어요. 그리고 여기에는 무언가가 빠져 있는 것처럼 느껴지네요. 저는 제가 남성과 저와의 관계에서 위로(포스터보드 상에서 위에 있는 사진으로) 올라가서 머물고 싶어 한다는 것을 알지만, 여기서(우측 아래 사진)는 불편함을 느껴요. 만약 그로부터 빠져나오지 않거나 이따금씩 여기(좌측 상단 사진)와 그 앞뒤(좌측 상단과 우측 상단)로 도달하지 못하면 관계가 오래 지속되지 않는다는 것을 알아요. 그리고 이 3장의 사진들 간에는 무언가가 빠져 있어요.

치료자 당신은 어떤 단계가 빠졌음을 의미하는 건가요?

제임스 음, 그게 뭔지 확실치는 않은데……. 아마도 두 단계가 더 있을 거예요. 제가 상처 입었을 때의 어떤 분노와 뒤로 물러나기(withdrawal)인 듯해요.

치료자 색은 어떤가요? 이따금 색은 정서들을 나타낼 수 있어요. 당신은 파란색, 빨간색, 노란색, 그리고 녹색을 사용했군요. 당신은 그 당시 색깔에 대해 생각하고 있었나요?

제임스 저는 그것들이 정서를 표현한다는 관점에서 생각하고 있었어요. 그리고 저는 제가 색깔들 간의 어떤 균형을 원한다는 것을 자각하고 있었고 그것들을 무언가와 동일시할 수 있을 만큼 기본적인 색들을 썼어요. 여기서(상단 사진의 배경색) 이 노란색은 확장성을 나타내요.

치료자 그럼 빨간색은요?

제임스 (긴 침묵) 잘 모르겠어요. 제가 이것(좌측 사진의 배경)을 보았을 때 빨간색은 마치 따뜻함 같았지만, 여기서는(좌측 상단의 그림) 빨간색이 거의 분노나 어떤 무언가와 같아요.

치료자 당신과 낸시(Nancy, 이전의 치료자)가 작년에 이야기했던 것은 분노와 접촉하는 것이었어요. 아마도 이 작업 속에서 진행 중이었던 것은 감정들의 혼동이었을 거예요. 이따금 분노처럼 느껴지지만, 어떤 때는 따뜻함 혹은 그와 유사한 무엇인가처럼 느껴져요.

제임스 그리고 이것(우측 하단 사진의 배경인 파란색)은 고립과 같지만 언제나 부정적인 의미만은 아니에요. 어떤 때는 제 자신을 돌아보고 그와 더불어 안전함을 느끼기도 하거든요. 혼자 있는 것도 괜찮고 이따금 여기에 머무를 필요가 있어요.

치료자 제게 떠오른 것 중 하나는 당신이 파란색을 제외하고 빨간색과 노란색을 사용하여 그림과 사진을 짝지었다는 점이에요. 그러고 나서 당신은 그림에 녹색을 사용했어요. 아마도 그게 당신이 무언가 빠뜨렸다고 느낀 것일 거예요.

파란색, 고립에는(사진과 그림) 짝지워진 것이 없다는 것 말이에요. (역주: 〈그림 2-1〉을 보면 나머지 2장의 사진들에는 의미상 연결되는 그림들이 1장씩 존재하지만 우측 하단에 제임스가 웅크리고 있는 사진에서는 제임스의 모습과 다른 남성의 모습을 연결 지은 그림이 보이지 않는 것을 이야기하는 것이다.)

제임스 물론 제가 이 모든 것을 모아 놓은 이유는 제가 기본적인 색깔들을 쓰고 있다는 것이었어요.

치료자 그리고 당신은 거기(포스터보드)에서 그것(기본적인 색깔) 모두를 파악하기를 원했어요.

제임스 음~.

치료자 당신이 고립되었을 때 거기엔 다른 사람이 없었고, 따라서 짝을 지을 그림이 없다는 말이 되는군요.

제임스 그거 좋은 지적이네요. 반감(disapproval)과 분노 및 애정 사이의 혼동에 대해 생각해봐야겠어요.

치료자 당신이 가깝게 지낸 사람들에게도 때로는 반감, 회의, 혹은 기타 요인들이 존재하지요. 당신은 누군가가 당신에게 동의하지 않거나 의심을 할 때는 결코 받아들이지 못했어요.

제임스 제가 잘 못하는 부분이에요. 제 친구와 함께 있는 것은 괜찮았는데 말이죠. 우리는 가까웠고, 제가 "네가 이걸 망쳤다고 생각해.", "네가 틀린 것 같아.", "네가 착각했어."라고 말하는 것이 두렵지는 않았어요.

치료자 그가 당신에게 그렇게 말했나요, 혹은 당신이 그에게 그렇게 말했나요?

제임스 둘 다예요. 우리는 그런 일이 일어났을 때 서로에게 주의를 기울였고 상처를 입거나 버림받았다고 느끼진 않았어요.

치료자 당신은 당신의 삶에서 그의 자리를 차지할 만한 다른 누군가가 있나요?

제임스 예.

치료자 그러면 이것(오른쪽 그림)은 한 사람 이상을 나타내는 것이군요. 당신이 개방적일 수 있는 다른 남성들이 있는 거네요.

제임스 음, 예. 제가 생각하는 사람과 저는 실제로 이런 종류의 관계를 갖고 있진 않아요(가운데 사진을 가리키면서). 왜냐하면 당신도 알다시피 빨리 단절되었기 때문이죠. 우리 관계가 가장 고조되었을 때는 사춘기 시절과 20대 초반이었어요. 그러고 나선 뿔뿔이 흩어졌어요. 우리가 함께 공유할 수 없는 많은 인생 경험들이 있었어요. 사춘기 시절과 20대 초반에 저는 제가 스스로를 들여다보고 제 자신을 개선하려 노력하였지만 어떤 내적 갈등을 극복하지는 못했어요. 제가 그를 알았을 때 저는 뒤에 지체되어 있어서 그는 결코 저의 이런 측면들(가운데 그림을 가리키면서)을 보지 못했어요. 그리고 그의 그런 측면을 볼 만큼 자유롭지 못했어요.

치료자 그건 최근에 당신이 발전한 것이지요. 보다 자유로운 당신의 일부로 말이죠.

제임스 지난 5년여 사이에 저는 다른 남성들과 접촉하는 것, 그들이 저와 접촉하게 하는 것, 우리가 서로 동의할 수도 혹은 동의하지 않을 수도 있는 정기적이고 의미 있는 토론을 갖는 것에 대해 편안함을 느꼈어요. 그리고 다른 남성들에게 조언을 구하러 갈 수도 있었죠. 마치 멘토나 다른 무엇인가처럼 말예요.

치료자 그건 당신이 그러한 발전, 그러한 진보를 좋아한다는 말처럼 들리네요.

제임스 예, 그건 가치 있는 일이었어요. 이것(좌측 상단의 빨간색 그림)은 제가 지금 제 상사와의 관계에 대해 느끼는 것이에요. 제가 그를 꽤나 비판하고 잘못되었다고 생각한다는 것을 나타낸 것이죠.

치료자 당신은 그를 신뢰할 수 없군요.

제임스 예, 제가 이런 방식(가운데 그림)을 지나치게 사용하면 그것은 저에게 도움이 되지 않을 거예요.

치료자 그가 당신에게 하는 것에 대해 어떻게 생각하나요?

제임스 저는 그가 이미 어느 정도 제 생각을 알고(자신이 그린 가운데 그림처럼) 행동한다고 생각해요. 그는 모든 것이 괜찮은 것처럼, 이렇게(오른쪽 녹색 그림을 가리키며) 행동하지만 그의 내면에는 이런 식(좌측 빨간색 그림)으로 남아 있고 저와 어울리지 않아요. 그러나 저는 그것이 저 때문이라고 생각하지는 않아요. 그건 그의 방식이죠. 저는 그와 함께 여기서(우측 하단 사진을 가리키며) 조금 머물러야 해요. 실제로 제가 스스로를 드러내는 방식은 이것(좌측 사진과 그것을 음화한 사진을 가리키면서)에 더 가까워요. 그림자 혹은 투명한 것처럼 어떤 때는 지나치게 가시적이지는 않죠.

치료자 좋아요. 만약 당신이 이 작품을 어떤 식으로든 바꾸고 싶어 한다면, 그게 무엇인지를 발견할 수도 있을 거예요. 또, 무언가를 더하거나 바꾸었는데도 여전히 무언가가 빠진 것처럼 느낀다면, 언젠가 그 작품에 어떤 것을 더할 수도 있을 거예요.

제임스 오늘 이 작품을 놓고 보니까 이것이 얼마나 제 삶과 일치했는지를 알겠어요.

치료자 당신은 이것을 볼 수 있는 곳에 붙여 놓을 수 있을 겁니다.

제임스 제 방 같은 곳에요?

치료자 어떤 장소든지 기념으로 붙여 놓으세요.

제임스 그렇게 해볼게요. 그건 제 마음을 알 수 있는 작은 지도가 될 거예요.

이후 제임스는 그의 여성과의 관계를 묘사한 포스터(이 책에는 실리지 않음)를 완성하였다. 제임스는 그가 치료 회기에서 설명한 것처럼 여성들과 파란만장한 관계를 가졌고 신체적 폭력을 사용하기도 하였다. 포스터는 방금 기술한 것(남성과의 관계를 나타낸 포스터)보다 훨씬 컸고 잡지에서 오린 사진들뿐 아니라, 사신을 담은 5장의 사진과 빨간색 혹은 노란색 색종이 위에 여성들을 그린 5장의 그림을 덧붙였다. 이것은 그 포스터에 집중한 치료 회기의 축어록을 푼 것이다.

치료자 자, 이제 당신의 미술작품을 묘사해보세요. 그리고 몇 가지 질문이 떠오르면 그때 질문할게요.

제임스 예, 이것은 '여성과 관련한 나는 누구인가?'에 관한 것입니다. 제가 작년에 여기 왔을 때, 제가 계속 작업하길 원했던 것 중 하나는 여성과의 관계에서 제가 느꼈던 분노예요. 그게 제가 여기 구석에 붙인 첫 번째 것들 중 하나죠(좌측 상단 구석은 빨간색 색종이 위에 놓인 그림과 사진들이다. 그 위에는 분노한 여인의 그림이 그려져 있고, 그 아래에 제임스의 사진이 빨간색 배경 위에 놓여 있으며, 바로 그 오른쪽에는 제임스의 몸을 찍은 또 다른 사진이 몸 위에 그려진 커다랗고 화난 붉은 얼굴과 함께 놓여 있다). 제가 스스로 자세를 취한 사진들에서, 저는 긴장된 자세로 화를 내며 불만스러운 표정을 짓고 있어요. 저는 하나의 자세로 그러한 느낌을 담으려고 시도해보았어요. 여기 위쪽에 몸으로 자세를 취한 것과 더불어 1장의 사진이 더 있지만 제 얼굴을 제가 좋아하질 않아서 그 위에 얼굴을 하나 그렸어요. 그게 제 생각으로는 바라보거나 느끼기에 저랑 닮았거든요. 저는 그런 식으로 여성들과 지냈어요. 특히 아내와 그랬죠. 우리는 자주 논쟁에 빠지곤 했고, 저는 제 감정들이 통제를 벗어나는 것을 느꼈죠. 이것(화난 여인을 그린 것)은 동시에 화를 내고 불만스러우며 비난하는 듯한 표정을 보인 그녀의 모습이에요.

저는 이 코치(잡지에서 오린 화가 나 보이는 야구 코치)의 사진을 오렸어요.

그게 제 화난 모습과 비슷하다고 생각했기 때문이죠. 당신이 가까이에서 볼 수 있다면, 그의 얼굴은 매우 벌겋고 긴장으로 가득 차 있을 거예요. 그게 바로 이따금 제가 논쟁에 빠졌을 때 느끼는 방식이에요. 분노의 폭발과 흡사하죠. 그러나 저는 이 남자(코치)가 여기 통제된 배경하에서 화를 내고 있다는 것을 볼 수 있어요. 그는 그 자신을 표현하고 있어요. 마치 제가 이따금 결과에 대해 두려워하지 않고 감정적으로 그러는 것처럼요. 당신도 볼 수 있듯이 이와 연관된 다른 여성들도 있어요(배경의 여자 야구선수들).

제가 하단의 가운데에 붙인 사진들(노란색 색종이 위에 한 명의 여성을 크게 그린 것, 소파 위에 누워 있는 제임스의 이미지를 껴안고 있다)은 느긋하게 집에 틀어박혀서 게으름을 부리고 있는 나를 나타내요. 그리고 이 여성은 제 주변에 팔을 두르고 나를 돌보아주는 여성이죠. 여성들과 저와의 관계 중 하나로 어머니가 해주는 것 같은 보살핌을 받길 원한다고 이야기했었는데, 그게 아마도 이렇게 명확하게 표현된 것 같아요. 저는 여성들이 이따금 무언가 저를 위해 해주었으면 하는데, 아마도 제가 할 수 없는 것이거나 그들이 해주기를 바라는 것일 거예요. 그건 저를 지지해주고 제가 실수하는 부분을 바로잡아 주는 것을 말해요. 그것은 여성들과의 관계 속에서 의존적인 저의 모습이에요. 여기 아래 그림(좌측 하단 구석에 있는 노란색 색종이를 오려 만든 노란색 머리를 가진 여성의 그림)은 그냥 함께 붙였어요. 제가 그걸 좋아했기 때문이죠. 저는 그것이 이 부분과 어울린다고 생각했어요. 제가 발견한 이 깔끔하고 작은 종이로 노란색 머리를 만들어 사진에 함께 붙였어요.

반대편 위에는(포스터의 우측) 제가 가진 또 다른 차원의 여성과의 관계를 나타냈어요. 여기 가운데의 이 작은 사진(잡지에서 오린 여성의 몸을 찍은 누드 사진, 파란색 색종이 위에 머리를 따로 그려 넣었다)은 여기(좌측에 있는 사진과 그림 모음들) 화난 상황에서 보다 친근하고, 신나는 상황(포스터의 우측), 그리고 성적인 영역 사이에 걸쳐 있다고 할 수 있어요. 여기 우측(빨간색 색종이 배경 위에 놓인 제임스의 사진)에서 제가 시노를 해봤어요. 보다 더 이완된 표정이죠. 제 이마는 이완되어 있고 눈은 뜨고 있으며 무언가 호기심에 차 있고, 주의를 기울이고 있으며, 민감하게 반응하죠. 즉, 이것은 제가 누군가와 마음을 나누며 함께 시간을 보내고 있을 때나 잘 알고 있는 누군가와 함께 있을 때를 나타내요. 이것은 그냥 즐거운 사진, 제가 좀 더 했으면 하고 소망하는 무엇인가를 나타낸 거죠(잡지에서 오린 춤추고 있는 커플의 사진). 여기 이 친구는 춤추는 걸 즐기며 마치 신나는 표정으로 이 여성과 활보하는 것처럼 보여요. 저는 춤추는 것에 대해 두려움을 갖고 있지만 좀 해봤으면 하는 것이기도 해요. 제가 몇 차례나 피했던 것이긴 하지만 즐거운 활동이죠.

치료자 당신은 춤을 출 때 어색함을 느끼나요, 혹은 춤을 추기는 하나요?

제임스 오랫동안 춤을 추지 않았어요. 그건 아마도 춤을 추는 행동 그 자체의 문제일 거예요. 제가 춤을 출 때는 단지 추는 걸 즐기거든요. 제가 춤 연습을 하고 제대로 배우면 좀 더 낫다고 느낄 거예요. 그래서 이것은 즐거운 사진, 즐거운 활동처럼 보여요.

여기 이 사진(허리 아래는 물속에 담근 채 서 있는 여성의 뒷모습을 담은 사진)은 제가 생각하기엔 매우 감각적이고 여성적인 형상을 담은 아름다운 사진이에요. 그녀의 뒷모습이 저를 향해 있지만 다른 사진 속에서는 저를 쳐다보고 있죠. 제 사진이 그녀 앞에 놓여 있거든요(포스터 위에 놓인 제임스의 전체 얼굴 사진).

여기 제 사진의 아래에 놓인 이것은 애정과 접촉을 담은 사진이죠(잡지에서 오린 침대에 누운 커플 사진, 남자의 얼굴은 여성의 뒷목과 마주하고 있다). 이 두 사람은 분명히 매우 이완되어 있고 서로 접촉하고 있죠. 여기에서(포스터보드의 우측 끝, 파란색 색종이 위에) 저는 웃고 있는 한 쌍의 입술을 그리려고 시도했어요. 여성의 웃음을 그린 그림이죠. 제가 생각하기에 이 여성의 얼굴을 좀 더 잘 그린 것 같았어요(노란색 색종이 위에 여성의 얼굴이 있고, 황금색 박지(薄紙)로 머리카락을 만들었다).

치료자 정말 즐거워하고 있고, 수용하는 듯한 표정이네요.

제임스 이것은 제가 찍은 사진이에요. 저를 찍었죠. 제가 여성(제임스가 반쯤 출입구에 기대면서 몸을 감춘 채 있는 사진, 포스터보드의 우측 하단 구석 위에 놓여 있다)에게 처음으로 제 자신을 드러내고 있다고 스스로 바라본 방식이죠. 그것은 호기심과 친근함으로, 제가 문을 열고 있으면서 일부러 좋은 첫인상을 만들고 있다는 걸 볼 수 있어요. 저는 보통 나중의 인상보다 첫인상이 편안해요. 그래서 매우 이완된 느낌을 받지요. 저는 이따금씩 어떤 사람을 알게 되면서 그러한 느낌을 다시 받곤 하죠. 전 그들을 처음 만난 것처럼 대하고 그때마다 그 인상을 첫인상인 것처럼 여겨요. 이것은 또한 관계에서 문을 열어 접근하고 내가 좀 더 가까이 가도 되겠냐고 묻고 있는 것이에요. 제가 보다 친근한 관계에서 떠올리길 좋아하는 면이지요. 여성의 개인적인 공간을 존중하고 언제나 그러한 태도로 접근해요. 제가 좀 더 가까이 가도 될까요? 제가 당신을 알게 될 수 있을까요? (긴 침묵).

치료자 당신은 분노에 대한 단서를 가지고 있나요? 무엇이 그것을 촉발하나요? 당신이 이 포스터들을 함께 놓았을 때 당신은 분노를 느끼기 시작했군요.

제임스 음~(긴 침묵).

치료자 좋아요, 당신에게 다른 방식으로 질문해볼게요. 어떤 사람에 대한 이런 분노가 당신의 예전 아내에 대한 것인가요, 아니면 한 명 이상인가요?

제임스 그건 한 명 이상이었어요. 한 번 이상이었지요.

치료자 여성을 때릴 지경까지 도달한 적도 있나요? 몇 번이나요?

제임스 음~.

치료자 제가 처음에 당신에게 듣기로는, 당신은 분노를 표현하기를 원했지만 분노를 통제하여 누군가를 때리는 일은 없기를 원했어요. 그런 생각이 소리를 지르고 분명히 화가 나긴 했지만 아무도 때리진 않는 코치의 사진으로 나타났군요.

제임스 누구에게도 화를 내지 않죠.

치료자 당신은 화가 난 상태에서 그것을 통제했던 경험이 있나요?

제임스 예, 있었어요. 그리고 실제로는 오직, 그러니까 제가 분노를 통제하지 못했을 때는 두 번의 결혼에서 몇몇 순간들과 제 아이들과 있었던 몇 차례의 순간들이었어요. 물론 통제되지 않았다고 말한 그때가 전혀 통제하지 못한 때는 아니에요. 그 시점이 지나고 보면 제가 원하는 종류의 통제를 하지 못했던 것이었죠. 저는 처음에 분노를 터뜨린 이후 멈출 수 있을 만큼의 통제력은 갖고 있었어요. 제가 누군가를 때렸다고 하더라도 반복적으로 때린 것은 아니었어요. 그것은 제 아이들의 경우를 제외하면 누군가를 때린 적은 없었어요. 물론 그것은 서너 배 정도로 정말 힘든 일이죠. 제가 때려야만 했던 상황보다 더 힘들죠. 제 아내의 경우를 예로 들면, 그녀의 어깨를 붙잡거나 머리채를 잡고 그녀의 행동을 통제하려고 소리 지르는 일 같은 거였죠. 그러니 거기에도 어떤 통제력은 있었죠. 물론 저는 여전히 제가 통제하지 못했던 것에 대해선 매우 안타깝게 생각하고 있어요. 하지만 제가 완전히 통제력을 잃었다고는 말하지 않을 거예요.

치료자 그것이 당신을 돌보지 않는 그녀 혹은 당신을 자발적으로 돌보지 않으려는 그녀와 연관되어 있나요?

제임스 제가 생각하기엔 어떤 식으로든 연결되어 있었던 것 같아요. 왜냐하면 논쟁 도중이었고 그녀는 제가 바라던 방식대로 응하지 않았거든요. 그녀는 화가 나서 저를 용납하지 않았고 저는 전혀 물러서지 않았어요. 그녀가 소리치고 비명을 지르고 있었기 때문에 제가 거기에 반응한 거였어요.

치료자 그게 당신의 첫 번째 부인이었나요, 아니면 두 번째 부인이었나요?

제임스 둘 다였어요.

치료자 당신은 자신의 분노가 정말로 통제를 벗어났다면 무엇을 할 거라고 생각하나요?

제임스 그건 개인적인 생각이라서 상상의 시간으로 남겨두었죠.

치료자 좋아요.

제임스 저는 누군가를 상처 입히는 것에 대한 두려움을 가지고 있어요. 이전에는 상처 입히는 것을 너무나 쉽게 할 수 있었어요. 신체적으로, 물리적 폭력으로 인해 물리적 통제를 해야 하는 상황이었죠. 하지만, 제가 그렇게 하는 것을 원하지 않기 때문에 그러한 잠재적인 가능성을 없애고 싶어요. 따라서 저는 분노를 표현하는 방식에 대한 통제력이 필요해요.

치료자 저는 여기서는 볼 수 없는 것을 당신에게 말하고자 해요. 당신이 흥미가 있다면요.

제임스 네.

치료자 저는 무엇보다도 먼저 공격적인 관계와 분노를 보았어요. 전에는 친근함, 성적 친밀함, 접촉을 많이 보았지요. 제가 보지 못한 것은, 예를 들면 함께 일한다든가, 함께 걷는다든가 하는 것과 같은 평등하고, 상호적이고, 존중하는 관계예요. 당신이 이 포스터를 만들 때 그게 당신에게 일어났었나요, 아니면 당신은 그것을 포함시키지 않기로 결정하거나 혹은…….

제임스 그랬어요. 저는 무언가 사람들이 함께 게임을 즐기는 것을 담은 사진들을 찾아보았어요. 그게 제가 마지막으로 여기에 붙이려고 했던 것 중 하나죠. 혹은 함께하는 어떤 작업들이죠. 저는 어떻게 그걸 구성해야 할지 몰랐어요. 그게 제가 가까운 사람들과의 관계에서 결여되었던 것이었고 제가 좀 더 가지길 원했던 것이었어요. 그건 단지 단순한 일을 함께 즐기는 것이에요.

치료자 저는 어떻게 그것이 분노와 공격성으로 연결되는지가 궁금했어요. 우선, 당신은 여성에게 돌봄을 받거나 친밀함을 원했지만, 여성은 그러한 관계들 중 어느 하나라도 원하지 않았다고 가정해볼 수 있어요. 또는 여성이 무언가 정신적인 교감이나 동등한 것을 더 원했을 수도 있어요. 저는 그것 때문에 당신이 그녀에게 어떤 불만을 가지게 되었고, 결국 당신을 화나게 만든 것이 아닌가 싶어요. 그게 제가 얼마 전에 당신에게 무엇이 당신을 공격적으로 만드는지를 정확히 아는지 물었던 이유예요.

제임스 두 번의 결혼에서, 너무나 많이……. 그래요, 첫 번째 결혼과 두 번째 결혼생활 몇 년 동안, 저는 알코올과 약물에 중독되어 있었어요. 그리고 아내와 다양한 여가활동들을 함께할 시간을 갖지 못하였죠.

치료자 그녀와 활동을 함께하였을 때 그것은 친밀한 활동이었나요, 혹은 그녀가 당신을 돌보아주는 일이었나요? 제가 말하는 의미를 아시겠어요?

제임스 예. 집주변에서 이루어진 그녀와의 활동들은 친밀하거나 혹은 형식적인 것이었어요. 그 대부분의 활동들이 저에게는 정서적인 고통이었고 또 다툼도 심했어요. 그래서 저의 기억 속에는 즐거웠던 시간들이 많이 없어요.

두 번째 결혼생활에서 우리 부부가 함께 아이를 돌보았던 기억이 나네요. 그때 몇 년 동안은 결혼생활이 제대로 유지될 수 있기를 바랐어요. 이때 저에게는 새로운 결혼생활에 대한 기대감이 잠재되어 있었던 것 같아요.

저는 다리 밑으로 물이 많이 흐르고 있다고 생각했어요. 거기에는 많은 분노와 무수하게 노출된 상처들이 여전했어요. 그 상처들은 우리들이 의사소통을 할 때 서로에게 분노하게 했고 점차 그 횟수가 많아지면서 멀어지게 되었어요. 또한 이러한 상황이 되는 데는 재정적인 압박과 직업의 불확실성도 있었어요. 일한 만큼 돈을 벌 수 없는 데서 생기는 고민처럼요.

아주 가끔 우리 부부는 함께 나가서 영화를 보거나 산책을 했어요. 함께 했을 때는 유익하고 좋았어요.

치료자 그것은 여성과의 미래의 관계에 대해 무엇을 말해주나요?

제임스 저는 우선 우리의 공통된 관심영역을 탐색하고 그 영역 속에서 우리가 함께 즐길 수 있는 것이 무엇인지 찾은 후에 서로 노력해야 한다고 생각해요. 삶에는 많은 스트레스와 긴장이 존재하잖아요. 특히 제 삶에서는 더욱 그렇죠. 그리고 저는 이러한 종류의 활동을 해야 해요. 제 삶을 즐겁고 느긋하게 만들어줄 수 있으니까요.

치료자 저는 당신이 너무 빨리 침대로 뛰어든 것 같아요. 성적인 부분에 있어서 말이에요. 그러나 당신이 이야기했던 그 외의 관심사에는 많은 생각을 해보지 못했죠. 당신은 결국 함께 침대로 갈 사람 혹은 당신을 돌봐줄 사람만을 찾게 되죠.

제임스 그게 바로 오랫동안 제가 여성과의 관계 속에서 저의 가치를 발견하는 방식이었어요. 저의 성행위 속에서나 그 가치에 있어서 저는 그들이 저를 원했거나 저에게 성적으로 유용했다고 생각했어요. 그리고 이별 후 지난 8개월 동안 많이 변화한 것처럼 느꼈어요. 저는 많은 두려움을 겪었고 누군가와 성적으로 함께하고 싶은 많은 욕구를 느꼈어요. 하지만 밖으로 나가서 그것을 추구하지는 않았어요. 그냥 가만히 있었어요. 왜냐하면 제가 성적 영역에서 다른 영역을 배제한 채 의존적으로 사람들을 이용한다는 것을 깨달았기 때문이죠. 대신 저는 제가 관심을 가진 몇 가지 다른 일들에 참여했어요. 그게 당신이 저에게 준 좋은 실마리예요. 미래의 관계에 대해 제게 말해준 것이지요.

치료자 요약하자면, 당신이 여성과의 관계에서 당신의 분노를 촉발시키는 것이 '당신은 나를 돌봐야 해', 혹은 '당신은 나와 함께 침대로 가야 해' 둘 중 하나 때문이란 거죠. 만약 이러한 의존이나 친밀함의 욕구가 하나라도 충족되지 않는다면 당신의 분노가 촉발되는 거예요.

제임스 많은 생각이 드네요. 그냥 '당신은 나와 침대로 가야 해' 혹은 '나를 돌봐야 해' 둘 중의 하나가 아니라 그것보다 더 일반적인 것일 수도 있기 때문이죠. 저는 폭력적으로 거부당하는 것과 친밀하게 지내면서 성적으로 받아들여지는 것, 그리고 돌봄을 받는 것 사이에 존재하는 여성과의 관계에 있어서 어떤 측면들을 떠올리는 데 어려움이 있다고 생각해요.

치료자 당신이 그것을 다루는 방법 중 한 가지는 모든 것이 넓게 열려 있고 가능성이 끝없이 펼쳐져 있을 때, 그게 바로 관계의 시작이라고 상상하는 것이에요. 당신이 처음 한 여성을 만나서 호기심이 생기고 모든 가능성이 열려 있는 상황에서 나중에 그녀를 좀 더 잘 알게 되었을 때 당신은 당신이 그녀를 처음 만나고 있다고 일종의 상상을 해요. 그건 당신이 관계를 지나치게 좁히지 않기를 원하는 것과 같아요. 당신은 관계를 좁히는 방식은 두 가지의 가능성으로 향해 있어요. 친밀함 혹은 의존이지요. 그것보단 상호 존중으로 나아가는 것으로 관계를 좁히세요. 저는 정말 당신을 폄하하려는 게 아니에요. 제가 생각하기엔 우리 모두가 그래요. 남자들은 여자들을 그러한 두 가지 방식으로 대하죠. 나를 위해 요리해줘, 집 좀 치워, 침대로 가자.

제임스 그래요, 상호 존중하면서 서로 주고받는 관계로 발전하는 것에 더욱 흥미와 관심을 가질게요.

치료자 당신이 대화를 시도한다면 여성들도 그것에 대해 말할 거예요.

제임스 (웃으면서) 그것도 어떤 의존 아닌가요? 제가 여성에게 말해볼게요. 무엇이 상호 존중인지 나에게 말해달라고.

지금까지 살펴보았듯이, 제임스는 시각적인 참조대상과 그의 남성과 여성의 관계에 대한 초점을 제공하는 사진 미술치료 매체를 최대한 활용하였다. 제임스가 자신의 사진과 잡지로부터 오린 대중적인 사진들은 다른 예술매체와 더불어 그가 남성과 여성에 대해 가졌던 복잡하고 미묘한 태도를 시각적인 형태로 구성하였고, 그가 관계에 대해 새로운 관점을 얻을 수 있도록 하는 데 도움을 주었다.

치료자의 관점에서 보면, 포스터에는 제임스에 의해 묘사되고 논의되었던 관계가 그대로 녹아 있었다. 그래서 치료자와 제임스는 제임스가 남성과 여성들과의 관계에서 가져왔던 감정과 가정, 그리고 기대들을 쉽게 볼 수 있었다.

Chapter 03

페르소나

'페르소나(persona)'라는 용어는 배우가 캐릭터를 묘사하기 위해 캐릭터의 가면을 썼던 그리스 연극에서 나온 것이다. 융의 이론에서 페르소나는 우리가 다른 이들에게 드러내는 마스크다. 융은 "페르소나는 개인의 의식과 사회 사이의 관계로 이루어진 복잡한 시스템이며 한편으론 타인에게 한정된 인상을 심어주고 다른 한편으로는 개인의 진정한 본성을 숨기기 위해 고안된 적절한 종류의 가면이다(Collected Works, Vol. 7, p.190)."라고 말했다. 이에 더하여 그는 근본적으로 페르소나는 진짜가 아니라고 말했다(Collected Works, Vol. 7). 그것은 환상, 개인이 어떻게 보여야 하는가에 대한 사회와 개인 사이의 타협이다. 페르소나는 진실처럼 보이는 직위, 직함, 직업, 정체성으로 나타나며 단순히 이차원적인 현실이다. 이것을 염두에 두어야 한다. 보통 "당신은 무엇을 하나요?"라고 물었을 때 "저는 엔지니어입니다."라고 대답한다. 결국 직업이 그 사람의 정체성이 된다.

이어서 융은 개성화가 되기 위해선 페르소나가 허물어지는 것이 절대적으로 필요하다고 주장했다. 어떤 사람이 직함, 직위, 이름 뒤에 숨어 있는 한, 그녀는 스스로 진정 독립적인 개인이 될 기회를 부정하는 것이다. 개인의 인격이 페르소나일 때, 그 사람은 어떤 깊이나 실체가 없는 마치 보드지로 만든 이차원적 인물상에 불과하다.

그러나 페르소나의 개발과 유지는 실용적인 면에서 필요하다. 사회는 예측가능이라는 관점에서 우리가 세상에 이차원적인 모습을 보여줄 것을 요구한다. 훌륭한 매너와 실용성을 갖춘 마스크를 드러내도록 한다. 따라서 우리는 목표를 달성하기 위하여, 반드시 공적인 마스크 뒤로 우리의 개인적인 삶을 숨겨야 한다. 사회생활이 그것을 요구한다. 이렇게 공적인 삶과 개인적인 삶 사이의 구분은 우리의 의식을 습관적으로 분할한다. 이는 융이 인간의 정신 속에 존재하는 근원적인 에너지라고 주장한 대극(對極, opposites)의 긴장이라고 할 수 있다. 이것은 또한 초월을 요구하는 긴장이기도 하다. 만약 한 개인이 개인적인 삶을 부정할 정도로 공적인 삶만 산다면, 결국 인공적인 개인이 된다. 역으로 친구들이나 지인들은 언제나 개인적인 노출에 폭격당하길 원하지 않는다. 반드시 타협이 필요한 것이다. 그러나 타협은 한쪽으로 기울어져, 공적인 삶만을 살게 한다.

페르소나가 인격을 지배하도록 내버려둔 결과는 무엇인가? 극단적인 경우, 신경증이 나타난다. 융은 개인이 "인공적인 인격을 선호한 나머지 처벌 없이는 스스로를 제거할 수 없다. 그렇게 하려는 시도에서조차도, 모든 일상적인 경우에 무의식이 안 좋은 기분, 정서, 공포증, 강박적 사고, 타락, 악덕 등의 형태로 반응한다."라고 지적하였다(Collected Works, Vol. 7. p. 192). 페르소나를 선호한 나머지 개인의 인격의 전체성을 무시하는 것은 옳지 않다. 따라서 페르소나를 알아차리고 그것을 허물어야 한다는 결론이 자연스럽게 나온다. 우리의 관점에서 중요한 점은, 어떤 주어진 순간에 페르소나를 드러낼 것인가, 말 것인가에 대한 선택권을 갖고 불안, 강박, 우울 등과 같은 정신병리적 증상으로부터 그러한 선택을 자유롭게 할 수 있도록 만드는 것이다. 선택권을 갖기 위해서 개인은 우선 자기 자신에 대해 알고 있어야 한다.

자신을 아는 것의 일부는 자신의 페르소나를 아는 것이고, 그에 따라 페르소나 뒤에 숨겨진 개인적인 삶을 아는 것이다. 우리는 내담자가 그것을 알 수 있게 돕는 폭넓은 프로그램을 개발했다. 우리는 프로그램을 '자화상 상자'라고 불렀다. 페르소나는 임의로 6개의 부분(신체적 페르소나, 영적 페르소, 가족 페르소나, 사회적 페르소나, 직업적 페르소나, 그리고 정서적 페르소나)으로 나눌 수 있다. 상자의 각각의 면은 이 페르소나들의 한 가지 측면을 나타낸다.

키예스(Keyes, 1974)는 그녀가 개발한 기법을 '자기 상자(The Self Box)'라 불렀으며 이것은 '자화상 상자'와 비슷하지만 반드시 사진을 사용하지는 않았다. 키예스는 사람들에게 상자 안에 무언가 감춰져 있는 것을 상징할 수 있는 것을 놓아두고, 상자의 바깥 표면에는 그림을 그리거나, 그림을 풀로 붙이거나, 혹은 좋아하는 물건을 눈에 보이는 형태로 표현하도록 지시하였다.

자화상 상자는 양면의 6개 부분으로 나누어져 있기 때문에 6~12회 회기 혹은 주말 워크숍처럼 한 회기를 매우 길게 갖는 식으로 진행하였다. 어떤 사람은 한 번에 상자의 한 면에 접근하는 것을 선호하였다. 또 다른 사람들은 몇 주 동안이나 끝나지 않은 상태로 머무는 것을 좋아하지 않았으며 자화상 상자를 1회기 혹은 2회기 안에 끝내길 바랐다. 상황에 따라 치료자는 실용적이어야 할 뿐 아니라 작업 시간조절에 있어서도 유연해야 한다.

페르소나 과제

과제를 수행하기 위해서, 치료자는 카메라와 필름, 그리고 20 cm×20 cm×20 cm 크기의 보드지 상자(우리는 20 cm 혹은 23 cm 상자가 이상적이지만 다른 크기의 상자도 쓰일 수 있음을 발견하였다), 20 cm 크기의 사각형 포스터보드 혹은 도화지 12개, 연필, 잡다한 미술재료들, 풀과 가위를 가지고 있어야 한다. 다양한 크기의 상자들은 포장물품 상점에서 구매할 수 있다. 신발 상자나 기타 유용한 상자들도 사용될 수 있다. 어떤 참가자는 과일 상자를 사용하기도 하였다.

내담자는 상자 바깥 면에 연필로 공적인 신체적 자기, 공적인 사회적 자기, 공적인 가족적 자기, 공적인 직업적 자기, 공적인 정서적 자기, 공적인 영적 자기를 각각 쓰도록 요청받는다. 상자 안에는 바깥 면과 일치하게 개인적인 신체적 자기, 개인적인 사회적 자기, 개인적인 가족적 자기, 개인적인 직업적 자기, 개인적인 정서적 자기, 개인적인 영적 자기를 쓰게 한다. 그러면 내담자는 6개의 페르소나 측면을 바깥 면에, 그리고 6개의 개인적인 삶의 측면을 안에 담은 육면체를 가지게 된다.

이 책에서 묘사된 다른 과제들과 마찬가지로, 내담자가 집단 속에 있을 때는 다른 내담자와 짝을 이루어 작업하거나 아니면 치료자와 함께한다. 내담자는 공적인 면 중 하나를 골라 시작한다. 어느 것을 고를지는 그다지 중요하지 않지만 내담자가 선호할 수 있고 무엇이 가장 덜 까다로운가에 달려 있다. 역으로, 어떤 사람들은 가장 어려운 것을 먼저 선택해서 씨름을 할 수도 있다. 우리는 사람들에게 그들이 가장 편안하게 여기는 측면을 선택하도록 용기를 줌으로써 과도한 불안을 피할 수 있게 한다. 그 다음에 내담자는 공적인 페르소나를 보여줄 수 있는 몸동작을 결정한다. 내담자가 공적인 신체적 자기를 선택하였다고 가정하자. 그는 아마도 자신이 건강한 생활방식에 흥미를 가지고 있다는 것을 대중들에게 보이기 위해 조깅 자세를 취할 수 있을 것이다. 자세를 과장해도 문제될 것은 없다. 내담자는 자세를 취하고 치료자나 파트너가 사진을 찍는다.

작품을 상자에 직접 만들진 않는다. 사람들이 이따금 변화를 주고 싶어 하는데 상자 자체에 만들어진 작품은 변화시키기 어렵기 때문이다. 또한 상자 안쪽의 비좁은 면에서 작업하기가 쉽지 않다. 내담자가 원한다면 사진을 오린 다음에 포스터보드나 사각형 도화지에 붙인다. 사진에는 필요하다면 마킹 펜과 색종이 같은 미술재료로 어떠한 배경이든지 추가될 수 있다. 우리가 앞에서 논의했던 사례처럼 내담자는 조깅 트랙, 길거리, 혹은 체육관을 그릴 수 있을 것이다. 작업이 끝나면 상자에서 해당하는 면을 찾아서 붙인다.

공적인 자기 과제 이후에, 내담자는 개인적인 자기 과제에 매달린다. 그 과제는 종종 다음 회기에서 이루어진다. 상자의 한 면을 끝내는 데는 1시간 혹은 그 이상이 걸리기 때문이다. 신체적 자기 사례에 이어서, 내담자가 자신의 심각한 고혈압과 가족의 심장 병력을 안다고 가정하자. 그의 아버지와 두 명의 삼촌은 50살이 되기 전에 심장마비로 죽었다. 개인적으로 그는 심장질환의 가능성을 걱정한다. 그는 보통 이러한 개인적인 사실을 다른 사람들과 나누지 않는다. 그의 병력은 너무나 개인적인 일이라고 느끼기 때문이다. 내담자는 마치 심장마비를 겪는 것처럼 자신의 심장을 움켜쥐는 모습의 자세를 취함으로써 이러한 걱정을 표현할 수 있다. 파트너나 치료자는 이러한 자세를 사진으로 찍고 내담자는 이전처럼 그 사진을 붙이고 주변에 배경을 추가한다. 완성된 작품은 공적인 신체적 자기 면의 반대 면인 상자 안쪽에 붙인다.

치료자와 내담자는 사진을 찍고 작품을 만드는 동안 내담자의 자세 선택과 미술재료, 미술작품을 주제로 삼아 계속 이야기를 나눈다. 다른 미술치료들과 마찬가지로 미학보다는 심리적 과정을 강조한다.

상자의 한 면인 안쪽과 바깥쪽을 완성하면, 내담자는 다른 면을 택해서 과정을 반복한다. 바깥쪽을 먼저, 그 다음엔 안쪽을 완성한다. 결국 예닐곱 회기가 끝나면, 내담자는 바깥쪽에는 공적인 페르소나, 그리고 안쪽에는 개인적인 삶을 담은 자화상 육면체 상자를 갖게 된다. 내담자가 안쪽 면이 개인적인 것으로 남아 있기를 원한다면, 상자의 뚜껑을 풀로 붙이고 닫아서 아무도 그 안에 어떤 사진들이 들어 있는지 볼 수 없게 한다.

그 과정 동안 흥미로운 일이 벌어진다. 내담자는 처음 시작할 때는 공적인 것과 개인적인 것 사이를 꽤나 명확하고 분명하게 구분한다. 하지만 사진과 미술작업이 진행되면서, 무엇이 공적이고 개인적인지가 점점 덜 명확해지고 공적인 자기와 개인적인 자기를 분리시킨 상태로 유지하는 것이 점점 덜 중요해진다. 다른 말로 표현하자면, 페르소나가 무너지기 시작하는 것이다. 몇몇 사람들은 심지어 상자 뚜껑에 핸들도 달았다. 다른 사람들이 개인적인 내용을 살펴볼 수 있게 초대한 것이다.

이론적인 관점에서 보면, 왜 페르소나가 자화상 상자 과제로 인해 무너지기 시작했는지가 매우 분명하게 드러난다. 비밀과 연관되었을 가능성이 있는데, 이는 융(Jung)이 1929년에 다음과 같이 말한 바 있었다(Collected Works, Vol. 16).

> "무엇이든 봉인된 것은 비밀이다. 비밀을 갖는다는 것은 공동체로부터 비밀의 소유자를 소외시키는 정신적 독처럼 작용한다. 몇몇 사람들에 의해 공유된 비밀은 개인적인 비밀을 극복하는 데 도움이 된다. 개인적인 비밀은 죄책감의 짐처럼 작용하며 그 비밀을 소유한 것은 그와 친구들의 관계를 멀어지게 한다. 하지만 우리가 자신이 무엇을 감추고 있는지를 알거나 심지어 우리가 무엇을 억압하고 있다는 것만 알아도, 우리가 그것을 모를 때보단 덜 해롭다.
>
> 비밀을 소중히 하고 감정을 숨기는 것은 결국 자연(nature)에 의해 우리에게

병으로 돌아오는 정신적 죄다. 이것은 이러한 것들을 개인적 비밀로 가지고 있을 경우에 해당된다. 반대로 그것들이 타인과의 친교 속에서 이루어지면 그들은 자연을 만족시키고 심지어 유익한 선행으로도 간주된다. 신선하지 못한 것은 오직 스스로 혼자 비밀을 간직하는 것이다. 그것은 마치 인간이 그의 동료들 안에 있는 모든 어둡고, 불완전하고, 어리석고 죄스러운 것들을 주시할 수 있다는 권리를 가진 것과 같다. 이와 같은 경우에, 물론 우리가 비밀로 하는 것들은 우리들을 지켜주기 위한 것이다. 자연적인 관점에서 우리가 자신의 열등감을 감추는 것은 죄와도 같다. 우리가 열등한 면을 가지고 사는 만큼 말이다. 인류에게는 자신을 방어하고 스스로 오류를 범할 수 있는 인간이라고 고백하지 않는 것을 가혹하게 처벌하는 양심이 있는 듯하다. 그가 고백하지 않으면 뚫을 수 없는 벽이 다른 인간들 사이에 있는 한 인간이라는 생생한 느낌을 차단시킨다."

그러므로 상자 안의 개인적인 측면을 치료자에게 허용하고 가능하면 다른 치료 집단원들에게도 허용하는 것은 치료에 도움이 된다. 개인적인 비밀을 혼자 가지고 있는 것은 심리적으로 해로우며, 반면에 소수의 타인들과 공유하는 것은 친밀감을 주어 자신을 방어하고 보호하려는 욕구를 약화시킨다.

비밀에 대한 융의 논의는, 우연하게도 집단 심리치료의 실제와 밀접한 관계가 있는 듯 보인다. 비밀을 다른 집단원들과 나누는 것은 융에게 있어 일정한 지점까지는 치료적인 것이다. 그것은 융이 확고하게 집단분석에 반대했음을 감안하면 좀 모순되는 일이다. 집단 사진 미술치료에 대한 보다 자세한 논의는 11장, 12장, 그리고 13장을 참조한다.

해리(Harry)

독자는 6장에서 해리의 꿈들 중 하나에 대해 듣게 될 것이며 8장에선 갈등과 관련한 작품에 대해 듣게 될 것이다. 9장에도 해리의 포스터들 중 하나를 실었으며 이는 임상적 우울증과 무감동과 관련이 있다. 동일한 치료 프로그램 동안, 몇 주 전에 해리는 파트너와 함께 작업하면서 자화상 상자를 완성하였다. 전체 상자를 완성하는 데는 20시간이 걸려 대략 6주가 소요되었다. 몇몇 작품은 그의 파트너와 함께하였고 몇몇은 아이디어가 떠오르는 대로 스스로 하였다. 그 상자는 <그림 3-1>에 실렸다. 해리는 자신의 자화상 상자에 대해 다음과 같이 말했다.

"자화상 상자는 제게 어려운 과제였지만 매우 흥분되고 의미 있는 것이었어요. 저는 그것에 애착을 가졌으며 사람들이 사진 앨범을 전시하듯이 집에 전시해 놓았지요. 제 파트너는 많은 도움을 주었고 과제 중에 여러 가지 일들을 그녀와 논의하면서 프로젝트를 더 잘 이해하고 진행할 수 있었어요,

저는 상자의 공적, 사회적 자기 면을 먼저 시작했어요. 결국, 이 면이 저에겐 가장 쉬웠죠. 다른 면들은 좀 더 감정적이었는데 특히 가족과 관련된 면이 그랬어요. 저는 사회생활 속에서 사람들이 저를 붙임성 있고 태평스러운 사람으로 본다고 생각했어요. 저는 사람들과 함께하기를 즐기며 나 자신에 대해 이야기하기보다는 듣는 것을 더 좋아해요.

제 사진은 사람들 속에서 조용히 서 있는 저를 보여주고 있죠. 그들의 이야기를 들으며 맥주를 마시고 있어요. 사람들은 웃으며 농담하고 있고, 다양한 사람들이 함께 있어요. 저는 잡지를 활용해서 인물 사진을 많이 오려냈어요.

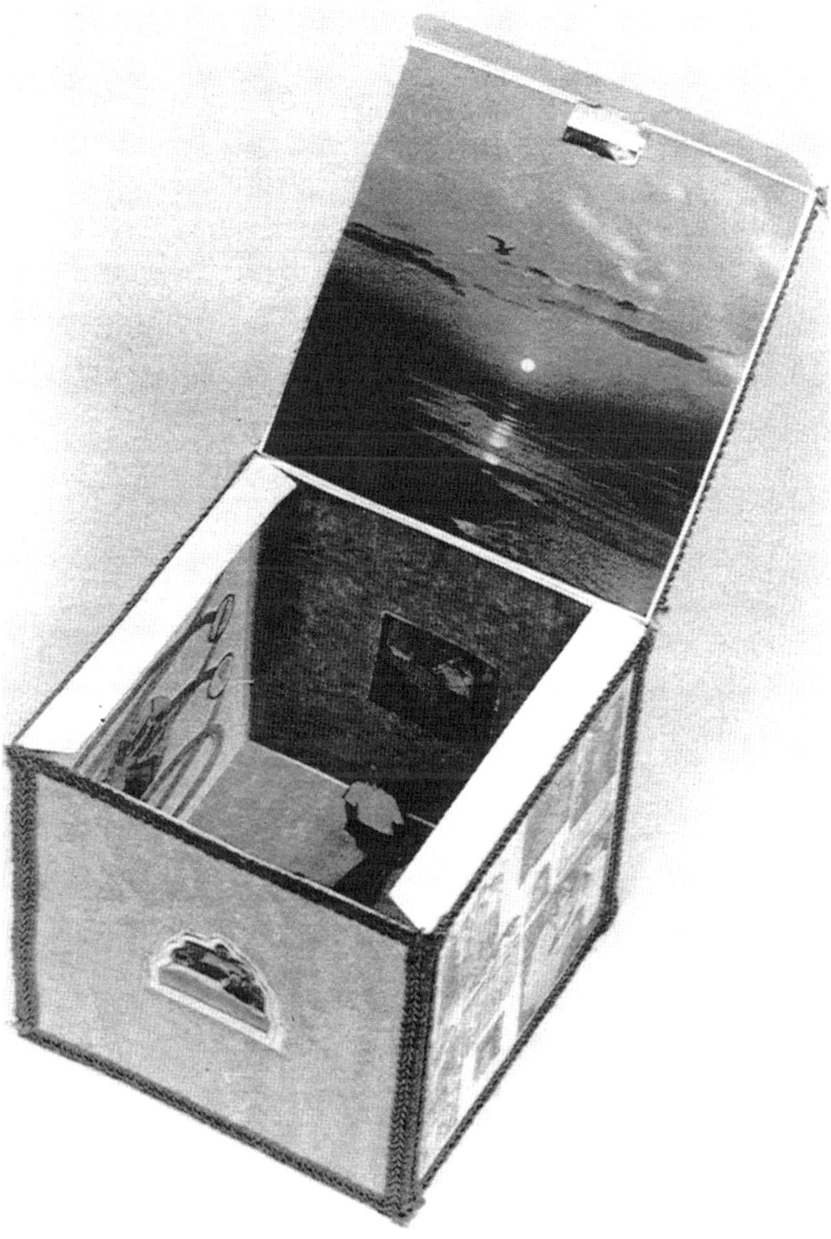

<그림 3-1> 해리의 자화상 상자

개인적인 사회적 자기 작업 역시 꽤나 쉬웠어요. 개인적으로는 우정을 쌓는 데 시간을 할애해야 한다고 느껴서 단순히 전화기를 들고 친구와 이야기하는 것을 보여주는 자세를 취했어요.

마지막으로 감정적인 면을 완성했고, 공적인 감정적 자기는 결국 완성하지 못했다는 점을 제외하면 나머지 다른 면들은 정확히 어떤 순서로 완성하였는지 기억나지 않아요. 전 공적인 감정적 자기를 완성할 방법을 찾지 못했어요. 저는 제가 제 감정을 굉장히 많이 감추고 공적인 감정적 측면을 그다지 못 가지고 있다고 생각해요. 제 개인적인 감정적 측면을 위한 미술작업은 저에게 명확하고 쉽게 다가왔어요. 제 감정이 어떤 균형을 잡는 행위라고 느껴서 시소를 만들고 양쪽에 제 사진을 오려 붙여서 균형을 잡았어요. 저는 시소의 각 끝 부분을 서로 다른 색으로 했어요. 한쪽은 파란색, 다른 한쪽은 오렌지색으로 칠했고, 배경도 이 두 가지 색으로 칠했어요. 또한 정서적 면을 상자의 맨 밑바닥에 만들었고 영적인 면을 가장 윗면에 붙였지요.

제 자신의 영적인 면은 저에게 미스터리예요. 저는 교회에 다니지 않고 어떤 조직화된 종교에도 소속되지 않았어요. 하지만 이 과제를 하면서 꽤나 명백한 결론을 이끌어냈어요. 공적으로, 저는 신은 사랑이고 사랑은 신과 인간, 그리고 사람들 사이에 자유롭게 흐른다고 생각해요. 저는 위커 하트(Wicker heart, 나뭇가지를 꽂으로 만들어서 하트 형태를 띠게 함)를 가지고 자세를 취하면서 그 어느 것이라도 그 안팎으로 자유롭게 흐르게 허용하였죠. 사랑이 안팎으로 흐르는 것은 빨간색 하트로 상징화했어요. 또한 상자의 모서리를 작게 자른 빨간색 하트로 에워쌌지요. 한편으로 저는 정말 사람들이 서로를 사랑한다고 믿지는 않아요. 신문은 살인과 폭행으로 가득 차 있지요. 역사는 인간에 대한 잔인함으로 가득 차 있고요. 저는 신이 저를 사랑한다고 믿고 싶어 하는 것 같아요.

아마도 길게 보면 그 믿음이 진실이었다고 입증되겠지요.

개인적으로, 저는 신과 제 자신의 영성을 자연 속에서 보아요. 제 파트너는 저에게 갈베스톤(Galveston) 해변의 일출 사진을 주었지요. 저는 그걸 활용해서 자연의 영성을 보여주려 했어요. 그 사진은 상자의 뚜껑 안쪽에 있고 상자가 열렸을 때 가장 먼저 보게 되는 것이죠. 그 사진은 특히 저에게 있어 중요해요. 왜냐하면 가까운 친구가 준 선물이었죠. 그리고 저는 종종 태양이 떠오르는 것을 보기 위해 이른 아침에 그 해변을 산책하며 언제라도 가능할 때 석양을 보기 위해 조용한 시간을 가질려고 하기 때문이죠.

공적으로 사람들은 저를 신체적으로 매우 이완되어 있다고 생각해요. 제 친구들과 동료들은 종종 제가 얼마나 이완되어 보이는가를 이야기하죠. 전 정말 이완되어 있어요. 제 공적인 신체적 면에서, 저는 의자에서 축 늘어져 기대고 있으면서 책을 읽는 자세를 취했죠. 그건 아마도 정확한 모습일 거예요.

저는 나이 드는 것이 걱정돼요. 이제 46살이고 건강하다고 느끼지만 제 뇌는 예전만큼 활발하지 않아요. 저는 많은 것들을 잊어버리고 메모에 좀 더 의존해야 해요. 종종 중요한 정보들을 완전히 잊기도 해요. 실제로는 그 자체가 나이 드는 것으로 인한 문제는 아닌데 말이죠. 늘 잘 잊는 편이었고 때때로 약속이나 다른 이벤트들을 잊어버리곤 했어요. 제 기억력이 나빠져서인지는 알 수 없지만 제 생각에는 그런 것 같아요. 분명히 그게 모든 사람들에게 일어나는 일이지만 저에게는 중요한 문제예요. 이 기억력 문제는 어느 정도 개인적인 문제예요. 직접적으로는 드러나지 않기 때문이죠. 저는 사람들이 오해할까 걱정돼요. 제가 누군가의 이름을 잊는다면 그 사람은 아마도 저를 무심하다고 생각할지 몰라요. 저는 상자 안쪽에서 두뇌의 윤곽선을 그리고 그 위에 'NO'라는 기호를 써서 이러한 특정한 신체적 부위를 걱정하는 개인적인 모습을 보여주려 했어요.

제 상자의 직업적, 혹은 전문가적 측면도 역시 두뇌와 연관되어 있어요. 저는 제 직업이 3개의 중요한 활동을 포함한다고 생각해요. 가르치는 것, 컨설팅해주는 것, 그리고 글쓰기 등 이 모든 활동들이 저로 하여금 생각하고 기억할 것을 요구하죠. 공적인 면에서 가운데에 뇌를, 그리고 그 둘레에 3개의 활동을 연결하는 삼각형을 그렸어요. 저는 3개의 사진을 위한 자세를 취했죠. 하나는 칠판 앞에서 가르치는 것, 하나는 워드 프로세서를 가지고 작문하는 것, 그리고 나머지 하나는 다른 사람에게 컨설팅하는 것이죠.

개인적으로, 저는 제 직업이 너무 다른 일들을 하고 있다고 생각해요. 제 직업은 아이디어가 필요한 것이고 어떤 때는 그것들이 너무 많아요. 저는 제가 적절하다고 여기는 방식대로 시간을 꽤나 잘 조직화할 수 있고 한꺼번에 많은 생각과 활동들에 몰두하면서 이것저것 처리하는 것이 가능해요. 이것을 의자에 앉아 있는 제 주변에 나선구조를 그림으로써 보여주고자 했어요. 나선구조는 아이디어들을 나타내는 전구들을 담고 있으며 몇몇 전구는 녹색으로 좀 더 탐구되어야 할 아이디어들을 상징해요. 어떤 전구들은 검은색인데 어리석은 것으로 판명된 아이디어들을 나타내죠. 처음에는 밝았지만 어떤 이유로 인해 그 상태에 머물지 못하고 희미해진 것들도 있어요.

이 모든 아이디어들이 연구 프로젝트나 기타 노력으로 결실을 맺어요. 그것은 혼란스러울 수도 있지요. 제 자신을 어떤 한 가지 과제를 추구하는 것으로 좁히는 것을 싫어하고 그게 부담될 때가 있기 때문이죠. 저는 이러한 성격적 특성을 갈등에 대한 제 작업에서 다루었어요(8장 참조). 저는 언제나 한꺼번에 여러 가지 서로 다른 일들을 하려는 경향과 맞서 싸웠어요.

저는 상자의 공적인 가족 면에서 가족 앨범의 사진들을 사용했어요. 제 원가족과 현재 가족을 포함시켰죠. 좌측 상단에는 1948년에 찍은 저희 어머니와 아버지, 형제, 자매의 사진을 붙었어요. 그 바로 밑에는 제 할아버지와 그의 개, 그리고 할머니 2명의 사진을 붙였어요. 저는 성장기에 할아버지와 꽤 오래 살았고 그들을 제 부모로 생각했지요. 저는 떨기나무 뒤에서 내다보는 제 어머니의 사진을 가지고 있어요. 어머니는 언제나 그렇게 배경에 있었고 스스로 눈에 띄지 않으려 했던 사람이었어요. 그녀는 제가 16살 때 암으로 죽었어요.

제 원가족은 패널의 왼쪽 면 대부분을 차지하고 있어요. 가운데에 저와 제 아들이 막 걸음마를 배울 때의 사진을 붙였어요. 어떤 면에서 제 아들이 제 원가족과 현재 가족 사이의 틈을 연결하고 있죠. 저는 아내의 사진도 가지고 있는데 두 번째 사진이 아내와 아들의 사진이죠. 장모님도 현재 저희 가족에게 중요한 일부라서 제 아들과 함께 있는 그녀의 사진도 포함했어요. 그들은 많은 시간을 함께 보냈죠. 또한 제 양자의 사진도 붙였어요. 그는 지금은 다른 도시에서 살고 있죠. 그리고 제 외할머니 묘지의 묘비 사진도 붙였어요. 묘비는 지금까지 죽은 모든 가족구성원들을 상징하는 것 같아요. 제 어머니와 아버지, 예닐곱 명의 삼촌과 숙모들, 그리고 외할아버지, 할아버지 모두 돌아가셨어요. 의붓 외할머니만이 아직 살아계세요.

저는 원가족에 대해 아직도 많은 가족적인 느낌들을 가지고 있어요. 제 가족에게는 혼란스러운 일들이 매우 많았죠. 아버지는 많은 시간을 정신병원에서 보냈는데 그가 집에 있을 때는 무서웠어요. 어린아이였던 우리들은 모두 그가 잠시라도 나가 있으면 기뻐했고 그가 집에 있을 때는 발끝으로 조심스럽게 걸어다녔죠. 어머니가 가정을 유지했는데, 어머니가 죽었을 때는 재앙과 같았어요. 저는 상자의 사적인 가족 면을 패널 가운데로 하고 어머니의 묘비를 찍은 큰 사진과 그 위에 울고 있는 제 사진을 붙임으로써 이것을 표현하였죠. 어머니는 30년 전에 죽었지만, 저는 완전히 상실감을 극복하진 못했어요. 형제자매들도 마찬가지고요. 우리는 우리를 돌봐준 어머니에게 의지했고 어머니는 우리와 아버지 사이를 원만하게 해주었어요. 어머니가 죽은 다음에 가족들은 모두 흩어져서 서로 떨어져 살았어요."

해리에게 있어 페르소나 초상화 상자는 매우 의미 깊고 복잡한 과정이었다. 그는 거의 20시간을 파트너와 함께 작업하였다. 그의 파트너와 찍은 즉석 사진뿐 아니라 그의 가족앨범과 잡지에서 오린 사진들도 사용하였다. 이것은 그에게 감동스러운 경험이었는데 특히 그의 가족과 관련된 부분들이 그러했다.

자화상 상자를 완성한 다른 사람들도 그것이 매우 귀중한 경험이었다고 보고하였다. 한편, 헬가(Helga, 1장과 4장 참조)는 자화상 상자를 완성하였고, 현재 그녀의 집에 사람들이 사진앨범을 전시하듯이 그것을 전시하였다. 그녀의 자화상 상자에는 가족앨범에서 나온 사진들도 포함되어 있다.

Chapter 04

그림자

융 심리학에서 그림자는 우리 인격의 밑바닥, 어두운 측면이다. 그것은 부정된 일부이거나 얼핏 보이긴 하지만 노력 없이는 직면할 수 없는 어떤 것의 일부다. 그림자는 무의식적으로 남아 있고, 우리가 회피하며 좋아하지 않고 우리 자신과 남들로부터 숨기려 하는 인격의 일부다. 악은 그림자 안에 숨어 있고 에너지와 창조성, 그리고 지식들도 마찬가지다.

한편, 그림자의 다른 측면은 긍정적인 그림자라고 불린다. 그림자의 이러한 측면은 자신의 탐색되지 않거나 미발달된 긍정적 특성을 다른 사람에게 투사한다. 이 긍정적인 그림자는 부정적인 그림자와 마찬가지로 보통 강렬한 감정을 가지며 자신의 완성되지 않은 삶을 상징할 수도 있고 찬양이나 질투 같은 강렬한 감정들로 확인될 수 있다.

마리 루이제 폰 프란츠(Marie-Louise von Franz, 1974, p. 5)는 그림자를 "단순히 내가 직접 알 수 없는 내 안에 있는 모든 것을 나타내는 신화적 명칭이다."라고 말했다. 홀(Hall, 1990)은 그림자라는 단어가 무언가 악한 것을 의미하는 것이 아니라 단순히 우리 의식의 '빛'에 의해 '그림자가 진' 곳으로 던져진 것을 말하는 것임을 상기시켰다. 좀 더 유머러스하게, 홀(1990)은 그림자를 "내가 가지지 않았다는 것은 확실한데, 가졌다고 의심은 되고, 그걸 아무도 눈치 채지 않기를 바라는 것이다."라고 정의하였다.

융은 몇몇 글과 강의에서 그림자를 무의식의 입구라고 말했다.

"모든 인격에 달라붙는 어두움은 무의식으로 향하는 문이고 꿈의 입구다. 그로부터 두 가지 희미한 형상들, 그림자와 아니마가 우리의 어두운 환상으로 걸어 들어오거나, 보이지 않은 채로 남아서 우리의 자아의식을 사로잡는다. 자신의 그림자에 사로잡힌 사람은 언제나 자신의 빛 속에만 서 있으며 자기 자신의 함정에 빠진다(Collected Works, Vol. 9, Pt. 1, p. 123)."

그는 그림자를 무의식의 입구로 볼 뿐만 아니라 인격의 기초로도 보았다.

"우리의 가장 성스럽고 순수한 신념조차 매우 깊고 어두운 기초 위에 놓여 있다. 결국, 우리는 집을 다락방에서 밑으로 설명할 수 있는 것이 아니라 지하실에서 위로 설명할 수 있다. 실제로 집이 지하실부터 지어졌고 모든 것의 시작은 간단하고 가공되지 않은 상태이기 때문에 후자의 설명이 유전학적으로도 보다 정확하다는 장점을 가진다(Collected Works, Vol. 16, p. 64)."

융은 분명히 개인의 인격 안의 그림자를 직면하는 것이 필요하다고 느꼈으며 그와 같은 직면이 얼마나 어려운지를 인정하였다.

"우리가 우리 자신을 들여다볼 때 부정적인 것을 환경 탓으로 돌리면 더욱 부정적인 그림자가 된다. 그러나 우리가 만약 자신의 그림자를 볼 수 있고 그것에 대해 알아가는 것을 견딜 수 있다면, 그때 문제의 작은 부분은 이미 해결된다. 적어도 우리는 개인적 무의식을 불러일으킨 것이다. 그림자는 인격의 살아 있는 부분이며, 따라서 어떤 형태로 살아남기를 원한다. 그것은 존재가 부정될 수 없으며, 혹은 무해한 것으로 합리화될 수도 없다(Collected Works, Vol. 16, Pt. 1, p. 20)."

프레이 론(Fray Rohn, 1967) 또한 자신의 그림자를 인정하는 것이 중요하다고 강조하였다. 그녀는 개인적인 그림자가 매우 중요한 현실의 '어두운' 요인이며, 태양으로 인한 그림자처럼 언제나 현존하고 영향을 미치며 우리가 하는 모든 것의 일부라고 말했다. 그녀는 또한 우리가 점점 더 그림자를 고려할수록 점점 더 인간답게 된다고 주장하였다.

그림자는 파악하고 이해하기 어려운 것이다. 몇 년 전에 치료에 임한 어떤 사람이 이렇게 말했다.

"저는 꿈에 대해, 특히 악몽의 괴물들을 직면하는 기법에 대해 배웠어요. 지난 밤 꿈속에서 저는 어떤 그림자 같은 괴물에 의해 쫓기다가 그냥 뒤돌아서 괴물에게 나에게 원하는 것이 무엇이냐고 물었죠. 꿈속에서 재빠르게 뒤돌아봤는데 괴물은 제 주변을 빠르게 돌면서 여전히 보이지 않은 채로 제 뒤에 있었지요. 저는 무엇이 저를 쫓고 있는지 볼 수 없었어요. 저는 제 인격의 일부를 볼 준비가 안 된 것 같아요. 아마도 나중에나 가능하겠죠."

당시 이혼한 상태에서 행복하지 못했던 또 다른 사람이 비슷한 경험을 다르게 말했다.

"저는 미친 황소에게 쫓기는 꿈을 꿨어요. 꿈속에서 저는 뒤돌아서 황소에게 물었지요. "당신은 무엇을 원하나요?" 황소는 사과하는 듯한 음색으로 전혀 위협적이지 않게 대답했어요. "저는 당신이 저에게 어떤 여성을 소개해주길 원해요."

이후 저는 더 이상 두렵지 않았어요."

이 두 번째 경우에서 그의 그림자 측면은 정상적인 성적 욕구로 볼 수 있었다.

그림자는 꿈속에서도 나타나고 다른 방식으로도 나타난다. 우리는 우리의 그림자를 다른 사람에게, 특히 우리와 같은 성(性)을 가진 사람들에게 투사하는 경향이 있다. 우리가 누군가를 만나서 즉각적이고 강렬한 반감을 가진다면, 아마도 우리 자신의 그림자를 보고 있는 것이리라. 우리가 혐오하는 타인의 특성들은 우리가 우리 자신 안에서 인정하지 않거나 인정할 수 없는 그림자 특성들이다.

우리는 자신의 그림자를 인식할 수도 있다. 그것은 우리를 죄책감으로 부끄럽게 만들 수도 있다. 하지만 그러한 행동을 할 때, 우리에게 아무런 대안이 없었다며 어쩔 수 없었다고 말한다. 우리는 종종 우리가 제정신이었으면 그렇게 하지 않았을 거라고 주장하고, "무언가가 나를 사로잡았어.", "악마가 내가 그렇게 하게 만들었어."라고 주장하면서 일이 벌어진 후에 이러한 행동들에 대해 부정한다.

그림자는 무수한 형태를 취할 수 있고 우리 모두의 안에 존재한다. 우리는 성장하면서, 무엇이 '선하고' 무엇이 '나쁜지'에 대해 조급한 판단을 내린다. 홀(Hall, 1986)은 사람들이 6개월이나 8개월 된 어린아이처럼 선과 악에 대해 원시적인 판단을 내린다고 믿었다. 자신의 행동, 사고의 '나쁨', '악'에 대한 어떠한 인식은 수용할 수 없는 그림자로 추방되는 경향이 있다. 그것이 지나고 나서야 우리는 우리 자신의 행동, 태도 혹은 사고 속에서 수용할 수 없었던 그림자의 특성들을 힐끗 볼 수도 있으며 그것에 대해 불안해지게 된다.

우리들 대부분은 즉각적으로 인식할 수 있는 몇 가지 그림자 특성들이 존재한다. 공격자(aggressor) 혹은 전사(warrior)가 가장 명백한 경우일 것이다. 공격자는 폭력 혹은 분노를 가진 타인과 거의 배타적으로 연관되어 있다. 집적거리기, 비웃기, 별명 부르기, 통렬한 코멘트뿐만 아니라 뻔뻔한 폭행 등은 공격적이고 공격자 그림자를 반영한다. 어떤 이는 너무나 흔한 아동학대와 배우자학대의 패턴들을 떠올릴 것이다. 미묘한 변종인 수동적 공격자는 막을 수 있을 때도 상처나 폭력을 막지 않고 방관하거나 타인에게 수동적으로 행동함으로써 분노를 불러일으키는 사람이다. 십대들은 수동적 공격에 매우 능하다. 그들에게 질문하면 "어디 있었니?", "바깥에요", "뭐 했니?", "아무것도요."라고 대화가 이어진다.

인색함도 그림자 안에 잠복해 있을 수 있다. 돈을 쌓아두는 것도 한 가지 가능성이 있는 일이지만 어떤 이는 어떤 자원-시간, 소유물, 친절함, 심지어 사랑까지 인색하게 굴 수 있다. 디킨스(Dickens)의 고전 크리스마스 캐롤(A Christmas Carol)은 바로 에베니지 스크루지(Ebeneezer Scrooge) 캐릭터 안에 있는 이러한 그림자 특성을 다루고 있다.

위선, 불필요한 영웅주의, 폭식, 험담(아마도 공격성의 형태), 현학, 매혹적임, 절도, 탐욕, 그리고 멍청함 또한 그림자적인 성격의 특성이다.

그림자는 문학, 신화, 민담, 음악, 미술, 그리고 모든 문화에 침투해 있다. 사악한 계모, 탐욕스러운 형제들, 위선자, 기만하는 자매들, 마녀를 모르는 사람이 있을까? 독자들은 동화 속 그림자에 대한 분석에 대해 본 프란츠(Von Franz, 1974)를 연구해볼 수 있다.

이것은 이 책의 범위를 벗어나는 일이지만 많은 작가들이 '집단적인 그림자'를 다루었음을 말하지 않을 수 없다. 군중들의 폭력에 대한 공통된 경험이 하나의 사례다. 어떤 젊은 흑인이 단순히 백인여성과 이야기를 나누었다는 사실만으로 백인집단에 의해 구타를 당해 죽음에 이르게 됐다는 싸늘한 뉴스는 분명히 그림자의 사례다. 비극은 폭력과 증오라는 집단적 성격의 그림자 없이는 일어날 수 없다. 1991년 7월 휴스턴에서, 폴 브로사드(Paul Broussard)는 칼과 못을 박은 판자를 들고 다니던 무리들에 의해 맞아 죽었다. 그는 동성애자였다. 집단적 그림자에 대한 또 하나의 비극적인 사례였다. 조직화된 공격성, 전쟁 또한 집단적인 그림자로 해석될 수 있다.

사담 후세인과 그의 군대에 의한 부정당한 공격을 주목해보자. 분명히 후세인은 혼자서 공격에 성공할 수 없었을 것이다. 그는 그의 침략에 동참할 군대가 필요했다. 캄보디아의 '킬링 필드'와 유럽의 홀로코스트는 조직화된 공격성의 또 다른 사례들이다.

비록 우리가 이러한 그림자, 수용할 수 없는 충동들이 우리 자신과 타인들에게 해로운 것이라고 가정하지만 그것이 반드시 사실인 것은 아니다. 그림자는 긍정적인 특성과 부정적인 특성 둘 다를 가지고 있다. 그림자에는 엄청난 에너지와 창조성이 존재한다. 공격성을 고려해보자. 공격성의 그림자는 모든 것에 있다. 그것은 전쟁으로 조직화된다. 그것은 살인, 강간, 그리고 폭행으로 경멸받는다. 그러나 우리는 필요하다면 힘으로 우리를 방어할 수 있어야 한다. 우리는 만족스런 삶을 살려면 우리의 권리들을 주장할 수 있어야 한다. 홀(1986)이 지적했듯이, '그림자 불안' 때문에 자기주장은 종종 수용할 수 없는 공격성으로 오인되었다. 분노는 자신의 자리를 가지고 있으며 다른 사람들에게 우리가 정확히 어떻게 느끼고 있는지를 말해준다.

자기주장은 타인의 권리를 침해하는 일 없이 자신의 권리를 지키는 것이다. 공격자의 그림자에 대한 인식과 수용은 우리로 하여금 적절히 화내고 자기주장을 하며 스스로를 방어하도록 허용한다. 이와 같은 인식과 수용은 통제되지 않은 공격자를 절제하도록 할 것이다. 반대로, 그림자에 대한 의식적인 인식과 수용은 우리가 그림자에 덜 사로잡히도록 만든다. 오직 우리의 꿈과 투사 속에서 인식되는 이러한 부정적인 측면들을 습관적으로 되찾고 자세히 살펴봄으로써, 우리는 자신의 그림자 특성을 수용하고 통합할 수 있다. 이러한 자각과 더불어 우리는 공격성을 선택하고 더 이상 무의식적으로 그림자를 현실화시키지 않는다.

이 장에서 논해질 사진 미술치료 과제의 목표는 내담자로 하여금 점점 더 그림자를 자각하고 그러한 자각으로 무의식에서 의식으로의 변봉을 통해 사아로 동합시키는 것이다. 치료에 있어서 핵심은 그림자가 모두 사악하고 해로운 것은 아니라는 내담자의 자각이다. 우리는 그림자가 단순히 부정되고 빛으로 나오지 않는 것이 아니라, 엄청난 에너지와 창조성의 근원이 될 수 있는 우리 인격의 일부라는 사실을 강조한다.

그림자 연습

사진 미술치료의 '그림자' 과제를 수행하기 위해서, 치료자는 한 회기 혹은 그 이상을 내담자와 만나야 하며 앞서 보고된 것과 유사한 그림자의 개념에 대해 논의해야 한다. 내담자와 동화 속의 그림자 개념에 대해 읽어보는 것은 좋은 방향으로 이끌어주는 것이다. 왜냐하면 거의 모든 사람들이 어린 시절부터 동화에 익숙해져 있기 때문이다. 워크숍에서 우리는 또한 그림자를 묘사하는 삽화와 기타 예술품들을 담은 슬라이드를 보여주기도 한다. 내담자는 그러고 나서 1장의 포스터보드와 여러 가지 미술재료, 풀과 가위를 받는다. 치료자는 적어도 2장의 사진을 찍을 수 있는 폴라로이드 카메라와 필름을 가지고 있다. 만약 워크숍이 집단으로 이루어지면 사람들은 짝을 이루고, 각 쌍들에게 재료와 카메라를 나누어준다.

그림자에 대한 논의가 이루어지는 동안, 내담자는 아마도 그들의 인격의 몇몇 그림자에 대해 어렴풋이 알아차리게 될 것이다. 그렇지 않다면, 치료자는 그들에게 무언가를 억지로 하게 되었을 때, 어떤 행동이나 사고에 사로잡혔을 때를 생각해보도록 요청한다. 그림자에 대한 또 다른 힌트는 영화, 음악, 놀이, 그리고 책에 대한 개인의 선택에 달려 있다. 무엇이 특히 당신을 비밀스런 방식으로 흥분시키는가? 동화에서 어떤 인물이 당신의 감정을 동요시키는가? 당신이 싫어하는 타인의 특성을 기억하라. 아마도 그러한 특성들이 어느 정도 당신에게도 있고, 당신은 그것을 인정하는 것을 싫어할 것이다.

내담자가 하나의 그림자를 선택해 탐구를 시작할 때, 그는 그러한 그림자 특성과 관련된 긍정적/부정적 차원의 양극을 상상하도록 지시받는다. 내담자가 어떤 것을 마음에 새겼을 때, 치료자와 내담자는 내담자가 사진을 찍을 수 있는 자세를 어떻게 묘사할 수 있을지 탐색한다. 그리고 내담자는 자세를 취하고 치료자 혹은 파트너가 사진을 찍는다.

내담자는 포스터보드에 그림자의 긍정적/부정적 차원을 묘사한 2장의 사진을 올려놓을 수 있다. 포스터를 풍부하게 만들기 위해 어떠한 미술매체도 활용될 수 있다. 어떤 내담자들은 2장의 포스터보드를 사용하였고 한쪽엔 부정적, 다른 한쪽엔 긍정적인 그림자를 붙이기도 한다.

다루기

만약 개인치료라면 치료자와 내담자 사이에서 내담자가 작품을 만드는 동안 작품에 대해 다루고, 만약 집단치료이면 파트너들끼리 다룬다. 우리는 치료에서 작품에 대해 거의 해석하지 않으며 해석은 작가의 몫으로 남길 것을 권한다. 교화적이었던 그림자에 대한 논의가 위협적이고 혼란스러울 수도 있음에 주의한다. 그리고 내담자는 마치 나비가 고치에서 벗어난 직후 날개를 말릴 시간이 필요한 것처럼, 점점 드러나고 있는 알아차림을 받아들이는 데 시간이 필요하다. 우리는 내담자가 포스터보드를 정교하게 만들도록 하였다. 그리고 색깔과 모습의 선택, 자세의 선택, 그리고 그림자 차원의 긍정적인 것과 부정적인 것의 관계에 대해서 질문한다. 내담자가 부정적인 그림자 특성을 어떻게 수용할지에 대해 생각하도록 돕고, 가능하다면 그러한 부정적인 특성들을 긍정적인 것으로 전환시키고 일상생활과 대응하는 것(긍정적인 특성)을 그려내도록 돕는다. 또한, 그림자가 만연해 있기 때문에, 내담자가 인식할 수 있는 정도에 따라 가능한 많은 그림자 형상들에 대한 과제를 반복하는 것이 가능하고 바람직하기도 하다. 어떤 내담자는 용기 있게 3장의 그림자 포스터를 완성하였는데, 그것들은 '더러운 늙은이', '현학자', 그리고 '구두쇠'다.

사진 미술치료에서 그림자 과제의 실제 사례를 보여주기 위해서 내담자에 의해 이뤄진 2장의 포스터, 작품에 대해 그녀가 언급한 축어록을 실었다. 작품을 싣기 위해 그녀의 허락을 받았다.

헬가(Helga)

헬가는 젊었을 때 스스로 미국으로 건너온 독일 이민자 여성이다. 그녀는 결혼을 했고 다 자란 아이들이 3명이나 있는 어머니다. 그림자에 대해 우리가 논의하는 동안, 헬가는 과도하게 형식에 구애받고 완고한 성격을 그대로 보여주었다. 그녀는 자신에 대한 2장의 포스터를 준비하며 과제를 수행하였는데, 하나는 '그림자(Shatten)'라고 이름 붙이고 나머지 하나는 '해방된 그림자(Der Befreite Shatten)'라고 하였다.

〈그림 4-1〉 헬가의 그림자 포스터

'그림자' 포스터(<그림 4-1>과 <그림 4-2>)에 대해서 헬가는 다음과 같이 이야기하였다.

"제 삶의 초기부터 존재했던 그 무언가는 바로 완고함이었어요. 성인이 훨씬 지나서도 사물이나 상황은 오직 흑과 백, 옳거나 그른 것만이 있었죠. 저는 좀처럼 중도나 그에 해당하는 것들을 생각해내지 못했어요.

저는 매우 어린아이일 때부터 사회의 모든 예절들을 배워야만 했어요. 학교에서 방학 때 선생님에게 "좋은 여름 보내세요." 혹은 "메리 크리스마스."처럼 다른 학생들은 아무도 하지 않은 인사말을 해야만 했죠. 저는 이렇게 해야만 한다는 것에 거북함을 느꼈어요.

<그림 4-2> 헬가의 해방된 그림자 포스터

제가 누군가에게 꽃을 가져다줄 때, 다른 사람에게 꽃다발을 전하기 전에 먼저 포장지를 제거하는 것이 중요했어요. 그리고 커피를 마실 때 혹은 파티에 초대받았을 때, 저는 누구에게 먼저 인사하고 누구랑 악수를 마지막에 할지를 알아야만 했어요. 가장 나이 많은 커플들에게 인사하는 것으로 시작해서 중년과 가장 어린 사람들에게는 마지막에 하는 것이 적절한 것이었죠(<그림 4-1>의 우측 하단 도표 참조).

제 자신 안에 있는 그러한 형식에 구애되는 것이 싫었어요. 그것들이 가슴으로부터 나오는 것이 아니었기 때문이죠. 심지어 어머니조차도 저에게 언제나 사랑을 줘서 좋았지만, 부모님의 친구들에게 우리가 알아서 적절히 행동하는 것이 부모님에게는 중요한 일이었어요. 그래서 우리는 마치 작은 강아지처럼 훈련받았어요. 우리는 인사로 무릎 굽혀 절하기와 허리 굽혀 절하기를 해야만 했어요. 그러나 어릴 때 저는 제가 나이든 사람에게 먼저 인사하기 위해 그들을 지나칠 때 젊은 사람들이 상처받았다고 느끼는지 궁금했죠. 물론, 모든 예의범절들은 신분제도(caste system)의 일부였어요.

이러한 완고함은 그 당시 학교에서 강조되었고, 선생님에게 인사할 때 우리는 완벽하게 똑바로 서 있어야 했어요. 책상에 달라붙어 있으면 혼났어요.

소피 라인이머(Sophie Reinheimer)가 쓴 시는 그때 아이들이 어떻게 양육되었는지를 각 줄마다 잘 보여주고 있어요.

생일을 축하하는

나는 "굿모닝."이라고 말해야만 했고 어머니에게 칭찬을 받았다.
그녀는 대부가 어떻게 지내는지 안부를 묻게 했다.
그리고 그가 알고 싶어 하는 경우에 대비해서 이 꽃다발은 집 뜰에서 따서 만든 것이라고 말하려고 했다.
그러나 그가 무언가 나에게 할 말이 있다면 나는 문 앞에서 기다려야만 했다.
그리고 나는 한 사람 한 사람에게 매우 친절하게 인사를 해야 했지만 누군가가 이야기할 때는 침묵해야만 했다.
한편으로, 나는 명확하게 이야기해야만 했지만 이야기할 때 소리를 지르면 안 되었다.
그러나 나는 부끄러움을 느껴선 안 되며, 모자를 벗어야만 했다.
누군가 내게 무언가를 줄 경우, 나는 "감사합니다."라고 말해야만 했다.
그러나 나는 생일축하 케이크를 계속 쳐다봐서는 안 되었다.
그리고 나는 천천히 우아하게 먹어야만 했다. 내 입에 음식을 쑤셔 넣는 것은 부적절한 것이었다.

그리고 나는 잊었다. 나는 축하하는 것도 잊었다.
(헬가는 '그림자' 포스터를 준비하는 동안 그녀의 어린 시절로부터 이 시를 자발적으로 기억해냈다).

제 완고함은 이와 같아서 제 머리를 빗을 때 한 올도 흐트러짐이 없어야 했어요. 한 번은 실신할 때까지 머리를 빗었죠. 사진을 찍는 동안에 저는 오른쪽을 보고 그 다음에 왼쪽을 보라고 요청받았어요. 저는 제 머리를 곧추세운 상태에서만 눈동자를 움직일 수 있었죠. (<그림 4-1>의 우측 하단의 그림은 헬가의 16살 때의 사진이다).

저는 거만한 상류층 사람들 사이에서 편안함을 느끼지 못했고 이따금 가슴이 살아 있는 작고 단순한 소녀들에게 좀 더 이끌렸어요. 이러한 아이들의 부모의 직업은 그 소녀들이 저를 상냥하게 대하는 한 저에게 아무런 상관이 없었어요. 제가 미국으로 건너왔을 때 저는 이러한 '갑옷'을 벗어던졌어요. 이러한 유형의 예절에 많은 주의를 기울이지 않는 미국인들의 단순한 생활 방식에 대해 배워야 했기 때문이죠.

저는 결혼생활 초기 5년 동안에 아이가 없었지만 신혼집을 열심히 청소했어요. 한 방문자는 언젠가 제게 모든 것이 너무나 깨끗하고 반짝거려서 바퀴벌레가 굶어죽을 지경이라고 말할 정도였어요. 임신 마지막 달조차 저는 무릎을 꿇고 조각나무 마루에 광을 냈지요. 우리는 아열대기후에 살고 있었기 때문에, 아름다운 이국적 식물들뿐 아니라 동물들도 많았지만 제 집에선 용납할 수 없는 벌레들도 많았거든요. 그러나 저에게 이러한 완고함이 가장 악영향을 끼친 것은 제 사고방식이었어요. 저는 언제나 읽고 배우길 원했지만 모든 집안일과 정원일 때문에 그럴 시간이 없었어요.

이제 아이들은 다 자랐어요. 그리고 얼마 전에 제 안에서 커다란 변화가 일어났죠. 이 변화는 특히 16살의 막내아들에게 큰 도움이 되었는데, 그 아이는 매우 신의가 강하고 모험적이면서 양심적이죠.

지금도 저는 집안을 어지럽히는 것을 싫어하지만 먼지가 있어도 집이 깔끔하고 부엌이 깨끗하다면 참아낼 수 있어요. 물론 이러한 것도 장점을 가지고 있지요. 아침에 더러운 부엌에 들어가면 어떤 사람은 쉽게 역겨움을 느낄 수도 있기 때문이에요. 제 자신에게 이러한 변화는 매우 긍정적이었어요. 이제 저는 물건들이 치워지지 않은 스튜디오에서 그림을 그릴 수 있고 뜰을 갈퀴질하지 않아도 스스로 책을 읽을 수 있어요.

제 미술작품 안에 있는 자세한 묘사들을 사람들은 좋아해요. 저는 붓을 가지고 넓게 칠할 수도 있고 팔레트 나이프를 가지고 작업을 할 수도 있어요(<그림 4-2> 안의 꽃다발과 다람쥐는 원래 헬가의 작품을 찍은 사진이다).

제 아이들이 다 자란 후 저는 아이들이 태어나기 전에 했던 대학공부를 다시 하기 시작했죠. 저의 사고에는 너무나 많은 유연성이 생겼고 제가 마치 새로운 장난감을 가진 어린아이처럼 느껴졌어요. 이따금 저는 '꼬리를 잃어버린 작은 다람쥐'와 같은 짧은 이야기를 쓰곤 했어요.

오늘 저는 그림동화뿐 아니라 성경도 매우 다른 관점에서 보았어요. 둘 다 많은 상징을 가지고 작업했다는 것을 발견했어요. 질서정연함은 극단적이지만 않으면 나름대로의 가치가 있어요. 집안의 물건을 찾기 쉽게 하고 일상을 그런 방식으로 조직화하기 쉽게 하죠."

헬가는 이 포스터들을 3년 전에 작업했다. 우리는 이 책을 준비하면서 그녀와 다시 인터뷰를 하였고 그녀가 석사학위를 취득하고 강의를 시작한 것을 알았다. 그녀는 계속해서 독서하고 공부하며 그녀가 쌓아둔 많은 책들을 읽을 시간을 되찾았다. 헬가에게는 종교적이거나 영적인 공부도 중요했는데 <신의 정신의학

(God's Psychiatry)>란 책이 특히 의미가 깊었다.

몇 달 전에 그녀는 그녀의 그림자를 해방시키기 위한 여정에 또 하나의 이정표가 되는 통찰을 얻었다. 대학 수업을 마치고 집으로 차를 몰고가는 도중에 배움은 일이 아니라 즐거움이 될 수 있다는 통찰이 생긴 것이다. 그녀는 자신의 능력을 제대로 인정할 수 있게 되었다. 그녀의 말을 빌리자면, "저는 제가 얻기 어렵고 힘들었던 모든 것이 가치 있는 것이라고 생각했어요. 제 자신의 타고난 능력과 재능은 그것이 저에게 쉬운 일이었기 때문에 가치 없는 것처럼 보였죠."라고 하였다.

그녀는 이 통찰을 잘 활용하여 컴퓨터를 배우는 데 썼으며 이제는 그것이 고달프기보단 즐겁다는 것을 발견하였다. 그녀는 독일어 문법을 다시 배웠으며 그것이 상대적으로 쉽고 즐거운 일이라는 걸 발견하였다.

마지막으로, 우리는 헬가가 그림자를 선택한 것이 많은 사람들의 기준에서 보기에는 전혀 나쁘거나 사악하지 않으며, 파괴적이지 않은 성격적 특성 혹은 태도를 보여주는 좋은 사례라고 말할 수 있다. 실제로, 몇몇은 그녀가 형식에 구애되는 것을 질서를 바라는 긍정적인 면이 강하기 때문이라고 보았다. 그녀에게 형식은 보다 만족스러운 삶을 향한 그녀의 시도를 방해하는 성격의 일부였다. 헬가는 여전히 질서와 깔끔함에 관심을 가지지만 강박적인 특성은 사라졌다.

Chapter 05

원형

마법의 백조 거위

옛날 옛적에 2명의 아이, 아들과 딸을 가진 노부부가 살고 있었다. 어느 날 시장으로 가는 길에 엄마는 "딸아, 너에게 새로운 드레스와 손수건, 설탕 과자를 사다줄 거란다. 동생을 잘 돌보고 집 밖으로 나가지 말아라. 바바 야가(Baba Yaga)의 마법의 백조 거위가 우리 마을 근처에서 날아다니는 것이 보였단다."라고 말했다.

부모가 떠난 후 소녀는 남동생을 한동안 즐겁게 해주었지만 마침 친구가 같이 놀자고 불렀다. 소녀는 동생을 데리고 나가서 지켜볼 수 있게 근처 풀밭에 두었다. 하지만 놀이에 몰두하여 자신의 동생이 풀밭에 앉아 있다는 것과 아기를 잘 돌보라던 부모님의 말씀을 잊고 말았다. 마법의 백조 거위는 소녀의 동생을 확 덮쳐 낚아채고는 하늘로 날아갔다.

소녀가 동생을 찾으러 돌아왔을 때, 동생은 어디에서도 보이지 않았다. 소녀는 풀밭 주변을 살펴보았지만 거기에도 동생은 없었다. 집에도 찾아보았지만 없었다. 소녀는 겁에 잔뜩 질렸고 동생의 이름을 외치다가 결국 울기 시작했다. 소녀는 하늘을 쳐다보았다. 저 멀리 바바 야가의 백조 거위가 어두운 숲 위로 날아가는 것을 보았다. 소녀는 2.4m의 키에 어린아이를 잡아먹는 마녀 바바 야가에 대한 끔찍한 이야기를 떠올렸다. 소녀는 재빨리 달려나갔다. 달려가면서 난로를 만났다.

"난로님, 난로님, 제게 말해줘요. 백조 거위가 어디로 날아갔죠?"

난로는 대답했다.

"네가 내 호밀 케이크를 먹으면 말해주지."

"오, 싫어요. 우리 집에 있는 케이크도 아직 먹지 않았거든요."

소녀가 거절하자 난로는 소녀에게 말해주지 않았다. 소녀는 계속해서 달렸다. 그리고 곧 사과나무와 마주쳤다. 소녀가 물었다.

"사과나무님, 사과나무님, 백조 거위가 어디로 날아갔죠?"

"네가 내 야생사과를 하나 먹으면 말해주지."라고 나무가 말했다.

"오, 싫어요. 우리 집에는 아직 먹어보지도 못한 맛있는 사과가 있단 말이에요."

그 다음에 소녀는 푸딩으로 된 강기슭에 우유가 흐르는 강을 보았다.

"우유 강님, 푸딩 강기슭님, 백조 거위가 어디로 날아갔죠?"

"네가 내 푸딩하고 우유를 마시면 알려주지."

"오, 싫어. 우리 집에 있는 크림도 아직 먹지 않았단 말이에요."

잠시 뒤, 소녀는 혼란스럽고 두려웠다. 숲은 어두웠고 소녀는 길을 잃었다. 그때 울타리를 지키는 개를 만났다. 아주 조심스럽게 발끝을 들고 살금살금 개에게 다가가 속삭였다.

"울타리 개야, 울타리 개야, 백조 거위가 어디로 날아가는지 보지 못했니?"

"저쪽으로 갔어."

울타리 개가 대답하곤 소녀를 쳐다보았다. 소녀는 그가 가리킨 방향으로 달려갔고 그곳에서 커다란 닭발 3개로 지탱하고 있으면서 움직일 수도 있는 바바 야가의 오두막을 보았다. 소녀의 어린 동생은 근처에서 놀고 있었고 마녀 바바 야가는 크게 코를 골고 있었다. 백조 거위는 오두막 지붕에 앉아있었다.

소녀는 재빠르게 동생을 잡아채서 달아나기 시작했다. 그러나 마법의 백조 거위가 깨어나선 꽥꽥거리면서 날개를 푸드덕거렸다. 바바 야가는 소음으로 잠때문에 깨어나 소리를 질렀다.

"이리 와! 이리 돌아와! 너희 둘 다 내 저녁으로 잡아먹을 테다!"

바바 야가와 백조 거위가 뒤쫓는 동안, 소녀는 푸딩 강기슭으로 이루어진 우유 강으로 달려갔다.

"작은 엄마 강님, 저 좀 숨겨주세요!"

"네가 내 푸딩을 먹어주면."

그래서 소녀는 푸딩을 먹었고 강은 소녀를 강가에 숨겨주었다. 마녀와 마법의 백조 거위는 그들을 찾지 못했다. 소녀는 자신이 안전하다고 느끼고는 다시 동생을 안고 달아났다. 얼마 후 바바 야가는 절굿공이로 박차를 가해 절구를 타고 날아다니면서 빗자루를 휘두르다가 마침내 소녀를 다시 발견했다. 소녀는 사과나무를 보고 부탁했다.

"사과나무님, 작은 엄마 사과나무님, 저를 숨겨주세요!"

"네가 내 야생 사과를 먹으면."

그러자 소녀는 사과를 먹었고 나무는 자신의 가지와 잎으로 소녀를 숨겨주었다. 소녀는 사과나무 덕분에 마녀와 백조 거위를 피해 숨을 수 있었다. 소녀는 자신이 안전하다고 느끼자, 동생을 데리고 달아나기 시작했다. 동생은 갈수록 무거워지고 있었다. 잠시 후 백조 거위가 맴돌면서 꽥꽥거리기 시작했다. 마녀와 백조 거위는 매우 가까운 거리에 있었는데, 운이 좋게도 난로가 길가에 서 있었다.

"난로 아줌마, 제발 좀 저를 숨겨주세요!"

"네가 내 호밀 케이크를 먹으면."

소녀는 재빠르게 케이크를 먹고 난로 속으로 기어들어가 동생과 그 속에 앉아 있었다. 소녀는 머리 위에서 맴도는 백조 거위의 날개 소리와 마녀의 분노에 찬 커다란 저주를 들을 수 있었지만 난로 속에서 동생과 안전하게 숨어 있었다. 마녀와 백조 거위가 돌아가자 난로는 소녀에게 이제 길 위에 아무도 없음을 알려주었다. 소녀는 동생을 안고 집으로 달려갔고, 부모님이 새 드레스와 달콤한 설탕 과자를 사오기 전에 겨우 도착할 수 있었다.

우리는 '마법의 백조 거위' 이야기를 하면서 약간의 시적인 허용이 들어 있음을 알 수 있다. 원래 러시아판은 바바 야가의 백조 거위만 소녀와 남동생을 쫓는다(Afanesev, 1973). 그러나 우리의 개정판에서는 바바 야가도 추적에 포함시켰다. 바바 야가는 유럽의 동화에서 다양한 모습으로 나타난다. 그녀는 말라깽이 외발(Bony-legged one)로 불리며, 어떤 때는 황금 다리를 가진 이(the Golden-legged)로 불리기도 한다. 보통 이야기는 새와 관련이 있으며, 새는 조력자 혹은 적 둘 중 하나다. 그녀는 빗자루를 타고 하늘을 날거나 절구를 타고 다니면서 절굿공이로 박차를 가한다. 바바 야가는 어린아이들을 잡아먹을 뿐만 아니라 어른도 잡아먹는다고 알려져 있다. 이런 기괴한 식습관의 증거로 마당 주변엔 인간의 뼈들이 널려 있다.

바바 야가의 집은 닭발 위에 세워져 있고 움직인다. 바바 야가의 집을 방문하는 사람들은 "작은 오두막아, 작은 오두막아, 등은 숲에 기대고 정면은 나를 향하렴."이라고 말한다. 그러면 집이 방문자를 향해 몸을 돌린다. 집 주변에는 12개의 말뚝이 있고 이 말뚝 위에는 11개의 사람 머리가 걸려 있다. 오직 1개의 말뚝만 비어 있다(그리고 그 말뚝은 독자들의 상상에 맡긴다).

반면에, 어떤 바바 야가 이야기에서는 임무를 맡고 있는 왕자에게 조언을 하는 현명한 여인으로 등장한다. 왕자는 그녀를 '할머니'라고 부른다. 하나의 이야기에서 몇 명의 바바 야가들이 등장할 때도 있으며, 각각은 서로 다른 성격을 가지고 있다. 의심할 여지없이 바바 야가 이야기들은 시대를 지나오면서 부모님 말을 듣지 않는 아이들에게 두려움을 주기 위한 또 다른 목적을 가지고 있었다.

'마법의 백조 거위' 동화의 바바 야가와 다른 캐릭터들은 원형들의 사례이며 과장된 행동의 패턴들을 그려내고 있다. 이러한 행동의 패턴들은 신화, 판타지, 꿈, 그리고 동화에서 볼 수 있으며 보통 일차원적인 인물로 우리가 행동하고 타인과 상호작용하는 고전적인 방식들을 그려낸다. 융은 원형을 신화적 모티브(주제)들을 담은 원형적 캐릭터의 집합으로 보았으며 그 순수한 형태가 동화, 신화, 그리고 전설에서 나타난다고 보았다. 융(Collected Works, Vol. 18)은 영웅, 구세주, 언제나 영웅과 연결된 용, 그리고 고래 혹은 영웅을 삼키는 괴물의 형상들을 포함하는 잘 알려진 몇몇 모티브들에 대해 언급하였다. 불굴의 악은 마녀, 계모, 난쟁이, 그리고 거인과 같은 형태로 나타난다. 반대로 선은 종종 공주, 영웅, 순진무구한 아이, 혹은 순수한 시골뜨기의 형태로 나타난다.

이러한 원형적 이미지들은 어린이, 청소년, 그리고 성인 등 모든 세대 사람들의 주의를 끄는 능력을 가진 것처럼 보인다. 예를 들어, 작가들과 동화를 자신의 작업에 활용한 치료자들의 경험에 따르면, 입원한 행동표출(acting-out) 청소년들이 동화처럼 '유치한' 이야기들을 거부할 것 같지만, 역으로 이런 이야기들에 흥미를 가지고 주의를 기울여 듣는다. 융은 "원형이 본능적이고 정신적 행동의 선천적 형태이기 때문에 정신적 과정에 강력한 방식으로 영향을 끼친다."라고 말했다. 그리고 "의식적이거나 합리적인 마음이 그 과정에 끼어들지 않는 한, 아무리 원형들이 이득이 되건 되지 않건 간에 상관없이, 행동 패턴은 과거에도 그러했듯이 계속해서 반복된다(Collected Works, Vol. 18)."라고 말했다.

우리는 로버트(Roberts)가 자신의 저서 《Tales for Jung folks》(1983, p. 8)에서 원형을 정의한 것에 동의한다. 융 심리학에서는 "어떠한 논의도 원형을 언급하지 않고선 불완전할 수밖에 없다. 원형은 형체 없는 다수의 무의식이 다양한 형태의 의식적 특성들을 획득한 것이다."라고 말했다. 융에 따르면, '원형'이라는 용어는 종종 어떤 특정한 신화적 이미지 혹은 모티브(주제)들을 의미하는 것으로 오해를 받는다. 그러나 이것들은 그저 의식적 표상에 불과하다. 이와 같이 다양한 표상들을 물려받을 수 있다는 것은 불합리하다. 원형은 모티브를 묘사하려는 경향이 있다. 이 묘사는 그들의 기본적인 패턴을 잃지 않고 세세한 부분까지도 변화가 가능한 것이다.

병원 치료현장에서, 청소년은 왕자와 공주, 왕과 농부에 대한 옛날이야기들을 들으면서 그리고, 색칠하고, 조각하거나 콜라주들을 만들며, 특별한 지식을 얻거나 비밀스런 보물을 발견할 수 있는 신화적 여정을 시작한다. 이 청소년들은 자신의 미술작품을 논하면서, 자신의 이야기들을 자신의 삶, 개인적 여정, 그들이 오를 필요가 있는 자기 자신의 녹색 산(grass mountain)과 연관 지을 수 있다. 그것들은 동화의 모티브들과 연결될 수도 있는데, 자신의 삶 속에서 중요하다고 느끼는 것을 계속 추구하기, 양심적으로 정직하기(비록 속임수가 허용된다 할지라도), 숲의 생명체들의 욕구(가능하면 그들 자신의 직관적 본능)에 민감해지기가 있다.

이 책의 저자 중 한 명인 코빗(Corbit)은 동화집을 그녀가 근무한 패쇄 정신병동에 정기적으로 가져다 놓았다. 병동의 청소년들은 물론이고 직원들도 이 이야기들을 열렬히 기대했다. 환자들과 직원들은 같은 집단구성원으로 이야기들을 차례로 읽어가면서 그리거나 색칠하거나 진흙을 가지고 소조하였다.

어떤 14살의 행동표출 환자는 동화를 들은 다음에 진흙을 가지고 남자와 여자, 2명의 인물상을 만들었는데 이 둘은 발이 합쳐져 있었다. 자신의 작업에 대해 이야기할 차례가 되자 그는 "이것은 서로 함께 결합되어 있는 어머니와 저예요. 우리는 떨어질 수 없죠."라고 말했다. 이야기와 작품이 이 젊은이에게 어머니와의 상징적 관계를 표현하도록 촉진하였고, 이것은 그의 진흙 작품에서 분명하게 드러났다. 어머니도 아들도 그들이 독립된 존재로서 분리되기 전까지는 움직이거나 어떤 기능을 할 수가 없다.

다른 치료현장에서도 동화는 사람들이 자신의 삶에 영향을 끼치는 원형적 패턴들을 발견하도록 돕는 데 활용될 수 있었다. 그들은 누구와 동일시하는가를 자기 자신에게 물어볼 수 있을 것이다. 영웅, 희생자, 마녀, 그들의 삶 속의 다른 중요한 인물들은 어떨까? 그들은 자신의 부모를 못된 괴물로 보는가? 혹은 자신의 친구, 아이들을 동화 속의 배역들로 보는가?

미술작업은 종종 오랫동안 잊혀졌던 어린 시절의 기억들이나 가족으로부터 만들어진 상호작용 패턴, 혹은 이야기를 듣는 사람이 성인으로서 무의식적으로 만들었던 행동의 패턴들을 불러일으킨다. 학생, 환자, 내담자들이 이야기에 귀를 기울임에 따라 미술은 자신의 주의를 특별히 끌거나 관심을 가진 이야기들의 측면을 묘사하는 데 사용된다. 미술작품이 완성된 이후에 작품은 자신의 삶 속의 사건들과 관련되어 다루어지거나 논의된다.

동화 '마법의 백조 거위'로 돌아가보자. 이 이야기는 저자들이 만든 최근의 주말 집중 워크숍에서 워크숍 멤버들에 의해 사용되었다. 집단원들 중 하나였던 마지(Margie)는 그녀가 집단 속에서 완성한 작품에 특히 호기심을 가졌다.

마지는 그녀의 포스터에 두 가지 국면으로 반응하였다. 그녀의 첫 번째 반응은 주말 집중 워크숍 동안 나온 것이었고, 두 번째는 개인치료 회기에서 나온 것이었다. 우리는 그녀의 그림을 다룬 두 번의 국면에 대해 이야기할 또 다른 개인치료 회기 일정을 잡았다. 코빗이 그녀의 치료자였다.

국면 1

마지 저는 초기엔 제 그림이 차크라(역주: 신체 여러 곳에 있는 정신적 힘의 중심점 중 하나)들을 표현하길 바랐어요. 이 무지개는 바로 제 내적 삶이에요. 차크라들을 만들면서 밝은 면에는 언제나 어두운 면이 존재한다는 것을 깨달았어요. 바로 그게 제가 어두운 영역을 집어넣은 이유예요. 우리를 몰아대는 부정적인 힘들을 나타내죠. 그리고 저는 여기 어두운 측면으로부터 짐을 진 채 달아나고 있으며, 그것은 어두운 측면으로부터 달아나는 작은 제 자신을 나타내죠.

치료자 그럼 당신은 그걸 동화와 연결 지을 수 있나요? 그게 바바 야가로부터 달아나는 건가요?

마지 음, 달아나려고 하는 것이죠.

치료자 그럼 바바 야가는 당신 삶 속에서 보다 많은 것을 나타내는군요?

마지 그래요. 그건 부정적인 힘들, 저를 쫓아오는 부정적인 것들을 나타내지요.

치료자 그리고 당신이 무의식적으로 가지고 있었던 것들을 나타낼 수도 있죠.

마지 당신도 알다시피, 저는 이것이 저로 하여금 현재 제가 있는 곳으로 나아가게 했고, 이 부정적인 측면을 통해 얻은 이로움이 바로 지금 제가 머무는 긍정적인 면이라고 믿어요.

치료자 예, 당신이 어두운 면을 보고 그것을 수용했어야 했기 때문이죠.

마지 맞아요, 맞아. 그리고 그게 저에게 힘을 주고, 저를 만족시키고 있는 영적 삶을 발견하고자 하는 추진력을 주었죠. 제가 오늘날 만족스럽게 생각하는 제 삶에 대한 모든 것은 긍정적인 힘뿐만 아니라 부정적인 힘의 결과예요. 그리고 제가 제 안에 있는 것 같다고 느낀 긍정적인 힘은 결국 제 안에 있었고, 이 부정적인 힘은 저로 하여금 제 자신으로 돌아가게 만든 외적인 힘이었죠. 그리고 이 그림 속에서 저는 도망을 가고…….

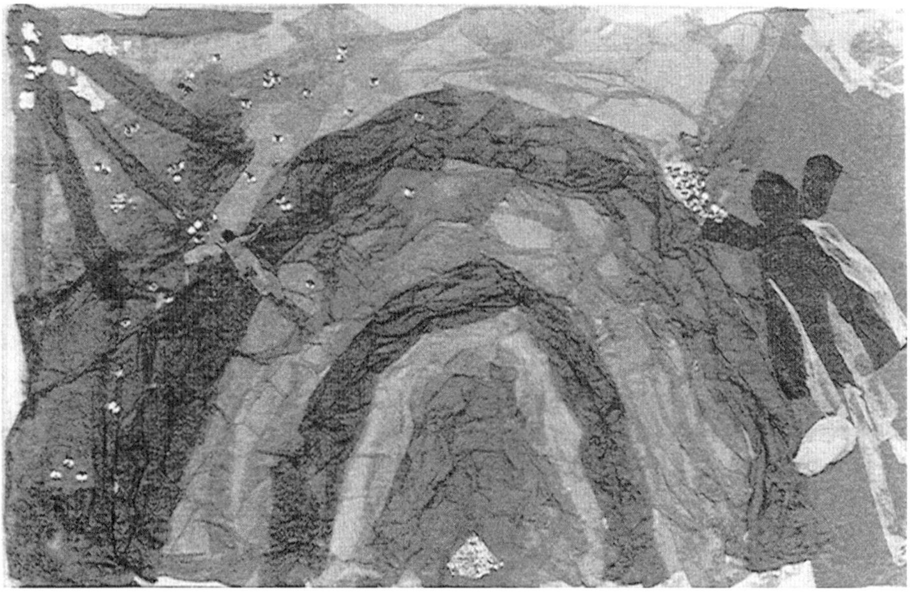

<그림 5-1> 마지가 그린 '마법의 백조 거위'

치료자 달려가는, 아니 거의 날아가고 있지요.

마지 맞아요. 이건 거의 제가 빛을 향해 날아가는 것 같이 보여요. 실제로 일어났던 일이죠. 비록 이 부정적인 면은 여기에 존재하더라도, 언제나 빛과 함께 이곳에 존재할 것이며 저로 하여금 빛을 향해 나아가게 만들 거예요.

치료자 제가 이전에 알아채지 못했던 것이 있는데, 저쪽 빛이 있는 곳에선 작은 불꽃들이 한곳에 있지만, 여기에선 그것들이 모두 흩어져 있다는 것이었어요.

마지 그건 이 반짝이는 것들이 섬광들을 전체적으로 보여주기 때문이에요. 저는 여기 바깥에 머무는 것이 정말로 즐거워요. 이것이 탈출구죠.

치료자 이제 그것은 '어둠의 세력'의 손에 있나요?

마지 음, 그리고 저에게 그것은 악의 내면에 있는 선을 나타내죠. 이것은 또한 저의 중심, 핵심, 마지로 존재하는 신의 일부예요. 그리고 그것은 가운데에 놓여 있죠.

국면 2

치료자 좋아요. 저는 당신과 제가 '힘(the force)'에 대해 다루었던 회기를 좀 더 명확하게 기억하고 있어요(최근의 치료 회기에서). 그래도 당신의 이야기를 다시 한 번 해주지 않겠어요?

마지 '임사체험(near death)'에 대해서요? 저는 병원에 있었어요. 저는 척수막염과 성 루이스 뇌염에 걸렸었죠. 저는 죽어가고 있었어요. 며칠 동안이나 혼수상태를 왔다 갔다 했죠. 본당 신부님에게 가서 마지막 임종성사를 베풀어달라고 부탁했는데, 그는 거절했어요. 제가 가톨릭계 병원에 있었고 병원 신부님의 도움을 얻을 수 있었기 때문이었죠. 전 화가 났어요. 그건 제가 생각하기에 제 삶을 구원하기 위한 행동 중 하나였기 때문이죠. 그러던 어느 날, 저는 병원 침대에 누워 있었어요. 밝은 대낮이었지요. 저는 눈을 뜨고 문을 쳐다보았어요. 그리고 문을 바라보는데 이런 형상, 즉 얼굴이 있을 곳에 두건을 둘렀지만 얼굴이 없는 수도승 같은 인물이 나타났어요. 그는 그의 팔을 들어 올렸는데, 거기에 손이 있었다면 쭉 뻗어 있었을 거예요. 그런데 거기엔 손이 없었어요. 그저 길고 헐거운 겉옷만 있었죠. 저는 그가 제 머리 밖이 아니라 머릿속에서 이야기하는 것을 들었어요. 저는 전혀 두렵지 않았어요. 이 '존재'에 대해 경외감을 느꼈죠. 그런 에너지가 느껴졌어요. 그리곤 그는 말했죠. "이제 나와 함께 갈 시간입니다."

저는 거기 누워 있었고 그가 저를 데리러 왔으며 죽을 거란 것을 알고 있었어요. 저는 저의 3명의 아이들에 대해 생각했어요. 누가 그들을 돌보지? 짐(Jim)의 부모님과 살거나, 제 부모님이나 짐 혼자 키우는 것에 대해 생각해보았어요. 짐은 알코올 중독자였어요. 그의 알코올 중독은 이미 가족들에게 고통이었죠. 그때 저는 아이들에게 도움을 주어야만 한다는 것을 깨달았고 그 일을 다른 누군가가 한다면 제가 행복하지 않을 거란 것을 알았어요. 그래서 말했죠. "안 돼요! 전 가지 않아요!" 하지만 화가 나지는 않았어요. 그저 "안 돼!"라고 말했을 뿐이었어요.

치료자 마치 "안 돼요, 아직 때가 아니에요."라고 말한 것 같군요.

마지 그건 실제로 꼭 대화하는 것 같았어요. 그는 그의 손을 뻗은 채로 잠시 거기에 서 있었고 우리는 서로를 바라보았죠. 그러고 그는 서서히 사라졌어요. 그의 겉옷은 회색, 진해서 거의 검은색에 가까운 회색이었죠. 아마도 그것은 방 안의 불빛이었을 수도 있어요. 전 그게 무엇인지 정확히 몰라요. 그러나 바로 지금 이 순간에도 그 '존재(presence)'를 느낄 수 있어요. 그 이야기를 할 때면 언제나 소름이 돋아요. 그래서 그 이야기를 그다지 자주 하지는 않아요. 그러나 그 이야기를 할 때면 그 존재가 이곳에 나타나죠. 그러고 나면 바로 지금의 느낌, 제 삶이 빛나고 있음을 느껴요.

치료자 영혼에 대한 진정한 느낌이군요.

마지 그리고 제가 그 존재를 말할 때면 제가 힘을 얻는 느낌이에요.

치료자 자, 당신의 작품은 이 모든 것들을 다시 불러일으켰던 것 같네요. 그것이 어두운 영혼처럼 보여도, 그리고 심지어 어떤 악처럼 보여도 그것은 여전히 당신을 매우 겸허하게 만들어요. 그것은 대극의 균형을 잡고 있죠. 그것은 그냥 존재해요. 삶과 죽음, 누가 삶은 옳고 죽음은 나쁘다고 말할 수 있겠어요?

마지 그것은 선한 것도, 악한 것도 아니에요. 그건 균형이죠.

치료자 엄청난 힘이죠! 심지어 그림 속에서도 그 형상이 당신의 형상보다 얼마나 큰지를 보세요. (역주: <그림 5-1>을 보면 마지를 쫓는 어두운 형상이 그녀를 나타내는 형상보다 훨씬 큰 것을 볼 수 있다.)

마지 그리고 당신도 알다시피 제가 이 그림을 구상하고 제출했을 때, '임사체험'(역주: 죽음의 문턱에서 살아 남은 사람들이 죽음 너머의 세계를 엿본 신비스러운 체험)은 그때가 아니라 나중에서야 든 생각이었어요. 그림을 그렸을 때 저는 그 어둠을 나타내기 위해 갈색을 들고 있었는데, 그 '존재'는 거의 마지막에 나타났죠. 그건 그냥 거기에 있어야만 했어요.

치료자 하지만 당신은 임사체험을 염두에 둔 것은 아니었잖아요?

마지 그렇죠. 조금도 아니었죠. 우리가 여기 당신 사무실에서 다시 만나기 전에는 기억하지 못했어요.

치료자 제가 생각하기엔 우리가 어떤 대천사(archangel), 높은 지위의 천사에 관한 것을 언급했어요.

마지 예. 그리고 나서 저는 기억을 떠올렸지요. 그러자 이 '존재'가…… 아마도 이토록 많은 일들이 나에게 일어난 이유의 일부였겠지요. 그러나 전 무너지지 않았어요. 그 '존재'가 늘 저에게 가까이 있었음을 느꼈기 때문이에요.

치료자 그리고 당신은 많은 부정적 일들이 일어나지 않을 거라는 보장이 없다는 것도 알았죠. 제가 말하는 건, 있는 그대로의 삶엔 언제나 부정적인 일들이 일어난다는 거예요. 그럼에도 불구하고, 당신은 이제 적어도 상징적으로 내면을 들여다볼 수 있는 단서 혹은 영적 안내자를 가지고 있어요.

마지 기억해보면 그건 결코 멀리 있지 않아요. 그건 기억해내는 것이지요.

치료자 음~.

마지 저는 알아요. 영혼(spirit)이 이 핵심적인 작품으로 절 인도했다는 것을. 저는 제 작품 중 일부이며 특히 제가 제 자신의 이야기를 떠올리기 시작했을 때 제가 그렸던 첫 번째 그림들을 보았어요. 그리고 그건 믿을 수 없는 일이에요.

제가 오늘 처한 상황에 비춰보면 정말 믿을 수 없지요. 그래요, 저는 제가 '현존함' 안에 있을 때의 느낌을 알아요. 이제는 그걸 인식할 수 있기 때문이죠. 바로 그 느낌으로 거주형 요양시설에서 치료를 받는 동안 많은 그림들을 그렸어요. 그 에너지는 저에 관한 것이었어요. 우리는 자유시간이 거의 없었어요. 점심과 다음 회기 사이에 1시간 정도 앉아 있곤 했어요. 그러고 나서는 강의장소로 돌아가 미술재료를 꺼내고 명상테이프를 틀어놓은 채 거기에 혼자 앉아서 그 그림들을 그렸어요. 그러면 전 그 영향력이 그곳에 존재하는 걸 알았죠. 그 에너지에 있는 진실함을 느꼈기 때문이에요. 아무리 그것이 끔찍해 보여도 그것은 진실이었어요. 그것은 꾸며낸 이야기가 아니었죠. 그러고 나면 그건 끝나죠. 전 그게 은총처럼 느껴져요.

치료자 그렇게 들리네요. 그건 거의 중간지대(limbo)에 있는 것 같네요, 그렇지 않나요? 마치 완충지대에 있는데 그게 당신이 죽음의 부름과 함께 있었던 곳이죠. 당신은 너무나 그것과 가까이 있었기 때문에 완충지대에 존재했던 것이죠.

마지 제가 해야만 했던 모든 것은 "예."라고 말하고 제 손을 이레네(Irene, 역주: 그리스 신화의 평화의 여신)에게 뻗는 것이었어요. 하지만 전 "예."라는 말조차 하지 말았어야 했어요.

마지는 두 번의 국면에서, 서로 다른 수준으로 동화에 반응하면서 그녀의 작품들을 다루었다. 첫 번째 국면인 페르소나적 무의식의 단계에서, 마지는 나쁜 마녀인 바바 야가로부터 달아나는 소녀에 대해 말했다. 마지 역시 어린 시절 이후부터 그녀에게 상처가 되었던 부정적인 힘들로부터 도망쳐왔다. 수년 동안 그것들은 그녀의 의식에 남아있어서 직장생활을 실패하게 하였고 결국 치료를 해야 할 때까지 고통스런 기억들을 쌓아왔다.

두 번째 국면에서, 마지는 그녀의 포스터에 나타난 어두운 형상을 그녀가 매우 아팠을 때 그녀를 찾아왔던 죽음의 사절에 대한 기억과 연관 짓기 시작하였다. 덧붙여 말하자면, 마지는 그녀의 작품에서 죽음의 형상을 일부러 만들지는 않았다. 그녀는 실제로 처음에는 그 죽음의 형상을 어두운 손으로 보았다. 마지는 나중에 그녀의 미술 포스터 속에서 죽음의 이미지를 확인하였으며, 이것은 아마도 '죽음의 원형(The Archetype of Death)'이라 말할 수 있을 것이다.

이 죽음의 원형은 폰 프란츠(Von Franz)의 책 《동화 속의 그림자와 악(Shadows and evil in fairytales, 1974)》에서 언급되었으며, 그 속에서 마녀 바바 야가는 위대한 자연 어머니(Great Mother Nature)로 묘사하였다.

> 그녀가 낮과 밤, 그리고 태양의 주인이 아니었다면, 그녀는 '나의 낮, 나의 밤!'에 대해 이야기할 수 없었을 것이다. 따라서 그녀는 반드시 위대한 여신이어야 하며 당신은 그녀를 위대한 자연의 여신이라 부를 수 있을 것이다. 그녀의 오두막 주변에 널려 있는 해골들을 감안하면, 그녀는 분명히 죽음의 여신이며 자연의 한 측면이다. (……) 그러므로 그녀는 낮과 밤, 생명과 죽음의 여신이며 자연의 위대한 원리다(pp. 161~162).

흥미롭게도, 마지는 바바 야가와 그녀의 위대한 자연의 여신과 죽음의 여신이라는 이중 역할에 대한 선행지식이 전혀 없었다. 또한 바바 야가가 주요 역할을 맡은 동화에 대한 반응에서 무지개, 태양(그녀의 작업에 대한 묘사에서 두드러지게 나타나며, 그림 속에서 그녀는 태양을 향해 달려가거나 날아간다), 그리고 죽음의 대천사를 만들어냈다.

당신은 "그래서 어떻다는 말인가?"라고 질문할 수 있을 것이다. "누군가의 활성화된 원형을 발견하고 그것을 그리는 것이 무슨 도움이 되는가?"

활성화된 원형들에 대한 이러한 새로운 자각과 지식은 그녀에게 그녀 자신, 그녀의 행동, 그리고 타인과의 상호작용에 대해 깊이 이해하게 하였다. 우리가 자신 안의 원형을 더 잘 이해할수록 우리는 더욱 집단적인 삶(collective life)에 참여하게 되고 원형에 드러난 대로 인간 본성의 무한성을 깨닫게 된다. 마지는 이제 삶 속에서 기분을 좋게 하거나 나쁘게 만드는 것들에 대해 깊이 인식하기 시작했다. 그녀는 실외에서도 조화를 느낀다. 해변, 숲, 사막, 자연과 직접 접촉하는 모든 곳에서 조화를 느낀다. 마지의 내면작업 역시 그녀 자신의 바람과 욕구에 잘 접촉할 수 있도록 도움을 주었다. 고통과 연관되어 있어 묻혀 있었던 느낌들을 점점 살펴보고 인정하게 되었다. 마침내, 죽음의 원형에 몰입하게 되면서 마지는 삶을 경험하기 시작하였다. 이제는 집단 무의식에 대한 융의 정의를 살펴보자.

> 집단 무의식은 개인 무의식처럼 그 존재를 개인적 경험에 의존하지 않으며 개인적인 획득물이 아니라서 개인적 무의식으로부터 부정적으로 구별될 수 있는 정신의 일부다. 개인적 무의식이 본질적으로 어느 때는 의식적이었던 것이 잊히거나 억압되면서 의식으로부터 사라진 내용들인 반면, 집단 무의식은 결코 의식 안에 있던 적이 없으며 개인적으로 얻어지지 않고 오직 유전(heredity)에 의한 것이다. 한편 개인적 무의식은 거의 콤플렉스들로 구성되어 있으며 집단 무의식은 본질적으로 원형들로 이루어져 있다(pp. 42~43).

에딩거(Edinger, 1972)는 집단 무의식이 융의 가장 기초적이고 광범위한 발견이라고 믿었다. 그는 집단 무의식이 세계의 모든 종교와 신화에서 인식될 수 있는 자아초월적인 차원이 있음을 지적하였다. 에딩거는 융이 '집단 무의식이 원형의 내용들을 통합하는 구조화 혹은 조직화 원리를 제공한다는 점에서 역동적인 특성이 있다'는 중요한 발견을 한 것으로 간주하였다. 즉, 집단 무의식의 구조 혹은 조직화 자체가 원형, 자기(self)의 원형인 것이다.

융(Collected Works, Vol. 7)은 무의식이 두 가지 층, 개인적 그리고 집단적 층을 가지고 있는 것으로 묘사하였다. 개인적 무의식은 유아 초기의 억압된 기억들로 구성되어 있는 프로이트의 무의식 개념과 유사하다. 집단적 무의식은 개인보다 선행되며 조상들의 삶의 잔여물을 담고 있다. 집단 무의식의 원형들은 개인적으로 경험되지 않는 것이기 때문에 자세하지 않고 완성된 핵심(cores)이 아니며 일차원적인 형상들이다. 따라서 정신이 개인적 무의식 수준을 넘어서 후퇴할 때 원형적인 모티브들과 접촉하게 되는 것이 가능하다.

동화 '마법의 백조 거위' 속의 원형적 이미지에 대한 마지의 반응은 희귀한 것이 아니다. 이러한 위험을 감수하기, 배신, 죽음, 속임수(chicanery)라는 매우 기본적인 동화의 모티브들은 모두 인간에게 영향을 끼치는 것들이다.

동일한 동화에 대한 엘리자베스(Elizabeth)의 연상은 마지의 것과 매우 달랐다. 엘리자베스는 작품의 배경으로 검은색 포스터 1장을 골랐다.

이야기에서 그녀가 묘사한 장면은 달아나는 소녀를 쫓으면서 산 주위를 훑어보는 바바 야가의 모습이다(<그림 5-2> 참조).

엘리자베스는 작품을 묘사하면서, 어머니의 인정을 받지 못하고 언제나 '못된 작은 소녀'처럼 느꼈던 자신의 불행한 어린 시절의 모녀 관계를 회상하였다.

<그림 5-2> 엘리자베스가 그린 '마법의 백조 거위'

그녀가 성장하면서, 어머니와의 이러한 초기 그림자 관계는 그녀에게 영향을 미쳤고, 그녀가 부정적으로 여겼던 다른 여성들과의 관계에서도 여러 번 재연(reenact)되었다. 이러한 행동 패턴은 엘리자베스가 강한 여성들과 갖는 상호작용

에서 어머니와 유사하다고 느낄 때 계속되었다.

엘리자베스는 자신과 마찬가지로 부정적인 모녀 관계로부터 고통을 받았던 그녀의 어머니에 대해서도 이야기하였다. 엘리자베스의 어머니는 겨우 10살이었을 때, 그녀의 어머니(역주: 엘리자베스의 외할머니)가 돌아가셨고, 비판적이고 칭찬하지 않는 계모의 양육을 받았다.

엘리자베스와의 작업에서 중요한 것은 그녀가 부정적으로 지각한 여성과의 상호작용을 치유하는 것뿐만 아니라, 강력하고 부정적인 여성상으로 또 다른 바바야가가 되어 그녀의 가족에게 남겨진 여성적 유산을 없앤다는 점에 있다. 이 바바 야가 원형, 혹은 부정적인 여성의 원형은 꿈, 동화, 신화, 그리고 적극적인 상상(active imagination) 속에서 메두사, 마녀, 사악한 계모, 노파, 요부의 형태로 인지될 수 있다.

엘리자베스는 스스로 검은색 옷을 입은 뚱뚱한 여성이 주인공인 그림자 꿈을 회상하였다. 그들은 갈베스톤(alveston)에서 돌아오는 중이었으며 엘리자베스가 운전을 하고 있었다. 날은 더웠고 검은 옷을 입은 여인이 자기 아이와 차 뒷좌석에 앉아 있었다. 몇몇 다른 아이들도 차 안에 있었다. 여성은 엘리자베스에게 편의점에서 차를 세워달라고 부탁했다. 그녀는 엘리자베스를 덥고 땀나는 어린아이들로 가득 찬 자동차와 함께 남겨둔 채 가게로 들어갔으며, 차 안의 덥고 배고픈 다른 동승객들을 전혀 배려하지 않았다.

엘리자베스는 검은 옷을 입은 뚱뚱한 여인처럼 자기밖에 모르는 여성이 그녀의 어떤 일부일 수 있다는 것이 싫었다. 그것은 분명 그녀가 인지한 그녀 자신의 일부가 아니었으며 그것을 그녀 성격의 일부로 받아들이고 싶어 하지도 않았다. 많은 사람들은 그림자 인물을 받아들이는 것이 느리고 고통스럽다. 엘리자베스의 경우에, 그녀는 자신에게 주목과 돌봄이 필요하다는 걸 깨닫기 시작하였다. 누가 땀나는 뚱뚱한 여성을 좋아할까? 누가 그토록 이기적이고 자기중심적인 사람과 관계를 맺길 원할까? 그러나 이러한 고통스런 통합의 과정은 우리의 인격을 최대한 개발하는 융의 개성화 과정에서 중요한 부분으로, 그림자의 부정적이고 긍정적인 부분을 모두 수용하고 변용시키는 것이다.

융(Collected Works, Vol. 9, Pt. 1)은 신화와 동화가 원형의 잘 알려진 표현이라고 느꼈다. 그는 원형을 의식화 되거나 의식적으로 정교하게 보여지지 않은 정신적인 것으로 보았다. 이러한 원형적 내용의 즉각적인 명료화, 예를 들면 꿈의 내용이나 비전들은 신화나 동화에서 발견되는 원형적인 내용보다 훨씬 개인적이고, 덜 소박하며 이해할 수 있는 가능성이 적다. 달리 말하면, 신화나 동화 속의 원형적 내용들은 훨씬 쉽게 확인이 되며, 심리적 이해를 거쳐 확인할 수 있다. 융은 '원형'에 대해서 "본질적으로 의식적이 되고 지각이 됨으로써 바뀌는 무의식적 내용이며 그것이 나타나곤 하는 개인의식으로부터 그 특성이 결정된다(p. 5)."고 말하였다.

이제 미질카(Mizilca)의 이야기를 들어보자.

미질카(Seemann, Stromback, and honson, 1967, pp. 170~181)는 전통적인 유럽 동화와 노래에서 나타나는 공통적인 주제에 기반을 둔 루마니아의 민요(ballad)다. 자신을 남자로 가장한 소녀가 아버지를 대신해서 전쟁터로 나간다. 이 이야기에 따르면, 미질카의 아버지인 미지르(Mizir) 왕은 술탄(Sultan)에게 7년 반 동안 술탄을 위한 군대에 종사하도록 아들을 보내라는 명령을 받는다. 그러나 왕에겐 아들이 없고 오직 3명의 건강한 딸들뿐이었기 때문에 술탄의 명령을 따를 수가 없었다.

왕은 술탄의 명령을 받아 읽으며 비통함에 젖었고 두려움에 가득 찼다. 그는 딸들이 건강을 염려할 만큼 울면서 신음하였다. 왕의 맏딸인 스타누타(Stanuta)

는 아버지를 위해 대신 가겠다고 자원하였다. 그녀는 머리를 짧게 자르고 최고의 말과 군복을 갖추고는 술탄에게 봉사하기 위해 떠났다. 그러나 왕은 그의 마법을 사용하여(그는 마법사였다) 딸을 시험하기로 결정하였다. 그는 자신을 용으로 변신시켰고 스타누타는 겁에 질려 결국 아버지의 궁으로 되돌아왔다.

그 다음에 왕의 두 번째 딸인 록산다(Roxanda)가 아버지를 위해 대신 가겠다고 지원하였다. 그녀 또한 머리를 군인 스타일로 짧게 자르고 영웅의 복장을 갖추고 아버지의 말 중 가장 좋은 것을 받았다. 그러나, 왕은 또다시 용으로 변신하여 록산다를 심하게 겁주었고 그녀 또한 아버지의 궁으로 달아났다.

그 다음에 왕의 가장 어린 딸인 미질카가 아버지에게 대신 가게 해달라고 간청하였다. 그녀는 “군인처럼 제 머리를 자르고 영웅처럼 옷을 입겠습니다.”라고 말했다. 미질카가 말을 고르기 위해 나섰을 때(왕은 그녀에게 가장 좋은 말을 제공하였다) 그녀는 왕이 젊은 시절 군인이었을 때 쓰던 안장을 먼저 선택하였다. 그러고 나서 왕의 말들 중 1마리를 부르기 위해 안장을 바닥에 내렸다. 그녀에게 다가온 말은 마구간에서 가장 허약한 말이었다. 그래서 그녀는 다시 안장으로 바닥을 두드렸는데 또다시 이 허약한 말이 그녀의 발 근처로 다가왔다. 세 번째로 안장을 바닥에 두드린 다음에도 허약한 말이 그녀에게 다가오자 결국 그 말을 데려가기로 결정하였다.

다른 두 딸과 마찬가지로, 미지르 왕은 자신을 무서운 용으로 변신시켜 미질카의 용기를 시험하였다. 그러나 미질카는 겁에 질리지 않았다. 그녀는 마법 용에게 도전하였고 용은 그녀에게 길을 내주었다. 그렇게 그녀는 계속 나아갔다. 미질카가 술탄의 궁전에 도착하자, 술탄은 그녀를 위아래로 훑어보더니 얼굴을 찌푸리면서 말했다.

“보라, 악마의 어머니여, 명백하게 보이는도다.

그녀 스스로 나에게 바친 것을 보라.

영웅은 도저히 흉내낼 수가 없는 것임을 나는 보았다.

이는 틀림없이 여성의 모습이다."

술탄은 미질카의 성별을 알아내고 싶었다. 그는 자신의 경호원으로 하여금 미질카를 시장으로 데려가게 하였는데, 시장 한편에는 천을 짜는 데 쓰이는 여성용 물품들을 팔고 있었고 반대편에는 몽둥이가 있었다. 미질카는 술탄의 속임수를 알아차리고 무거운 몽둥이를 들고 시야에서 벗어날 만큼 멀리 허공으로 던져버렸다. 술탄은 그녀의 재주에 감탄하여 그녀를 장교에 임명하였다.

시간이 지나자 술탄은 다시 의심하기 시작했다. 그는 경호원에게 미질카를 따라다니도록 명령하였고 그녀를 목욕탕으로 데려가서 목욕하는 모습을 보고 그녀에게 가슴이 달렸는지를 알아보라고 하였다. 미질카는 곧 발각될 것 같아서 단추를 잠갔다. 그리고 경호원이 헤엄쳐 왔다 떠나자 다시 겉옷의 단추를 풀었다. 이후 미질카에게 아이디어가 떠올랐다. 바로 편지였다. 그녀는 어머니가 죽어서 화장용 장작더미 위에 있다고 전하는 긴급편지를 써서 보여주며, 그녀가 집에 반드시 가야 한다고 술탄에게 말했다.

술탄은 편지를 읽자마자 즉시 미질카에게 집으로 돌아갈 것을 명령하였다. 그녀는 아무런 소란 없이 그녀의 말로 달려가 박차를 가하고 몸을 돌리며 그녀의 블라우스를 벗었다. 그리고 모든 이들에게 그녀의 가슴을 보였다. 그러면서 그녀는 술탄에게 외쳤다.

"높고 위대한 지배자시여 찬양받으소서! 저는 당신께서 저에 대해 아는 것보다 당신에 대해 더 많이 알고 있습니다. 비록 제가 1명의 처녀에 지나지 않음에도 불구하고 말입니다."

그렇게 이야기하면서 그녀는 몸을 돌려 길을 나섰다. 그녀의 말이 그때 6쌍의 날개를 펼쳤고, 그녀의 고향인 아버지의 성으로 마치 태양빛처럼 빠르게 날아갔다.

또 다른 포스터의 원형적 주제는 '양성구유(androgyny)'라 부를 수 있을 것이다. 양성구유 혹은 남녀추니(androgyne)는 융 분석 핵심 사전(Samuel, Shorter and Plaut, 1986)에 다음과 같이 나온다.

> 정신적 의인화(personification)는 남성성과 여성성이 의식적 균형을 이루도록 유지된다. 이 형상에서 남성성과 여성성은 성격의 융합 없이도 서로 결합되어 있다. 융이 연금술 과정의 최후의 산물을 상징한다고 본 것은 미분화된 반음양(半陰陽, Hermaphrodite)이 아니라 바로 이 은유적 존재(양성구유)다. 따라서 양성구유의 이미지는 분석과 연관되며 대부분 아니마와 아니무스 작업과 관련을 맺는다. 연금술 문헌에서는 이 형상에 대한 언급뿐 아니라 삽화도 빈번하게 실려 있다. 적어도 1번 이상, 융은 예수라는 역사적 인물을 성적 분화의 긴장과 양극성이 양성구유적이고 상호보완적인 통합체의 하나로 보았다.

싱어(Singer, 1976, p. 20)는 양성구유를 '둘을 담고 있는 하나'라고 정의하였다. 하나는 남성(andro)과 동일하며 둘은 여성(gyne)을 의미한다. 싱어는 양성구유가 '인간 정신 안에 내재되어 있는 원형'이라고 말하였다.

또한, 싱어는 남성과 여성을 포함한 한 쌍이 다른 모든 양극성 뒤에 숨겨진 힘을 상징적으로 표현한다고 보았다(p. 21). 창조를 위해선, 하나가 다른 하나 없이는 가치가 없다고 생각하였다. 남성과 여성이 창조를 낳기 위해선 반드시 함께 자신의 성의 전체성 속에서 결합되어야 한다. 그러나 이들은 결합되기 전에 반드시 먼저 분리, 분화된 존재가 되어야 한다. 이는 플라톤이 말한 하나의 영역에 묶여 있던 원초적인 양성구유의 이미지를 암시한다.

양성구유의 원초적 특성에 대한 현재의 지식에 대해, 싱어는 "신화와 전설과 많은 원시부족들의 신성한 전통에서 발견되는 잔여물들에서 나온다(p. 21)."고 말했다. 그녀는 '영원한 남성과 영원한 여성이 끝나지 않는 포옹 속에 서로 결합되었을 때'인 고대의 신화를 인용하였다. 싱어는 이 양성구유적인 원초적 존재로서, 그 자신 안에 양극성과 다양성의 잠재력을 가진 존재가 우리에게 힌두교, 도교, 불교, 그리고 '서구의 플라톤적 종교 전통'을 거치며 전해진 것으로 보았다.

브레드웨이(bradway, 1982)는 남성과 여성에 대한 기대가 최근에 양성구유에 대한 많은 이해를 통해 변화된 흐름에 대해 썼다. 그녀는 양성구유를 남성과 여성에게 적합하다고 고정된 태도를 극복하기 위한 수단으로 보았다. 이처럼 양성구유는 특정한 상황에선 유연한 행동을 하고, 어떤 경우엔 자기주장을 하거나 공격적이 되고, 필요할 때는 돌보아주고 양육적인 행동을 하도록 한다.

양성구유의 원형은 남성과 여성의 측면 둘 다를 가지고 있다. 전체성의 상징, 양극을 함께 모으는 것으로 볼 수 있다. 양성구유는 연금술에서 반음양(hermaphrodite), 반은 남성이고 반은 여성인 형상으로 묘사된다. 그러나 브레드웨이는 "융은 반음양 상징이 그 구성요소들로 붕괴되는 경향이 있으며 잠재적인 해리의 가능성을 나타내는 상징으로 변화할 수 있다고 보았다. 융은 반음양이나 양성구유보다 전체성의 형성 면에서 신성한 결합(conjunctio)을 보다 안정적인 상징으로 보았다(Bradway, p. 282)."라고 말했다(역주: 양성구유의 이미지와는 달리 신성한 결합은 두 남녀의 결혼의 이미지로 나타난다. 즉, 남녀가 따로 분리되어 있으면서 서로 결합하는 것을 나타내는 것이다. 이는 진정한 통합이 있기 전에 먼저 완벽하게 분화가 되어야 한다고 본 융의 기본적인 믿음이 반영된 것으로 보인다).

브레드웨이는 나에게 있어서 "양성구유는 의식적인 수준에서의 이원적 태도와 행동을 나타내며, 반면에 신성한 결합은 남성적 원리와 여성적 원리가 무의식적 수준에서 함께하는 것(결혼)을 나타낸다. 양성구유는 정체성과의 신성한 결합과 관련이 있는 것으로 보인다(p. 282)."고 말했다.

남성적 원리와 여성적 원리에 대한 이원적인 태도는 미질카의 이야기에서 정점에 이른다. 미질카는 그녀의 아버지를 구하려면 반드시 젊은 남성으로 가장해야 한다는 것을 알고 있었다. 그녀의 아버지가 자신을 용으로 변신시켰을 때, 미질카는 두려움 속에서 도망치지 않고 용을 정면으로 마주하였다. 그녀는 술탄이 미질카가 여자인지 남자인지를 알아내려고 시도할 때, 그가 고안한 속임수에 넘어가지 않을 만큼 영리했다. 그리고 떠날 시간이 되었을 때, 미질카는 술탄의 성문을 떠나면서 가슴을 드러내 자신의 성을 알릴 만큼 꽤 대담했다.

다음의 포스터는 창조성, 자기 발견, 그리고 지속적인 교육에 열렬한 관심을 가졌던 리즈(Liz)라는 한 여성에 의해 만들어진 것이다. 그녀의 개인적 여정에서 미질카의 이야기를 묘사한 2장을 포함해 일련의 동화 포스터 시리즈를 만들었다. 이것은 그녀의 미질카 시리즈의 두 번째 작품이다(<그림 5-3> 참조).

리즈가 미질카 포스터를 묘사하면서 말했다.

"저는 축 늘어진 등을 가진 말을 타고 가슴을 드러낸 채 술탄을 떠나는 그녀를 보여주려 해요. 전 여러 방향에 걸친 안과 밖을 직면하면서, 마침내 가방을 손에 들고 '배움의 단계' 위에 서 있는 그녀의 이미지들을 보여주었어요.

<그림 5-3> 리즈가 그린 '미질카' 포스터 시리즈 중 두 번째

그녀는 자신이 무엇을 해야 할지 알까요? 그녀는 자신이 술탄과 수년 동안 좋은 시간을 보냈음을 알고 있어요. 그녀는 아마도 아버지의 성으로 돌아가게 되겠지요. 그녀는 그녀 자신뿐 아니라 이전에 용감하게 자원했던 언니들을 보호하려고 애쓴 아버지를 사랑했어요. 저는 그녀가 자신이 여성으로서 선택권을 가지고 있었다는 점을 자각하고 있었다고 생각해요. 아마도 그녀는 술탄이 될 수도 있었을 거예요.

동화와 신화는 제가 미술치료에서 사용하기에 탁월한 주제들이었어요. 이 이야기들은 제 무의식이 의식에 가까워질 수 있게 도와주었죠. 미술치료는 제 언어를 통한 심리치료를 풍부하게 해주었어요. 이 환상적 이야기들은 다른 수준에서 저를 자극했어요. 저에게 있어서 미술은 신체 면에서도 치료적인 것이에요. 재료를 가지고 일할 때면 긴장이 풀려요. 이따금 제가 끝낸 작품은 어색하고 불명확하게 보일 수도 있어요. 대부분의 경우 저는 미술 창조작업을 하면서 생각하는 것을 막기 위해 덜 사용하는 손을 쓰거나 눈을 감아요. 제 안의 깊은 곳에서 무엇이 일어나고 있는지와 미술을 통해 일어나는 어떤 삼재의식석 과정을 알고 싶었어요. 해리엇 웨이드슨(Harriet Wadeson)은 미술치료를 '행위(doing)' 치료라고 말했어요. 누구나 자신의 미술작품을 창조하는 것이죠. 그 어떤 사제나 여사제도 다가와서 당신에게 지팡이를 휘두를 수 없어요. 과정은 경험적인 것이고 당신이 그 과정을 책임지고 있어요. 이와 같이 어떤 여성이 그녀의 삶을 "그 후로도 오래오래 행복하게 살았습니다."와 같이 쓰려고 한다면 그녀는 적극적인 방식으로 찾고 응답을 해야 할 거예요. 그녀는 반드시 노력을 계속 해야 하는 거죠. 전 제 삶 속의 환상을 살펴보고 치료자에게 격려 받고 그 이미지들을 창조적인 미술로 옮기면서 제가 자신감을 가지고 생각의 중심이 잡힌 여성이라는 것을 발견했어요."

다음은 <그림 5-3>에 그려진 작품에 초점을 맞춘 치료 회기의 축어록이다. 치료자는 코빗(Corbit)이다.

리즈 전 그녀가 술탄에게 매혹되었단 걸 알 수 있어요. 그녀가 집으로 돌아가 영원히 행복하게 살았다는 식의 결말을 원하지 않았어요. 전 그녀가 집으로 돌아가 가족과 다시 만나고 난 뒤 그녀가 진정으로 원하는 무언가를 할 만큼 충분히 용감해졌기를 바랐어요.

치료자 그것 참 좋은 정보네요.

리즈 전 동화에서 보는 방식처럼 그녀가 그 후로 영원히 행복하게 살기를 바라지 않았어요. 무언가 다른 일이 그녀에게 일어나길 원했고, 물론 제가 짐작하기론 그건 술탄이었어요. 저는 술탄이 그녀가 여자였음을 알았다면 무슨 짓을 했을지에 대해 생각해보지 않았기 때문에 동화 속에서 그가 맡은 역할을 좋아했어요. 어쨌든 그는 호기심을 가진 듯 보였지만 잔인하거나 보복적이지 않았어요.

치료자 그는 그녀에게 어떤 스파이를 붙이지도 않았죠. 그가 쉽게 할 수 있었던 일임에도 말이에요.

리즈 그래서 전 그에게 좋은 느낌을 가지고 있어요. 제가 생각하기에 그가 그녀에게 좋은 남성의 이미지였다고 생각해요. 그리고 저는 가슴을 드러낸 걸 정말 좋아해요. 그건 바로 제가 드러낸 가슴이에요. 정말 저를 흥분시켰어요. 그러고 나서 전 그녀가 많은 변화를 겪었을 것임을 깨닫기 시작했어요. 제가 기억하는 또 다른 것은, 만약 그녀의 첫째 언니가 비록 겨우 다리 하나를 건널 만큼의 거리를 간 것에 불과하지만 충분한 용기가 없었다면, 그리고 그녀의 둘째 언니도 겨우 다리 하나를 건넌 정도에 불과하지만 스스로 떠날 만큼 충분한 용기가 없었다면, 미질카도 그걸 해낼 거라고 확신하지 못했을 거예요. 혹은 그녀가 언니들 없이도 그걸 스스로 할 수 있었다면, 그녀는 정말로 성공적이었을 거예요. 아무튼 그들은 동화 속에서는 드러나지 않았지만 서로 도움이 되었어요. 그들은 미질카에게 용기의 이미지를 주었죠.

치료자 그래서 당신은 다른 두 소녀가 그녀의 동기에 도움이 되었다는 건가요? 여기 있는 3개의 이미지가 바로 3명의 자매들인가요?

리즈 예, 상징적으로요. 왜냐하면 그것은 거의 그녀가 거쳐야 했던 단계일 수 있었기 때문이죠. 그리고 전 스스로 생각해보았어요. 만약 주변 환경을 통해 미술치료를 하지 않았다면 그것이 무슨 소용이 있었을까? 그리고 전 동시에 그때 내가 어떤 기회를 가졌는지 의문을 가졌어요. 그리고 제가 2명의 동료와 찍은 폴라로이드 사진을 가지러 방에서 나왔을 때, 제리(Jerry)의 서류가방을 들었는데, 그건 사실 서류가방은 아니었어요. 낡고 얇은 종류의 가방이었죠. 그런데 그건 정확히 제가 원하던 것이었어요. 학교에 다니건 말건 상관없이 그 가방을 매고, 계단 위에서 학교로 가는 모습을 찍거나 다른 관련된 일을 하는 것은 마치 제가 대학교 2학년생인 것처럼 느끼게 해주었어요. 마치 제가 동화로부터 어떤 지혜를 얻어서 제 자신을 위해 쓰는 것처럼 느끼게 해주었어요. 그때 전 제 자신 안의 남성적인 면에 대해 작업을 하고 있었다는 것과 어떻게 하면 제가 강력하고 지지적인 모델이 되어줄 남성적인 자세를 취할 수 있을지에 대해서 자각하였다고 생각해요.

치료자 그리고 수년 동안 당신은 당신 자신에 대해 알고 자기주장을 하며 당신에 대한 서로 다른 모든 측면들에 접촉하고자 노력해왔지요.

리즈 그리고, 물론 미질카의 이야기가 그러한 동기를 저에게 어느 정도 가져다주었다고 믿어요. 그건 멋진 동화이면서 바로 저였어요. 제가 생각하기에는, 저는 술탄이고 공주였으며 심지어 늙은 아버지이기도 했어요.

치료자 이 이야기 속에는 어떤 왕자도 없고 그녀가 결혼해야 할 누군가도 없었지요. 대부분의 동화에서 젊은 여성은 결말에 보상으로 왕자와 결혼하게 되지만 이 이야기는 그것과 아무런 상관도 없었어요.

리즈 제가 짐작하기로는 당신이 방금 말한 것이 제가 술탄을 이야기 속에서 긍정적인 남성 이미지의 일부로 보기 시작한 이유예요. 그리고 술탄과 그녀가 결혼하는 것으로 끝났어도 그다지 놀랍지 않았을 거예요. 그러나 그 일은 일어나지 않았지요. 그러고 나서 저는 다른 남성을 찾아야만 했죠.

치료자 또한 미질카에게서 제가 본 것은, 그녀가 진정 남성적 모델이 필요치 않은 양성성을 구비하였다는 거였어요. 그녀는 그녀 자신의 남성적 부분과 여성적 부분 둘 다 수용할 수 있었어요.

리즈 예, 그리고 그것이 제게 너무나 명백하게 다가온 것이었어요. 술탄이 배워야 한다고 생각한 것을 활용했죠. 그리고 그 맨 가슴, 전 거기에서 그녀가 다른 누구도 필요치 않으며 그 모든 것을 가졌다고 결정한 것 같아요. 그녀는 그녀를 행복하게 만들어주고 결혼하자고 할 누군가가 필요없었어요.

치료자 당신이 이 작업을 한 후나 바로 이 시점에서, 이런 동화를 하나의 사례로 활용함으로써 당신 자신 안에 있는 남성과 여성의 역할에 대해 보다 많이 알게 되었나요?

리즈 그래요, 정말 분명해요! 당신도 알다시피 몇 개월이 지났기 때문에 많은 것을 잊고 있었죠. 하지만 우리의 논의를 통해, 세 번째로 논의를 나누지 않더라도 그다지 놀라지 않을 거예요. 그리고 지금 이 순간 제가 어떻게 해야 할지 잘 모르겠으나, 그것은 저로 하여금 내면에 있는 모든 남성성과 여성성을 함께 재회시키고 그것을 두려워하지 않게끔 만들었어요. 전 제 자신이 언제나 공격적이거나 지나치게 자기주장적이라고 느꼈었거든요.

치료자 그리고 미질카가 한 일, 그녀가 잠시 동안 남자인 체해야 했기 때문에 했던 일들에도 불구하고 그녀는 여전히 자신이 여성이라는 것을 자랑스러워했어요. 비로소 저는 진실한 양성성에 대해 알게 되었어요.

리즈 정말 그렇죠.

치료자 그러나 그녀는 고향으로 돌아가서 남성의 역할을 수행하진 않을 거예요. 한 사람의 소녀가 되겠지요.

우리의 후속 인터뷰에서, 리즈는 미질카 포스터를 가지고 한 그녀의 작업에 대해 보다 많은 관점을 얻을 수 있었다. 그녀는 동화를 들은 이후 처음으로 이야기에 흠뻑 빠졌고 이는 동화를 원형적 수준에서 관련 지은 사람에게 흔히 나타나는 일이다. 리즈의 경우에 있어, 이렇게 역할을 바꿀 수 있는 능력은 그녀의 깊숙한 곳에 있는 심금을 울렸다. 그녀는 인터뷰 후반에 여성이 스크루 드라이버를 활용하고 물건들을 고치고 수리하며 이러한 의무들을 남성에게 떠넘기지 않는 것이 얼마나 중요한지를 말했다. 그녀는 술탄에게 공감을 느꼈다. 비록 그는 강력한 남성이었지만, 그럼에도 불구하고 그저 한 사람의 남자였다. 그는 현명한 여성의 조언을 구하였으며 미질카가 여성인지 알기 위해 여성적인 책략과 속임수를 사용하였다. 강제적이거나 침해적인 남성적인 방법을 활용하지는 않았다.

리즈 역시 미질카가 술탄에게 자신의 여성성을 입증하려 맨 가슴을 드러낸 대담한 행위에 기뻐하였다. 미질카가 "앞으로 계속 나아가고 무언가 진실로 원하는 것을 할 만큼 용감하다는 것을 믿으려는 그녀의 욕구는 동화 속의 이야기가 끝났지만 그녀를 적극적인 상상의 영역으로 데려갔다. 리즈는 그녀의 포스터 속에서 미질카처럼 학교로 돌아가는 자세(대학교 계단 위에서)를 취했는데, 이 행동은 그녀에게 두려우면서도 한편으론 모험적인 것이었다. 동화는 인간문제의 상징적 표상이며 문제들에 대한 해결책의 표상이다. 따라서 미질카와 그녀의 위험을 무릅쓰는 행동을 동일시하는 것이다. 리즈는 이제 스스로 이루지 못했던 꿈을 달성하고 자신의 학업을 마무리 할 수 있게 되었다.

융의 시대에는 양성성이 현실이라기보다는 지각된 모델에 가까웠지만 오늘날의 세계에서는 점점 현실이 되어가고 있다. 여성운동은 거의 20년 전에 시작되어 여성들로 하여금 사회 속에서 자신의 양성적 역할을 발견하도록 도움을 주었다. 여성들은 이전의 폐쇄적 역할에서 벗어나 자신들에게 만족스러운 역할을 주장하기 시작하였다. 이전에는 남성의 성역이었던 영역에 시민권의 입법이 통과되었다. 역으로, 완전히 여성의 성역이었던 영역도 점점 남성에게 선택의 영역이 되어가고 있다. 모든 국가의 남성들이 이제는 자기 자신의 운동을 전개하기 시작했다. 그들은 함께 뭉치면서 자기 자신의 양성성에 접촉하게 되었고, 이는 다른 남성과의 관계에서 느낌을 표현하고 북을 두드리는 것(아마도 그들로 하여금 자기 어머니의 심장박동으로 돌아가게 할 것) 등이 포함된다.

우리들 대부분이 보아왔듯이, 이러한 사회적 전환은 삶의 양식, 직장, 그리고 인간관계에서의 변화를 만들어내기 시작하였다. 우리는 이 시점에서 이러한 전환이 환경적인 압력에서 오는지, 아니면 깊숙이 자리잡은 원형적 욕구에서 오는지에 대해 의문을 가질 수 있다. 양성성은 어머니, 아내, 양육자, 남편, 아버지, 혹은 가족 부양자가 되는 것을 방해하지 않는다. 단지 남녀 모두에게 자신의 원형적이고 양성적인 본성을 일깨워준다.

Chapter 06

꿈과 적극적 상상

우리의 꿈이 우리에게 말해주는 것은 무엇인가? 그것들은 전날에 일어난 일들의 잔여물인가? 아니면 크릭(Crick)과 미치슨(Mitchison)이 제안한 것처럼 무의식을 청소하는 혹은 쓸모없고 무의미한 기억들을 제거하는 뇌의 방식(Melnechuk, 1983)인가? 혹은 꿈들이 신으로부터의 메시지(Kelsey, 1978)를 실어 나르는 것일까?

우리는 꿈과 악몽이 많은 의미를 가지고 있다고 믿는다. 그것들은 자기 자신에 대한 불분명한 이해에 통찰을 주고, 의식을 확장시키며, 신체적, 정신적 문제 둘 다를 해결하고 스트레스를 덜어주며 정신을 보완하고, 이에 더하여 창조성의 풍부한 원천을 제공한다.

프로이트는 의식의 무의식적 배경을 경험적으로 탐구하려 시도한 근대 심리학의 선구자였다. 프로이트는 꿈을 무의식적 충동을 표현하는 도구로 보았다. 즉, 깨어 있는 상대에서 존재했던 감시의 힘이 잠을 자는 동안에는 이완되기 때문에 억압되었던 소망이 표현될 수 있고, 그러한 소망들이 의식에 비록 가장된 형태이긴 하지만 허용된다는 것이다. 이 소망들은 꿈꾸는 사람의 꿈을 보호하기 위해 변장한다. 이 소망들은 가장된 형태가 아니면 불안을 만들어내고 꿈꾸는 사람을 동요시킨다. 문자 그대로 풀어내자면, 프로이트는 꿈이 외형을 드러낸 것으로 인식하였다. 그 외형은 그가 어떤 금단의 소망이라고 생각되었던 내면 혹은 잠재된 꿈의 의미를 봉인한다.

프로이트의 치료에서 꿈꾼 사람은 자신의 꿈의 이미지들과 생각들을 연속되는 개념을 통해 자유롭게 연상하고, 정신분석가는 잠재된 내용 속에 분명하게 드러나는 소원의 성취와 억압을 분석하였다. 프로이트가 추론하기로는, 꿈은 우연의 산물이 아니라 의식과 무의식적 사고와 문제점들과 연관되는 것이며, 신경증은 꿈을 통해 해소되는 것이었다. 그는 이러한 증상들이 어떤 의식적 경험과 연관되어 있다고 생각했다. 프로이트의 자유연상 기법에서 꿈꾼 사람은 자신의 꿈 이미지와 이것들이 그의 마음을 자극해 일어난 생각들에 대해 계속 이야기하도록 격려를 받았다. 이런 식으로 그는 자기 자신에 대해 털어 놓고 신경증의 무의식적 배경을 드러낸다. 이는 그가 말한 것과 말하지 않은 것 둘 다에 의해 가능하다.

반면에, 융의 분석심리학은 꿈꾼 자가 꿈의 내용과 가능한 가깝게 밀착해 있으며 꿈 자체에 대한 연상에 집중할 것을 제안하였다. 꿈꾼 사람은 꿈이 불러일으킬 수 있는 모든 관련 없는 생각들과 연상들을 배제해야 한다. 융은 "'자유' 연상이 삐뚤빼뚤한 선처럼 꿈의 내용으로부터 어떤 것을 유인해내는 것이라면, 내가 개발한 방법은 그 중심이 꿈의 장면에 있는 순행적 접근에 가깝다. 나는 꿈의 장면을 위주로 작업하였으며 그로부터 벗어나려는 꿈꾼 자의 모든 시도를 무시하였다(1964, p. 29)."라고 말했다.

융의 방법은 꿈꾼 자로 하여금 꿈의 특정 국면에 대한 연상을 확장시키라고 격려하는 것이다. 그로 인해 그의 의식적 관점에서 빠진 요소를 발견하게 된다. 연상의 확장과정에서 이와 유사한 신화와 공상의 내용이 꿈의 상징을 해명하는 것을 돕기 위해 종종 등장한다(Singer, 1972). 꿈을 통해 무의식은 의식적 태도를 표현하고 확대하거나 보상함으로써 정신에 균형을 가져다주려고 한다. 따라서 자아가 자각하지 못한 채 부인되거나 빠진 요소들은 의식적 자각에 이르게 된다.

융은 또한 꿈이 종종 그날의 사건들에 대한 인상들과 '끝나지 않은 일'을 담고 있다고 지적하였다. 그러면서도 꿈이 전날의 인상을 자세하게 만드는 기제를 훨씬 넘는 것이라고 보았다. 그는 꿈을 현재의 의식적 상황에 대해 보상하는 것으로 보았다. 꿈은 정신의 자기조절 측면에서 작용한다. 의식적 태도는 보통 한쪽에 치우쳐 한 개인이 최적의 삶의 방식에서 벗어나도록 이끈다. 반면 꿈은 한쪽에 치우친 의식의 반대되는 태도를 강조함으로써 이를 보상하려는 경향을 가지고 있다. 극단적인 경우, 어떤 사람이 과도하게 그녀의 의식적 삶 속에서 완고하게 군림한다면, 그녀의 꿈은 놀랄 만큼 강력하게 그 완고함이 그녀의 필수적인 욕구를 무시하고 있다는 경고를 할 것이다.

융은 꿈이 두 가지 방식으로 접근될 수 있다고 느꼈다. 첫 번째는 꿈속의 캐릭터 각각을 현실세계, 즉 실제 삶 속의 개인들로 탐색하는 객관적인 접근이다. 꿈은 꿈꾸는 사람에게 의식적으로 남아 있는 실제 세상 속에서의 관계나 사건들에 대한 관점을 제공한다. 이러한 관점에서 보면, 꿈은 꿈꾼 자의 삶 속에서의 불균형 혹은 조절할 수 없는 상황에 대한 해결책을 제시할 수 있다. 융은 꿈이 정신 안에 대극의 조화를 가져온다며 중요성을 강조하였다.

꿈에 대한 두 번째 접근방법은 주관적인 접근이다. 꿈꾼 사람의 주관적인 수준에서는 꿈속의 모든 사람들을 그녀 인격의 일부라고 생각한다. 꿈꾼 사람이 모르는 사람들 혹은 꿈꾼 사람의 실제 삶 속에서의 사람들이, 현재의 관심사는 아니지만 어떤 이의 원형적 측면을 의인화했다고 해석할 수 있다. 가능하다면 주관적인 접근에 좀 더 신경 쓰면서 꿈에 대한 객관적이고 주관적 접근, 이 두 가지 관점이 모두 고려되어야 한다.

동화와 신화처럼 많은 꿈들은 원형적 이미지들을 담고 있다. 이 꿈들은 아마도

'큰' 꿈, 홀(Hall)이 말한 것처럼 "인격의 심리성격적인 구조에 접촉하고 수개월 혹은 수년에 걸쳐서도 유효한 의미를 갖는 것이다(1982, p. 136)."라고 간주된다. 홀은 계속해서 "그와 같은 모든 꿈들은 상징적인 진술로 간주될 수 있지만, 어떤 것은 상징화의 원형적 수준조차 넘어서 꿈꾼 사람의 깨어 있는 마음에는 알려지지 않았던 신화적 혹은 종교적 체계 속에서 의미를 가지는 이미지들이 사용되기도 한다."고 말했다.

원형적 꿈은 치유와 변용적 힘을 실어 나른다. 이 원형적 꿈은 꿈꾼 사람에게 거인, 난쟁이, 조숙한 아이, 말하는 동물 같은 이 세상의 것이 아닌 이미지들을 제공하기도 한다. 내담자와 학생들은 종종 그들이 원형적 꿈을 꾼 다음에도 신비스러운 느낌들이 지속되는 것을 경험했다고 보고했다. 내담자나 학생이 이처럼 커다란 영향을 끼치는 꿈을 꾸었을 때, 우리는 그녀에게 꿈을 해석하려 하거나 분석하려 하지 말고 그냥 꿈을 그리고 그 이미지와 느낌들과 '더불어 살 것'을 요청했다. 우리의 경험으로는, 단순히 그 이미지와 느낌들과 기꺼이 '더불어 사는' 이는 꿈이 계속해서 영향을 끼치고 향후 얼마 동안 그의 내면과 외면 세계 둘 다에 새로운 재료를 제공한다. 우리는 원형적 내용들을 담고 있을 수 있는 이른바 '나쁜' 꿈의 경우에서조차 꿈과 '더불어 살고' 친해지는 것이 그것을 해소한다는 것을 발견하였다.

꿈의 이미지들을 존중하는 이 방법은 제임스 힐먼(James Hillman, 1975)의 원형적 심리학에 근거한 것이다. 그가 다음과 같이 말했다(1975).

> 우리가 어떤 이미지의 의미를 묻고 그 이미지들을 개념으로 해석할 것을 요구할 때마다 우리는 우리의 상상력에 맞서게 되는 것이다. 구석에 똬리 튼 뱀은 뱀을 죽이지 않는 한 나의 두려움, 성적 욕구, 혹은 어머니-콤플렉스로 해석될 수 없다. 우리는 마음속에 의미들을 가지고 음악을 듣고 조각품을 만지거나 이

야기들을 읽는 것이 아니라 상상하기 위해서이다. 비록 예술은 여러 가지 심리학적 무지를 가지고 있지만 적어도 이미지들이 무엇을 의미하는지 묻지는 않는다. 해석과 그리고 상징 사전과 인류학적 상징들로 이루어진 분석적 틀을 통한 이미지들의 확장은 너무나 자주 비유(allegory)를 위한 도구가 되었다. 우리의 개념적인 지성에 꿈과 환상의 이미지들을 연결시킴으로써 상상에 생기를 불어넣는 대신에, 이미지를 논평하거나 혹은 요약하는 것으로 대체하였다. 그리고 이러한 해석은 그것들 자체가 이미지에 의해 유도된 환상이며 이미지 자체보다 큰 의미를 갖지 못하다는 것을 망각한다(p. 40).

프로이트와는 달리, 융은 그의 환자가 치료자의 해석에 의존하기보다는 자기 자신의 꿈을 가지고 작업하길 원했다. 그는 분석가의 해석이 환자에게 확신될 때까진 반드시 가설적이어야 한다고 주의를 주었다. 싱어(1972, p. 276)는 "꿈 분석의 핵심은 환자가 치료적 특성을 가진 자기의 내적 측면, 즉 '내면의 치료자'와 대화를 해나갈 수 있는 능력을 가짐으로써 결국 치료자로부터 독립하는 것을 가르치는 것이다."라고 말했다.

융은 종종 내담자가 자신의 꿈을 그리거나 묘사하며 자신의 꿈 내용을 확장시킬 것을 제안하였다. 우리는 또한 워크숍과 수업에서 학생과 내담자들로 하여금 미술과 사진을 활용하여 자신의 꿈을 확장시키도록 독려하였다. 꿈은 꿈의 측면이 진흙, 콜라주, 물감, 오일 파스텔, 사진으로 묘사될 때, 새로운 의미, 차원을 갖게 된다. 이떤 수준에서 꿈은 종종 명확하고 간결하며 이해할 수 있는 간단명료한 메시지들을 제공한다. 그때 우리는 미술작업을 통해서 꿈을 주관적으로 바라보게 되며, 꿈은 완전히 다른 의미를 제공한다.

우리는 어떻게 드러난 꿈을 가지고 작업할 것인가? 꿈은 다양한 이론적 관점에서 탐구될 수 있다. 꿈을 가지고 작업하는 융의 기본적인 방법은 꿈이 제시되었을 때 우리의 첫 번째 선택이 될 수 있을 것이다. 만약 내담자나 학생들이 신비로운 원형적 재료로 가득한 어떤 꿈을 제시한다면, 우리는 내담자나 학생들에게 그림을 그리고 그것의 어떤 측면을 조각하고 사진을 사용해 꿈속에서 그들의 역할을 묘사하거나 꿈 혹은 꿈의 느낌, 톤을 나타내는 콜라주를 만들 것을 요청할 수 있다. 그때 개인은 힐만의 원형적 방법을 사용하여 이미지들을 확인할 수 있다. 힐만(1975, p. 40)은 "우리는 연금술적 심리학자들로부터 이미지가 실험자에게 작용하도록 허용하는 것을 배운다." 또한, "우리는 작업의 대상, 심지어 하나의 대상이나 상상의 대상이 된 이미지가 되는 법을 배운다."라고 말했다.

맥니프(Mcniff, 1990, p. 27)는 원형적 심리학을 "이미지로부터 파생하고 이미지의 감각적 특성과 정신적 특성에 주의를 기울이는 것. 감각에 의해 주어진 이미지와 정보를 합리적 분석을 위한 '원 재료'로 활용하기보다는 이미지들이 의식을 해명하도록 하기 위해 노력하는 것"으로 간주하였다. 그는 공상작업이 글쓰기, 음악, 그리고 그리기 같은 예술과 밀접하게 연관된다는 힐만의 개념에 동의하였다. 자신의 상상력을 가지고 작업하거나 놀 때 자아는 약화되는 반면, 내적 이미지들의 힘은 커진다.

만약 내담자나 학생이 회기나 수업에 악몽을 가지고 참여하는 경우, 우리는 꿈을 가지고 작업하는 말레이시아 세노이(Senoi)족 사람들의 방법을 고려해볼 수 있다. 지난 수년에 걸쳐 우리는 이 방법이 아이들의 악몽이나 성인의 악몽 혹은 성인이 어린 시절에 가졌던 악몽에 대해 작업할 때 매우 유용하다는 것을 발견하였다. 우리는 작업을 시작하면서 내담자나 학생에게 그들이 기억하는 대로 악몽을 그려볼 것을 요청한다. 그 다음에, 그들은 꿈의 이미지를 사진으로 담아서, 그들이 본질적으로 자기 꿈 장면의 일부가 되기를 요청할 수도 있다. 이 시점에서, 우리는 세노이족의 철학(1978)을 기반으로 개발한 존스턴(Johnston)의 기법을 적용한다. 존스턴 기법은 리더가 꿈꾼 사람에게 "눈을 감고 당신이 꿈속에 있을 때 제게 알려주세요."라고 말하며 과정을 시작한다. 꿈꾼 자가 그가 꿈속으로 되돌아갔다는 것을 인식한 다음에야 리더는 이렇게 묻는다. "지금 무슨 일이 일어나고 있는가?" 꿈꾼 사람은 존스턴이 열쇠, 이야기로 꾸미기(embellishment), 주인공(Main Figure), 선물, 보물(Artifact), 탐색이라고 이름이 붙여진 6단계의 꿈 과정으로 접근하게 된다.

우선, 꿈꾼 사람은 존스턴이 열쇠라고 부른 꿈의 본질을 발견하도록 요청받는다. 꿈의 본질은 꿈속의 간단한 이미지, 느낌, 색, 사람 혹은 동물일 수도 있다. 예를 들어, 꿈꾼 사람은 꿈이 그다지 말은 안 되지만 무서웠다고 이야기할 수도 있다. 이 꿈의 핵심은 두려움의 감정이다. 꿈의 본질은 열쇠라고 불린다. 그것은 잠겨 있는 것을 풀 수 있고 꿈의 나머지 부분으로 이끌 수 있기 때문이다. 꿈이 끝나지 않은 듯 보여도 말이다. 열쇠는 깨어 있는 상태에선 최대한 꿈꾼 사람으로 하여금 꿈으로 돌아가도록 한다.

이야기로 꾸미기 단계는 꿈꾼 사람이 적극적으로 꿈을 회상하거나 되살리는 것으로 시작한다. 그는 꿈을 일인칭, 현재 시점으로 크게 되뇌인다. 리더는 꿈꾼 사람에게 장소, 환경, 소리, 혹은 느낌에 대해서 인도하는 질문들을 활용함으로써 도움을 줄 수도 있다. 꿈꾼 사람이 꿈의 중요한 본질을 자세하게 이야기로 만들면서 주인공이 종종 등장한다. 주인공은 인간, 괴물, 동물, 심지어 일정한 모양이 없는 형태일 수도 있다.

꿈꾸는 사람의 다음 시도는 주인공과의 대화에 참여하는 것이다. 주인공이 무섭거나 폭력적인 것처럼 보이면 꿈꾼 사람은 그에게 도움을 줄 동맹군들을 불러 모을 수 있다. 먼저 꿈꾼 사람은 반드시 어떤 방식으로든 주인공과 이야기를 할 만큼 충분히 편안해져야 한다. 이는 그 자신과 주인공 간의 어떤 가상의 거리를 만드는 것을 의미할 수 있다. 만약 주인공이 적대적으로 변하면, 꿈꾼 사람은 질문할 수 있다. "내가 어떻게 너를 도울 수 있을까?" 만약 주인공이 대답하기 싫어하면, 꿈꾼 사람은 질문을 반복하거나 말을 바꿔 질문할 수도 있다.

다음 단계는 꿈꾼 사람과 주인공이 선물을 교환하는 것이다. 선물은 주인공과 꿈꾼 사람 간의 동맹의 상징이다. 이 단계에서 꿈꾼 사람은 단순히 선물의 형태를 상상한다.

그리고 다음 단계에서, 꿈꾼 사람은 주인공과 교환할 선물을 직접 만질 수 있는 형태로 만든다. 그는 우선 잠재의식상 선물의 윤곽으로만 남아 있을 선물을 스케치하고, 그 다음에 조각, 그리기, 쓰기, 혹은 어떤 식으로든 선물을 만든다. 그러고 나서 주인공과의 선물 교환을 상상한다.

탐색은 참여자가 깨어 있는 세계에서 선물을 나타내는 이미지들을 찾을 수 있을 때를 말한다. 탐색은 몇 분 또는 며칠이 걸릴 수도 있다. 꿈꾼 사람은 선물의 형태에 대한 희미한 생각만 가지고 있었을 수도 있으나 그가 그것들(선물을 나타내는 어떤 것)을 보면 알아보게 될 것이다. 존스턴은 이 탐색을 내적인 영적 목표를 향한 것으로 보았으며, 실제세계 속에서 영적인 목표의 상징적인 대응물로도 보았다.

아이들의 악몽을 가지고 이 방법을 쓸 때 우리는 이따금 축약된 형태를 활용한다. 우선 아이들이 악몽을 그리거나 사진을 활용해 악몽 속으로 들어가게 만든다. 종종 아이들은 자신의 미술작업을 하면서 악몽을 이야기한다. 다음에, 아이들에게 악몽으로 데려갈 어떤 동맹군을 찾아보라고 요청한다. 아마도 경찰이나 군대 심지어 자신의 애완동물을 자신의 꿈속으로 들어가게 명령을 내릴 수도 있다. 최우선적으로, 아이는 꿈속으로 다시 들어가기 전에는 완전하게 안전함을 느껴야만 한다. 그 아이는 그러고 나서 호랑이, 괴물, 살인자와 같은 악몽의 형상에게 직접 이야기하게 된다. 그는 그 형상에게 묻는다. "제가 어떻게 도와줄까요?" 그러고 나서 그는 대답에 귀를 기울인다.

다음 단계는 선물의 교환이다. 이를 통해 아이는 악몽의 형상으로부터 선물을 받고 답례로 그 형상에게 선물을 줄 거라고 말한다. 그 형상이 자신의 행동이나 존재를 변화시키는 것이 바로 이 단계다. 악몽들은 우리가 그것들을 이해하는 것처럼 내적 불안이나 내적 갈등의 상징이며, 이러한 갈등은 물론 내적 혹은 외적인 혼란과 갈등을 유발할 수 있다. 이런 상황은 아이에게 내적 조화를 불러오는 선물의 교환이다. 사람들은 보통 자신의 적과 선물을 교환하지는 않기 때문이다. 그 다음에 아이는 꿈속의 적과 친해지게 된 과정에서 받은 자신의 선물을 선으로 그리거나 색칠하거나 조각할 수 있을 것이다.

해리(Harry)

꿈을 가지고 작업하는 사진 미술치료 방법의 치료 회기를 위해, 해리는 코빗과 만나기 전에 꾼 꿈에 대해 작업하기로 동의하였다. 해리는 이 꿈치료 외에도 집중적인 사진 미술치료 프로그램에 참여한 적이 있는 46살의 중년 남성이었다. 해리의 사진 미술작품의 다른 사례들은 3장, 8장, 그리고 9장을 참고할 수 있다(해리의 사진 미술작품은 <그림 6-1> 참조).

해리 그래요, 제가 오늘 아침 5시에 일어났을 때 일어났던 일들이 특이한 일은 아니에요. 전 보통 아침 일찍 일어나죠. 전 커피 한 잔을 타러 가다가 마루에 있던 종잇조각을 보았어요. 그걸 집으려고 몸을 숙이고 다시 몸을 펴려고 했는데 제 허리에서 지독한 통증이 느껴졌어요. 그 고통이 온 허리를 관통했고, 허리를 다시 펼 수가 없었어요. 그래서 거기서 잠깐 동안 서 있었어요. 아마 10분 정도 그러고 있다가 아내를 깨워서 저를 좀 도와달라고 말하려고 생각했지요.

제가 정말 하고 싶었던 것은 마루에 눕는 것이었는데 그렇게 할 만큼 몸을 펼 수도 없었어요.

치료자 그래서 당신은 마루에도 눕지 못했던 건가요?

해리 그렇죠. 거기서 몸을 구부린 채 서 있던 것을 제외하고는 아무것도 할 수 없었어요. 저는 조금씩 몸을 펴려고 했지요. 그리고 그 고통이 살짝 가라앉았어요. 그러고 나서 전 주변을 좀 걸었어요. 사실상 절름거리면서 천천히 걸었어요. 허리를 잡고 일어서려고 노력하는 것이 제가 꼭 노인처럼 느껴졌어요. 그 다음엔 신문을 가지러 밖으로 나갔는데 허리를 굽힐 수가 없었기 때문에 신문을 발가락으로 집어야만 했어요. 전 신문을 읽고 싶었지만 앉아서 편하게 있을 만한 곳을 찾지 못했어요. 결국 식탁 옆의 딱딱한 등받이 의자인 부엌 의자에 앉았죠.

치료자 이전에도 당신의 허리에 문제가 있었나요?

해리 아뇨. 저의 허리에 문제가 있었던 것은, 그게 언제였더라? 20년 전에 한 번 느꼈어요. 하지만 뭐가 부러진 것은 아니었어요. 그건 삔 것이었죠. 하지만 이번은 그것과 연관 지을 수 없을 것 같아요. 똑같이 느껴지지도 않고요.

치료자 그러면 그 고통이 어디에 있나요?

해리 제 허리를 가로질러서 있어요. 그건 한쪽에서 다른 쪽으로 가로질러 가는 것처럼 느껴졌어요. 신문을 집고 앉았는데, 만약 똑바로 일어나 앉을 수 있고 움직이지만 않는다면 신문을 읽을 수 있을 정도였어요. 그래서 신문을 읽었어요. 그러고 나서 전 일어나서 잠깐 주변을 걸었어요. 마침내 고통이 좀 느슨해지자 그렇게까지 고통스럽진 않았고 점점 악화되지는 않았어요. 그래서 저는 8시쯤에 일하러 갔는데 그렇게 나쁘진 않았어요.

그러고 나서 여기에 온 거예요. 차 안에서, 전 그것을 제가 어젯밤에 꾼 꿈과 연관 짓고 있었어요. 제가 꾼 꿈은 제가 어디론가 가야 한다는 것이었어요. 전 어디로 가야 할지 몰랐어요. 그리고 그것은 32 km 이상은 되어 보이는 먼 길처럼 보였죠. 그것은 장거리였고 전 혼자 가서 무언가를 데리고 와야만 했어요. 그리고 가는 길 내내 정말 끈적끈적한 진흙밭을 헤치고 걸어가고 있었지요. 전 발을 거의 들어 올릴 수 없었어요. 마치 찰흙처럼 찰진 진흙(gumbo mud)을 통과해 걸어가려고 노력하는 것 같았어요. 전 거기로 향하는 길 내내 걸었어요. 그리고 제가 든 것이 무엇인지도 모르고 그냥 가져왔어요. 돌아오는 길에는 누군가가 나와 함께 있었는데 그 사람이 누군지는 모르겠어요.

치료자 그 사람은 여성이었나요, 아니면 남성이었나요?

해리 제가 생각하기엔 남성이었어요. 정확하게 말하기는 어렵네요. 그건 어떤 구체적인 사람이 아니에요. 전 걸어가는 중이었고 진흙밭을 헤치고 나아갔으며 꿈속에서 얕은 물, 신발 높이 정도는 아니었지만 '깊이가 2.5 cm 정도만 되었어도 걷기 훨씬 쉬웠을 텐데.'라고 생각했던 게 기억나요. 그래서 전 걷기에 좋은 곳을 찾으려 했지만 거의 대부분의 시간 동안 정말로 힘들었어요.

치료자 만약 당신이 좀 더 쉬운 길을 걸어갔다면 허리의 고통이 덜했을까요?

해리 그때 꿈속에서만 해도 제 허리는 아프지 않았어요. 정말 무거웠던 것은 제 다리였고 제 다리를 들어 올릴 수 없었지요. 그래서 전 쭉 걸어가면서 진흙밭에서 어떤 헛간의 마당으로 이동했고 거기엔 사방에 닭들이 있었어요.

치료자 닭들이 많았어요?

해리 닭들을 본 것은 아니지만 사방에 닭똥이 널려 있었어요. 닭은 한 마리도 보지 못했어요. 제가 본 유일한 동물들은 누군가 우리 혹은 울타리 안으로 몰아넣고 있는 두 마리 양이었어요. 저는 그들을 향해 다가갔고, 여전히 진흙밭을 헤쳐나가고 있었으며 진흙만이 아니라 동시에 닭똥도 섞여 있었지요. 모든 것이 어떤 하얀색으로 덮여 있었는데 그건 마치 닭똥 같았어요. 그게 제 머리 위에 있었지만 전 어떤 모자를 썼다고 생각해요. 그리고 이 두 마리 동물을 몰고 가는 것이 누구였든 그는 닭똥으로 덮여 있었고, 그때 저는 그 닭똥과 진흙 그리고 모든 것을 통과해서 터벅터벅 걸어가고 있었어요. 그게 제가 기억하는 마지막이에요. 전 5시쯤에 깨어났어요. 그런데 밖에는 비가 내리고 있었죠. 정말 비가 많이 내리고 있었어요. 그리고 저는 일어나서 부엌으로 갔고 앞에서 말했듯이 허리를 다친 거죠. 무엇보다도 전 여태까지 허리 통증이 없었고, 두 번째로는 거의 악몽을 꾸지도 않았어요. 보통 기분 좋은 꿈을 꾸곤 했죠.

치료자 그렇다면 이것은 특이한 상황이었군요.

해리 예, 그건 정말로 특이했어요.

<그림 6-1> 해리의 꿈

(이 시점에서, 해리는 꿈속의 자신을 나타내는 사진 자세를 취하였다. 그는 다시 허리 통증을 경험하였다. 그는 자신의 꿈 포스터에 대해 미술작업을 시작하였고 작업하면서 계속 이야기를 했다.)

해리 그러고 나서 전 여기에 왔고 그것에 대해 당신에게 이야기하고 있어요. 그리고 제가 어떻게 꿈속에서 무언가를 들고 가는지를 보여주는 사진 자세를 취했는데, 이것은 거친 사각형 판자 같았어요. 그것은 사각형이었지만 널빤지 모양은 아니었고 5 cm 혹은 10 cm 두께의 사각형 형태였어요.

치료자 길이는? 그건 얼마나 길죠?

해리 1.5 m나 1.8 m 정도였어요.

치료자 정말 길군요.

해리 그건 튼튼하고 커보였어요. 그렇게 무겁지는 않지만 거친 질감을 가지고 있었죠. 마치 다듬어지지 않은 판자처럼 거친 질감이었죠. 처음에 전 제가 십자가를 짊어지고 있다고 생각했는데 그땐 십자가 같지가 않았어요. 그것은 어떤 직사각형 판자 같았어요. 제가 짊어지고 나르던 것이 무엇인지를 보여주는 사진을 찍으려 자세를 취하는 동안, 갑자기 전 제 허리를 가로지르는 똑같은 고통을 느꼈어요. 그래서 그게 뭐든 간에 바른 자세를 취했죠. 그리고 지난 밤에 자면서 그 자세를 취했고 분명 그 근육들을 다친 것이 분명하다는 의심이 들었어요. 어쨌든, 이 사진을 여기에 놓고 그것을 보니까 좀 무거워 보이네요.

치료자 무겁겠네요.

해리 어떤 종류의 짐처럼 보여요.

치료자 그게 어떤 종류의 나무인 것 같나요?

해리 그건 거친 목재였어요.

치료자 소나무처럼요? 그게 그렇게 무겁지는 않다고 했으니까.

해리 그건 무겁게 느껴지지 않았지만 기억할 수 있는 중요한 것은 오른손에 그 질감을 느낄 수 있었다는 것이에요. 왼손에서의 느낌은 기억하지 못하지만 오른손에서는 느낄 수 있었어요. 그것은 거친 질감이었고 다듬어지지 않은…….

치료자 그리고 당신은 오른손잡이지 않나요?

해리 예, 그것은 거친 질감의 다듬어지지 않은 어떤 판자였어요. 그리고 바로 지금 그게 무엇을 상징하는지에 대해선 아무런 생각이 떠오르지 않지만 분명한 것은 그게 무언가, 제가 똥밭을 헤쳐서 실어 나르려고 했던 어떤 짐이라는 거죠.

치료자 그리고 그 닭들은 분명 머리 위 혹은 사방팔방에서 다른 남자를 때릴 수 있을 만큼 꽤 높은 곳의 홰에 앉아 있었겠군요.

해리 제 생각에는 그래요. 정말 사방팔방에 있는 것 같았어요. 지금 제가 할 수 있는 연상은 제가 농장에서 자랐는데 양계장을 청소하는 것을 싫어했다는 것이에요. 형과 제가 해야 했던 일은 괭이를 가지고 모든 닭똥을 밖으로 긁어내는 것이었어요. 아마도 한 달에 한 번 정도는 했을 거예요.

치료자 아마 일주일에 한 번이었을 수도 있고요.

해리 아뇨. 그렇게 자주는 아니었다고 생각해요. 그게 좀 쌓여야 긁어냈기 때문이죠. 그리고 전 그 일을 전혀 좋아하지 않았어요.

치료자 제 어머니도 닭을 길렀지만, 전 양계장을 청소하지는 않았어요. 제 형이 했지요. 주말마다 형이 나가서 청소했던 것이 기억나요.

해리 일주일에 한 번이요?

치료자 음, 형이 매번 주말마다 청소를 했어요.

해리 전 정말로 기억이 나진 않지만 그게 농장에서 최악의 일이었다는 것은 알아요.

치료자 음~.

해리 그건 제가 해야만 하는 일이었고 제 형이 저를 도왔던 것 같긴 한데 정확히 기억이 안 나요.

치료자 아마도 당신이 그 일을 두고 형제들과 거래를 했을 수도 있지요.

해리 그럴 수도 있어요. 정확히 모르지만요. 아무튼 과거로부터 그런 연상이 있었지요. 그리고 현재 진행되고 있는 일들에 한정해서 보면, 직장에서 많은 일이 일어나고 있어요. 직장에서 인원감축이 있었고 우리는……. 그러나 평소와 어떤 다른 점이 있는 것 같진 않았어요. 우리의 직장에는 보통 재정적인 문제들이 있죠.

치료자 그렇지만 당신이 닭똥을 생각할 때 당신은 무엇을 떠올리나요?

해리 서류작업, 일단 그거 한 가지였어요.

치료자 귀찮은 일이죠.

해리 예, 귀찮은 일이에요. 전 서류작업이 싫어요. 제가 얼마나 서류작업을 싫어하는지 상상하기 힘들 거예요.

치료자 그리고 닭똥처럼 정말 필요 없는 일과도 같은 거죠. 왜냐하면 그것들이 이미 조직화된 것들이거나, 혹은 많은 체계(structure)를 원하는 누군가가 당신에 대한 정보와 당신이 한 일에 대한 정보를 얻어내기를 원하기 때문이죠.

해리 예, 하지만 전 직장생활에 문제가 있다고 생각하지 않아요. 평소보다 문제가 더 있는 것도 아니고……. 보통은 별 문제가 없어요. 저는 새로운 행정직을 얻었지만 그게 뭐 대단한 일은 아니에요. (해리는 그의 작품을 가리켰다.) 제가 여기서 이 판자를 만들고 있는데 이건 꽤 크죠.

치료자 그 판자가 십자가가 아니라면 문제가 무엇인가요?

해리 전 모르겠어요. 그 판자는 직선이죠.

치료자 그렇게 생긴 판자를 가지고 당신이 무엇을 할 수 있었을까요? 당신이 울타리를 세우거나 문에 기둥을 세우는 등의 일들을 하는 데 그걸 쓸 수 있을 것처럼 보이네요.

해리 예, 제 꿈속에서 그것은 무언가를 짓기 위한 것이었어요. 그것은 마치 짐과 같았어요.

치료자 짐이요?

해리 혹은, 그건 쓸모가 있는 것이 아니었어요.

치료자 그래서 당신은 이것을 견디면서…….

해리 하지만 그게 무엇이었든 간에 제대로 형태를 이루지 못하였고 다듬어지지 않았다는 점이 중요한 것 같았어요. 그것은…….

치료자 그 판자는 다듬어지지 않았어요.

해리 그것은 거칠었고, 그게 풀인가요?

치료자 음~.

해리 저는 이 판자를 가지고 여기서 출발하려 해요. 이것을 배경에서 떼어내 다른 사람들을 위해 사용할 거예요.

치료자 좋은 생각이네요.

해리 허리는 아직도 아프네요. 제가 이 사진 속의 자세를 취할 때 그 고통이 다시 휘젓고 올라와요.

치료자 하지만 그 사진 속에서 당신의 신체 자세는 어떤 식으로든 비틀린 것처럼 보이진 않아요.

해리 저한테는 그래요.

치료자 그래요?

해리 예.

치료자 당신은 다리를 앞으로 내밀려고 하고 있었어요. 무언가 다리를 붙잡는 곳에 빠져 있다고 느꼈나요?

해리 네, 바로 이렇게요. 그리고 저와 함께 있던 사람이 누구인지는 잘 모르지만 아무튼 제 오른쪽에 있었어요. 저는 이걸 여기 배경에 붙였어요. 그러고 나서, 제가 만들려고 했던 장면이 이 2마리 양이었죠. 양들은 작아요.

치료자 당신은 양을 언급할 때 무엇을 떠올리나요?

해리 한 가지는 종교예요. 그리고 농장, 농장에 사는 것이에요.

치료자 전 양들을 생각할 때 도살장에 끌려가는 양을 떠올려요.

해리 전 안 그래요. 이것은 헛간 마당 같은 거예요.

치료자 그들이 어린, 아주 어린 양이었나요?

해리 예. 그것들은 어렸어요. 그것들이 가장 중요한 것처럼 보이지는 않았지만 그중 일부이긴 했어요. 가장 중요한 것은 그 모든 진흙밭을 헤쳐 나아갔던 것이었어요. 저는 무수한 발자국들을 만들어내고 있었죠. 저는…… 진흙밭을 헤쳐 나가려고 노력하고 있었어요. 저는 이 모든 발자국들을 찍어냈죠. 이 발자국들은 32 km에 달하는 진흙길을 나타내요.

치료자 당신은 어떻게 32 km라 추정했나요?

해리 모르겠어요. 하지만 그냥 32 km 같아요. 장거리였죠.

치료자 정말 먼 거리네요! 당신은 꿈속에서 길 전체를 걸었나요?

해리 예, 음~ 아뇨. 그러진 않았어요. 제 길의 일부를 걸었고 돌아가는 길의 거의 끝에 이르러서야 기억해냈어요.

치료자 하지만 당신은 긴 거리를 걸었음을 알고 있었네요. 돌아오는 길에 당신을 따라온 사람, 그가 당신 대신에 짐을 지겠다는 제안을 했나요?

해리 아뇨. 전 지금 그가 저와 함께 가면서 아무것도 들지 않았다는 것을 알고 있어요.

치료자 그런 짐을 지고 가기엔 먼 거리이기 때문이죠. 예수님은 그의 십자가를 얼마나 멀리까지 지고 갔는지가 궁금하네요.

해리 12처(Twelve stations), 그게 얼마나 먼 거리인지는 모르지만 12번 멈추었죠. 거리가 얼마나 됐죠?

치료자 전 몰라요.

해리 저도 몰라요. 어떻게 그렇게 했는지 모르겠어요.

치료자 양과 짐, 나무로 된 판자를 지고 가는 것의 상징…….

해리 또 다른 사진을 1장 찍어주시겠어요. 양떼를 몰고 있는 사람을요. (사진을 찍은 후에) 전 이 작품에 작은 문제가 있다고 생각해요. 꿈속에서 판자를 들고 나른 것이 제 자신의 관점에서 본 것이었기 때문이에요. 제가 그걸 그리면서 이렇게 바라보았다면, 다음엔 미술작품을 또 다른 관점으로도 해보려고 해요. 그것이 다른 쪽에서는 어떻게 보일지에 대해 생각해보았어요. 아마도 그걸 다른 관점으로 해봤어야 했어요.

치료자 반대방향으로 가는 건가요?

해리 아뇨. 그걸 이렇게 보는 관점을 취하는 거죠.

치료자 당신 앞쪽으로 다가오는 것? 포스터에서는 당신이 앞으로 다가오고 있는 거 아닌가요?

해리 이 그림 속에서, 이런 식으로 보면 그건 어떤 사람이라도 될 수 있을 거예요. 하지만 괜찮아요. 현재로서는 그저 이 관점에서 그걸 하고 있어요. 그러니까 이 양치기는 대략 여기 있고, 양들은 여기 어떤 문을 통해 들어오고 있죠. 제가 그걸 할 수 있을지 살펴보죠. 예, 그게 원래 그런 거였죠. 마치 입구가 오른쪽에 치우쳐 있는 것 말이에요. 그리고 이 두 마리 동물은…… 양이죠. 근데 전 양모로 만든 코트를 입어본 적이 있어요. 아마도 무언가를 가지고 코트를 만들었을 거예요. 이 꿈속에서의 다른 사람들이 저의 일부…… 양치기가 저의 일부였다고 추정해요. 그는 어떠한 짐도 나르고 있지 않았지요.

치료자 하지만 그는 많은 책임을 지고 있죠. 새끼 양들을 돌봐야만 하잖아요.

해리 예. 그게 큰일처럼 보이진 않지만…….

치료자 그리고 당신의 다른 일부, 당신과 돌아오는 길에 함께 있던 그는 그다지 많은 도움이 되지 않네요.

해리 예. 그는 전혀 도움이 되지 않았어요. 그건 마치…… 전 그 인물이 중요하다고 생각하지 않아요. 그게 무엇을 나타내는지 잘 모르겠어요. 이 꿈이 무엇이었든 간에, 그것은 분명히 저에게 허리의 통증을 주었어요. 저는 제 머리 꼭대기를 계속 잘라내고 있어요. 저는 여기 둘 다에서 그렇게 했죠. 이제 이 사람은 주변에 온통 닭똥으로 쌓이게 되었어요. 이게(흰색 크레용) 잘 보일까요?

치료자 그다지 잘 보이진 않을 거예요. 파란색이나 회색을 쓰는 건 어떨까요? 회색도 괜찮을 거예요.

해리 여기 양치기, 그리고 특히 그의 머리 위에…….

치료자 닭똥들이 많이 있네요.

해리 전 닭똥을 회색으로 표현하고 싶어요. 하지만 이 부분에선 흰색이죠. 그리고 저는 그가 모자를 쓰고, 실제로는 제가 모자를 쓰고 있다고 생각해요. 전 양을 그릴 수가 없었어요. 혹시 당신은 여기 어딘가에 양의 그림을 가지고 있나요?

치료자 내가 가지고 있는 책에 양의 그림이 있을 거예요.

해리 당신이 가진 게 이거로군요(빈화로 그려진 양을 골랐다).

치료자 저는 늑대 그림도 가지고 있어요(책의 몇몇 늑대들을 가리키면서).

해리 완전히 자란 것은 빼고, 전 그냥 그걸 베낄래요. 그리고 양들이 다른 방향으로 뚝 떨어져 있군요.

치료자 당신은 당신이 나르고 있던 그 판자가 울타리나 문, 혹은 그와 비슷한 무언가를 만드는 것과 관련이 있다고 생각하지 않나요?

해리 그런 것 같지는 않아요. 그건 아무것과도 연관이 없는 것 같아요. 제가 이야기한 것처럼, 거칠었어요. 오! 제가 깨달았던 거 기억나죠. 제가 정신이 없었네요. 전 오른손에서 그것을 느꼈고, 그 질감이 파편은 아니지만 제대로 다듬어지지 않은 느낌을 받았어요.

치료자 거칠다고 했죠.

해리 그건 거, 칠, 었, 죠. 여기에 어떤 건물 같은 것도 있었어요. 갈색으로 붙이는 게 낫겠네요. 갈색처럼 보였거든요. 이것은 헛간 같았지만 거기엔 그 어떤…… 전 분명히 여기에 출입구가 있던 것으로 기억하고 그 입구를 통해 그 방향으로 가고 있었다고 기억해요. 그리고 그 입구를 통해 빠져나오고 있던 상황은 설명하기가 어려워요. 아무런 생각이 안 나요.

치료자 새끼 양들이 반대방향으로 가고 있네요. 양들이 나오고 있어요.

해리 맞아요. 양들이 반대방향으로 가고 있었고, 그것들이 밖으로 나와서 이쪽 방향으로 오고 있었지요.

치료자 당신을 향해서요?

해리 아뇨, 저를 향해서는 아니지만 저쪽으로…… 제가 여기에 그린 것처럼요. 그리고 전 이 입구를 통과하려고 했고 그 너머 어느 곳인가를 향하고 있어요. 그리고 양을 몰고 있는 이 사람은 아무런 관련도 없는 듯 보여요. 그냥 거기 있는 거죠. 그는 특별히 제 길을 막지도 않고 아무것도 안 하지만 특정한 합류지점에서 그냥 우연히 존재하는 거예요.

치료자 그 사람에 대해 어떻게 생각하나요? 그는 똑똑한가요? 혹은 그가…….

해리 그는 똥으로 뒤덮여 있어요. 그는 그렇게 닭똥 속에 파묻혀 있죠. 이건 검은색, 혹은 어두운, 어두운 갈색이 필요하겠어요. 온통 진흙밭이죠.

치료자 어디서 닭똥이 시작되나요?

해리 제가 이 사람들을 그린 지점쯤이에요.

치료자 그러니까 농장에 가까운 건가요? 하지만 거기엔 닭들이 없는데요?

해리 예, 전 닭들을 보진 못했어요. 그리고 이 모든 것들이 닭똥, 하얀 닭똥으로 뒤덮여 있었지요. 여기 전체 영역이 대략 여기서 시작돼요. 그러니까 저는 이 모든 진흙, 제 발바닥까지 붙어 있는 끈적끈적한 진흙을 헤쳐나가려고 애써야만 했죠.

치료자 또 냄새가 났나요? 어떤 냄새를 맡은 게 있나요?

해리 아뇨. 전 아무런 냄새도 못 맡았어요. 하지만 닭똥이 저와 모든 것을 뒤덮고 있었기 때문에 빨리 헤쳐 나가야 했어요. 그건 그다지 즐거운 일이 아니었어요. 실제로, 정말 불쾌한 꿈이었어요. 음, 이건 좋아요(그가 사용하고 있던 오일 스틱에 대해 이야기하면서). 이걸 그 주변에 온통 칠하는 거예요. 그건 정말 모든 곳에 있었어요.

치료자 그가 마치 거의 닭똥에 파묻힌 것 같네요.

해리 예, 꼭 그의 머리까지 차오르고 머리 위에도 있는 것 같아요.

치료자 당신의 친구, 동행인은 어떤가요? 그가 어떤 것을 가지고 있나요?

해리 모르겠어요. 그는 정말 그림자 같은 인물이에요.

치료자 헛간 안에는 무엇이 있죠? 헛간에 있는 게 닭들인가요?

해리 그건 농장 마당, 헛간 혹은 오두막집과 비슷한 것 같았어요. 그긴 마치 집과도 같았어요. 제 꿈의 첫 번째 부분에서 제가 기억할 수 있는 유일한 것은 진흙밭을 헤치고 나아가는 것이었어요. 더 자세히는 설명하질 못하겠네요. 이렇게 합류하던 시점에서 저는 깨어났고 이 장면을 지금 다시 재현한 거예요. 많은 어려움이 있던 것 같아요. 진흙밭을 헤쳐나가고, 여기 진흙밭을 거쳐오면서 발자국들을 보았고 한 걸음 한 걸음이 정말 어려웠어요. 전 제 발을 진흙밭에서 밖으로 빼내야 했어요. 제 발이 진흙밭에 달라붙어서 계속 좀 더 쉬운 길을 찾고자 애썼어요.

치료자 그게 당신 허리에 통증을 주었군요. 당신이 만약 총 64 km을 걸었다면 오고 가는 길 각각이 32 km나 되었겠네요.

해리 정말 힘들었어요, 걷기가 힘들었죠.

치료자 전 허리에 무리가 갔을 거라고 생각해요. 발을 밖으로 빼내야만 했던 것과 허리에 가해졌을 긴장을 고려하면 말이에요.

해리 예, 긴장이 되었어요. 그건 정말 고된 일이었고 뚜렷한 의도는 없었어요. 얻는 것도 없이 그저 힘든 일이었어요. 하지만 전 어디론가 가고 있었죠. 그냥 걷고 있던 것만은 아니었어요. 목표는 있었어요.

치료자 당신은 여기서 농장을 소유하고 있나요? 그게 당신의 농장이었나요?

해리 잘 모르겠어요. 그건 어떤 식으로든 제가 자랐던 농장과 연관되어 있는 것 같아요. 하지만 제 꿈속에서 "이것은 내 농장이다."라고 하진 않았어요. 그저 "이것은 2마리 동물들이 있는 어떤 헛간 마당이다."라는 생각이 들었어요.

치료자 당신이 자란 농장에도 양들이 있었나요?

해리 예.

치료자 당신은 바로 지금 당신의 삶 속에서 일어나는 것과 그때 진행되던 일, 느낌의 차원에서 어떤 것과 연관 지을 수 있나요? 어떤 압력을 느끼나요? 사람들로부터 분리되어 있다는? 무시당하거나 그 밖에 무언가?

해리 그 어떤 구체적인 것도 아니에요. 제게 일어났던 것들 중 하나는 제가 인도에 대한 책을 읽고 있었다는 것이에요. 그건 농장일과는 아무런 상관도 없지요. 그 책은 짧은 이야기들로 이루어져 있었고 그 이야기들은 정말 보편적인 것들이었어요. 대부분의 이야기들이 어떤 종류의 성적 만남들과 연관되어 있었어요. 그게 상관이 있는지 잘 모르지만 그 책을 읽고 있긴 했어요. 그리고 그 책을 어젯밤 자기 전에 읽었어요. 두 가지 이야기를 읽었지요. 그 이야기들은 아마도 무언가 영향이 있을 수 있겠지만 농가의 안뜰과 같은 것은 없었어요. 그것들은 비극과 비극적인 삶을 살아가는 어떤 사람들에 대한 이야기였어요. 제 자신이 농장에서 보낸 어린 시절에 국한시켜 보면 그건 그렇게 즐겁지만은 않았어요.

치료자 당신은 농장에서 일을 했고, 양계장을 청소해야만 했어요. 아마도 다른 농장 잡일들을 했을 수도 있죠.

해리 예. 아마도 다른 농장 아이들과 다르지 않았을 거예요. 제 말은 저만 예외라고 느끼지는 않았다는 거죠. 전 농장일을 그다지 좋아하지 않았어요. 그들은 아무것도 아닌 것을 가지고 고된 일이라고 부른 게 아니었어요. 정말로 고된 일들이었어요.

치료자 당신이 어린아이였을 때 나중에 커서 결코 농부가 되지 않을 거라고 생각했나요?

해리 제가 아이였을 때는 잘 모르겠지만, 더 나이가 들었을 때는 분명히 좀 더 교육을 받아서 농부는 결코 되지 않을 거라고 생각했어요. 농장에서 사는 걸 꺼려하진 않았지만 농장 일을 하고 싶지는 않았어요. 만약 제가 농장으로 돌아간다면, 누군가 그 모든 일을 하도록 사람을 고용했을 거예요.

치료자 그런 판자를 들고 다니는 것은 큰 짐이었지요. 그 거리가 각각 32 km이었다면 그건 총 64 km가 되죠.

해리 그건 정말 긴 거리였죠.

치료자 그런 판자를 들고 나르기엔 먼 거리였죠.

해리 가는 길에는 들지 않았고 돌아오는 길에만 들었어요.

치료자 돌아오는 길에만요?

해리 그러니까 그걸 가지러 갔던 거죠. 분명히 제가 나르게 될 것이 무엇일지는 모르지만 그걸 가지러 갔었어요.

치료자 당신은 32 km에 걸쳐 판자를 나른 것이 먼 거리라는 것을 알고 있죠. 그건 어떤 면에서 짐을 나르는 동물이나 마찬가지였어요, 그렇지 않나요?

해리 예. 하지만 그게 짐 같지는 않았어요. 그것은 무언가 목적을 향해 나아가고 어떤 목적을 위해 돌아오는 것 같아요. 그것은 이렇다 할 까닭도 없이 싣고 나르는 것 같지는 않았어요. 그리고 지금 그게 무엇인지, 무엇을 나타내는지 아무런 생각이 떠오르지 않지만 그것은 제가 제 자신에게 부여한 어떤 목표지향적인 것이었어요. 누군가 나에게 그렇게 하라고 말한 것 같지는 않아요. 그건 제가 스스로 떠맡은 무엇인 것 같았어요.

치료자 그리고 거칠었고 다듬어지지 않았지요. 판자는 어떤 가구로 만들거나 그런 비슷한 것으로 만들 준비가 되어 있는 게 아니었네요.

해리 예. 전 적어도 얼마 동안은 일을 하지 않으려 했어요. 그리고 제가 어디로 가야 할지 잘 모르겠어요. 이 농장이 마지막 목적지는 아니에요. 이곳을 지나 다른 어딘가로 가고 있었어요.

치료자 그게 장작은 아닐까요? 아니면 무언가 그와 비슷한 거 아닐까요?

해리 아뇨. 그건 판자였어요. 통나무가 아니었어요.

치료자 거기에 어떤 작업을 했군요.

해리 예, 그건 덜 다듬어진 거친 판자였어요. 그래서 전 몰라요. 그냥 제가 그걸 가지러 갔었고, 그걸 가지고 어딘가로 가고 있었다는 것을 알았어요. 이것은 매우 불쾌하고 힘든 부분이었고 최종 목적지가 어디인지 몰랐어요. 그건 마치 제가 중간쯤에 있는 것 같았어요.

치료자 이러한 부담을 덜어주는 것, 그게 좋은 생각일 수도 있겠네요. 만약 당신의 상상 속에서 당신이 판자를 내려놓거나, 당신이 그걸 내려놓을 수 있는 장소를 찾아서 그걸 계속 지고 갈 필요가 없고 허리에 그 모든 긴장을 가할 필요가 없다면 말이죠.

해리 예. 저를 위해 다른 남자가 그 판자를 지고 가게끔 할 수도 있을 거예요.

치료자 그거 좋은 생각이네요.

해리 그걸 내려놓는 게 옳은 것 같진 않아요. 그건 옳게 느껴지지 않아요. 그건 제가 그걸 지고 가면서 스스로를 무력하게 느끼는 것 같은 것이에요.

치료자 그러니까 만약 당신이 손수레나 그걸 나르는 것을 도와줄 사람을 찾게 된다면 그게 당신의 부담을 좀 덜어줄 수 있겠죠. 당신 혼자 하기엔 지나치게 힘들어요, 당신 혼자서 나르기에는 너무 큰 짐이죠.

해리 그래요. 제가 나르던 것뿐 아니라 제가 걸으려 애썼던 땅도 문제였죠. 진흙밭은 걷기가 어려웠어요. 그리고 보니 당신이 테이프 녹음기를 켠 이후로 어떤 물이 있었다면 제가 쉽게 걸을 수 있을 것 같다는 이야기를 안 한 것 같네요. 길은 아니지만 제가 그런 곳을 찾을 수 있다면, 혹은 제가 1.2㎝나 2.5㎝ 깊이의 물이 차 있는 어떤 지역을 발견할 수 있었다면, 그렇게까지 걷기 어렵진 않았을 거예요. 그건 끈적거리는 진흙밭이 아니라 걷기가 쉬웠겠죠. 이따금 그 길을 좀 더 쉽게 가도록 만들어줄 수 있죠. 그리고 제 곁에 누구인지는 모르지만 어떤 사람이 함께 하고 있는 것 같은 희미한 기억이 있어요. 우리가 보다 쉬운 길을 찾을 수 있다고 그에게 이야기 했었죠.

치료자 하지만 그는 여전히 당신을 도우려고 하지 않았지요.

해리 예. 그는 정말 조용한 사람이에요. 전 이게 조용한 동행인인 제 자신의 어떤 일부라고 생각해요.

치료자 그래요, 무언가 두 가지를 갖고 있다는 것은 이것이 꽤나 의식과 가깝다는 것을 가리키는 것일 수 있어요. 그러니까 당신은 여기 2명의 인물을 가진 것이죠(포스터를 가리키면서). 그리고 여기에는 2마리. 그건 아마도 당신의 통제하에 있는 무언가일 수 있어요.

해리 그것 참 흥미롭네요. 왜 당신은 이 2마리 동물이 성숙한 동물이 아니라 어린 동물들이라고 가정한 거죠?

치료자 아마도 그것이 당신 삶 속의 무언가 새로운 것일 수 있기 때문이죠.

해리 분명히 그것들은 새끼 양이었죠.

치료자 전 새끼 양들이 위협적일 거라고 생각진 않아요.

해리 새끼 양들은 위협적이지 않아요.

치료자 보통 사람들은 새끼 양을 귀엽다고 생각하죠.

해리 그들은 하얀 새끼 양이에요, 전 그걸 알죠. 하얀 새끼 양과 하얀 닭똥이란 걸 말이죠.

치료자 순수함? 혹은 사고의 순수함?

해리 혹은 그저 모든 새끼 양들이 하얀 것일 수도 있어요. 저는 어린 시절 양을 가지고 있었고 새끼 양도 길렀어요.

치료자 당신은 새끼 양들을 좋아했나요? 그리고 새끼 양들과 즐겁게 지냈나요?

해리 작은 새끼 양들과는 그랬죠. 하지만 다 큰 양들하곤 그다지 즐겁게 지내진 않았어요. 새끼 양들과 어울려 노는 것만 즐거웠죠.

치료자 당신은 이것이 양들의 똥일 수 있다고 생각할 수도 있었겠네요. 그렇지 않나요?

해리 아뇨. 그건 닭똥이었어요.

치료자 저도 알아요. 하지만, 주변의 새끼 양들과 더불어 당신은 그게 닭보다는 양이었다고 생각할 수도 있었어요. 그냥 닭똥이 그런 생각을 하게 하네요.

해리 그다지 중요한 건 아니에요.

치료자 그건 그냥 완전히 불쾌한 것이죠. 자, 이 그림을 집 어딘가 당신이 볼 수 있는 곳에 붙이세요. 그리고 그렇게 열심히 작업하는 것은 아니지만, 그걸 볼 때마다 당신의 마음이 그것에 대한 어떤 새로운 연상을 떠올리게 해보는 것은 어떨까요? 그러면 아마도 다음 화요일에 어떤 새로운 내용을 우리가 얻을 수도 있을 거예요.

해리 좋아요. 그건 할 수 있어요.

치료자 우리가 할 수 있는 또 한 가지는 그걸 가지고 꿈을 계속 진행하는 어떤 적극적인 상상을 하고 무슨 일이 일어나는지를 보는 거예요. 화요일에 그걸 해봐요.

해리 좋아요. 그걸 잊어버리지 않았으면 좋겠네요. 지금은 그게 정말 생생해요.

치료자 당신은 잊어버리지 않을 거예요. 당신은 그 모든 것을 여기에 담았고 그 나머지는 테이프에 담았어요.

해리 제가 덧붙일 수 있는 것, 어떤 이미지들이 더 있는지 생각해보려 했어요. 그건 거의 하얀색이에요. 그 밖에 다른 색이 없어요.

치료자 당신은 당신이 자켓을 걸치고 있었고 그도 자켓을 걸치고 있었다고 말했지요. 자켓의 색깔이 무엇인가요?

해리 검은색이요. 예, 아마 그럴 거예요.

치료자 그러니까 당신의 작품은 거의 검은색과 하얀색 그리고 약간의 갈색으로 이루어져 있군요.

해리 예, 다른 색깔들은 없어요. 아마도 제가 자켓을 오려낼 수도 있을 거예요. 그건 색깔이 다양한 이미지는 아니었어요. 그건 그저 칙칙한 색이었어요. 전 오려낼 거예요. 그렇게 할 거예요.

치료자 좋아요.

해리 그건 정말로 기본적인 것이었죠.

치료자 그것은 당신이 농장에서 살았을 때의 칙칙한 삶인가요? 거기에서 어떤 즐거움이 있었나요?

해리 그거 좋은 질문이네요. 그때 가장 좋았던 일은 어린 동물들, 새끼 동물들이었어요. 새끼 돼지와 새끼 염소…… 어른 염소, 어른 양말고요.

치료자 그때 당신은 몇 살이었어요?

해리 전 거기에서 5살 때부터 중학교 2학년 때까지 살았어요.

치료자 그러니까 당신이 연상할 수 있는 것이 아마도 당신 아들의 나이쯤이었다는 것인가요?

해리 예, 같은 나이죠. 우리는 제가 막 중학교 2학년을 시작하면서 농장에서 이사를 갔어요. 실제로 그렇게 긴 시간은 아니었죠. 대략 8년이었어요.

치료자 전 당신의 삶이 만약 늪에 빠지고 빛을 잃었던 것 같았는지, 만약 좀 더 당신의 삶에 즐거움들이 더해진다면 좋아질지가 궁금하네요.

해리 그건 가능성이죠.

치료자 당신에게 요구되는 무수히 반복적인 일들을 해야만 했나요? 즐겁지 않은 일들? 전혀 새롭지 않은 모험?

해리 그건 사실이 아니에요. 전 정말 즐거운 여름을 보냈어요.

치료자 하지만 그건 끝났죠.

해리 예, 그건 이제 끝났어요. 그리고 다시 규칙적으로 일하는 시간 속으로 뒷걸음질 쳤어요.

치료자 닭똥 속으로요?

해리 지금 제 직장생활 속에서 제가 수렁에 빠졌다고는 느끼지 않아요. 아마도 전 그것보다 뭔가 더 기본적인 것, 그보다 훨씬 미묘한 것을 생각한 것 같아요. 그게 정확히 뭔지 확신할 수는 없지만요. 그것은 아마도 나이 드는 것, 활력이 넘치지 않는 것과 상관이 있을 수 있어요. 무엇이 이러한 것을 일으켰는지 생각해보려 했어요. 전…… 제가 읽었던 그 책은 아마도 생각의 일부였던 것 같아요.

치료자 그 책의 제목이 무엇이었죠?

해리 '코라치니스에서의 오후(Afternoon at Coracinis)' 혹은 그것과 비슷한 무언가였어요. 그건 그 이야기들 중 하나의 제목이었어요. 그건 인도 작가에 의해 쓰여진 단편을 모은 책이었고 모든 이야기가 인도에서 일어난 일이었어요. 한 이야기는 대영제국에서 일어난 매혹적인 이야기였죠. 그건 정말 야생적이었어요. 그건 책의 일부였죠. 그리고 전 이 집단을 케이(Kay)와 함께 시작했는데 그건 짐이 아니었어요. 짐과 같지는 않았어요. 그건 좀 더 흥미로운 것처럼 느껴졌어요.

치료자 당신이 그린 기둥은 거인의 남근 형상이기도 하네요.

해리 음, 거기에 대해선 잘 모르겠지만 암튼 그건 무거워요. 아주 무겁지는 않고 그냥 거기에 있는 거예요. 적당한 크기죠.

치료자 당신의 전체 그림 속에는 여성적 곡선이 많지는 않아요. 당신은 많은 기둥들, 많은 직선들을 그렸어요. 당신의 집은 거의 직선이에요. 새끼 양은 거의 여성적이고 가장 부드러운 것이죠.

해리 새끼양을 여성적으로 느끼지는 않아요. 거의 대부분 불쾌한 것이었어요. 악몽은 아니었어요. 제가 말하는 건 어떤 두려운 것이 아니었어요. 전 두렵지는 않아요. 그것은 그냥 진흙으로부터 빠져나오려 노력하면서 터덜터덜 걷는 것이었어요. 그저 피곤한 것이었죠.

치료자 제가 생각하기에 가장 흥미로운 부분은 당신의 몸이 메시지를 담았고 정말로 당신에게 주의를 기울여야 할 메시지를 주고 있다는 거예요. 그것이 무엇이든 간에 당신에게 일어나고 있는 일에 주의를 기울여야 하는 것이죠.

해리 제가 주의를 기울여야 할 것이 무엇인지 좀 더 잘 파악했으면 좋겠어요.

치료자 그것은 무의식으로부터 오기 때문에 거의 어둠 속에 있죠.

해리 아마도 그게 무엇인지 알 필요가 없는 것일 수도 있어요. 그냥 할 필요가 있는 것이죠.

치료자 그래요, 이따금 그것이 스며나오는 데 시간이 좀 걸리죠.

해리 제가 그것에 주의를 기울이는 한 제가 그것이 무엇인지를 아는지 여부는 그다지 중요하지 않다는 느낌이 들어요.

치료자 그리고 누군가 당신을 도울 사람을 찾아야 해요. 전 이것으로부터 나온 가장 큰 메시지로 당신이 도움을 청하고 모든 짐을 혼자서 나르려 하지 않는 것이 중요하다고 생각해요. 왜냐하면 만약 혼자서 짐을 옮기면 나중에 얼마나 허리가 아픈지 알 수 없기 때문이죠.

해리 그곳을 빠져나오면서 도움을 받는 것엔 그다지 흥미가 없어요. 여기 너머에 무엇이 있는지를 알고 싶고 빠져나가려 했던 것이 무엇이든지 그것을 통과하고 싶어요. 그 너머에 있는 것이 무엇이든 잘 해나가는 거죠. 제가 해야만 하는 일은 다른 편에 무엇이 있는지 알아내는 거예요.

치료자 당신이 화요일에도 이 작업을 계속하고 싶다면, 우리는 꿈에 대해 조금 더 적극적 상상을 해볼 거예요.

해리 좋아요. 도움이 될 것 같네요.

치료자 그럼, 오늘은 이만 끝내요.

해리의 꿈은 그의 허리에 심한 통증을 야기할 만큼 매우 강력했다. 그는 처음에는 허리의 통증을 종잇조각을 주울 때 경험했고, 아침에 신문을 주울 때, 그리고 그가 판자를 나르던 꿈의 자세를 취하였을 때 또다시 경험하였다. 비록 꿈이 해리에게 무엇을 의미하는지에 대해서는 많은 것들이 내포되어 있을 수 있지만, 그에게 아하!(ah-ha!) 경험, 그 의미에 대한 갑작스런 통찰은 없었다. 해리는 꿈이 그가 읽은 적이 있는 단편으로 이루어진 이국적인 책과 관련이 있다고 추측하였다. 그는 실제로 꿈꾸기 전날 저녁에 그 책을 읽었다. 또한 그의 허리 통증 때문에 나이가 들면서 쇠약해지는 것이 꿈과 연관이 있다고 생각했다.

해리는 꿈에서 양이나 판자를 나르는 것이 기독교나 희생적인 주제를 가리킬 수도 있다는 어떠한 암시도 거부하였다. 또한 진흙밭에 빠진 것이 현재의 삶과 관련이 있다는 생각도 거부하였다. 반면에, 꿈속의 상징을 농장에서 살았던 어린 시절과 연관 지을 수 있었다. 그는 그때의 삶이 복잡하지 않았고, 즐거웠던 기억들을 새끼 동물들과 그의 상호작용에 연관 지었다.

이따금 이런 꿈은 그 의미가 분명해지기까지 오직 시간과 인내만이 필요하다. 반면에 꿈이 너무나 생생하기 때문에 해리는 꿈을 해석하고 싶어 했고, 우리는 적극적 상상 속에서 꿈을 진행시키는 것이 유용할 것이라고 결정하였다.

적극적 상상

적극적 상상에 대한 융의 이론은 원래 기초 물질들을 황금으로 변형시키는 고대 연금술 작품들에 대한 그의 연구에서 나왔다(Collected works, Vol. 14). 그는 연금술사들이 실제로 '진정한' 황금(영혼의 황금) 영혼을 찾는 철학자였으며, 그들의 연구가 자기 자신의 정신의 내적 작업을 반영하면서 원질료(prima materia) 혹은 기본 물질에 의해 이루어졌음을 발견하였다. 융은 연금술의 비밀이 하위 기능(inferior functions)들의 분화, 의식과 무의식의 혼합과 융합을 통한 인격의 변용인 초월적 기능이라고 말했다(Collected Works, Vol. 7).

융의 초월적 기능에 대한 개념은 심리학 분야에서 중요한 공헌을 했다. 그는 새롭고 보다 더 건강한 태도를 초래할 수 있는 인격의 의식적인 측면과 무의식적인 측면 사이의 소통의 촉진이 중요하다는 것을 인식하였다. 그의 견해에 따르면, 무의식은 비난받아야 할 것이 아니라 개인의 의식적 처지를 보상해주는 역할로 중요하게 인식되어야 하는 것이다(Collected Works, Vol. 8). 그는 이것이 초월적 기능 혹은 무의식 내용을 의식으로 통합하여 달성될 수 있다고 느꼈다. 적극적 상상은 그가 이러한 전환을 수행하기 위해서 사용한 기법이다.

적극적 상상기법은 자아의 관점에서 의식과 무의식 사이의 직면을 가능케 하며, 정신에 제삼의 혹은 결합지점을 생성하게 한다. 이 과정을 통해 꿈에서나 상상에서처럼 양극적인 요소들을 포함하고 있는 어떤 형상이나 이미지가 나타날 때, 이것은 양극을 통합하고 다른 태도로 전환하도록 촉진하는 하나의 상징이 된다.

적극적 상상은 무의식 안에서 무형의 원형이 활성화되고 자율적으로 명확한 형태를 취하는 정신적인 상태다. 적극적 상상의 이미지들은 만약 의식적 이성이 방해하지만 않는다면, 스스로 생명력을 취하고 상징적인 사건들이 나름의 논리에 의해 전개된다. 융(Collected Works, Vol 9. Pt. 1, p. 190)은 적극적 상상이란 부분적 꿈, 부분적 공상, 혹은 공상과 뒤섞인 꿈이라 하였다. 이것이 자기 내면의 이미지들의 흐름을 관찰하는 방법이다. 융은 내담자들에게 아직은 이해할 수 없거나 순간적인 공상에 대해 기억할 수 있는 자신의 어떤 측면에 주의를 집중하도록 하였다. 그들은 계속해서 집중하였고, 동시에 꿈 이미지나 공상에서 일어나는 어떤 변화들을 관찰하였다. 그들은 자신들의 적극적 상상에 대해 판단하는 것이 아니라 단순히 그 과정을 객관적으로 주목하였다.

융(Collected Works, Vol. 18)에 따르면, 적극적 상상에 몰두하기 위해서 개인은 반드시 정신적 형상에 집중함으로써 시작해야만 하고 그것이 꿈틀거리기 시작하면, "그 이미지들은 뚜렷해지며 움직이고 진전된다. 그래서 우리가 내적 형상에 집중하고 사건의 자연스러운 흐름을 방해하지 않으면 무의식은 하나의 완전한 이야기를 만들어내는 일련의 이미지들을 생성할 것이다(p. 172)."라고 말했다.

적극적 상상의 또 다른 중요한 특징은 이 과정을 통해 무의식으로부터 나온 상징들과 접촉함으로써 방향을 찾고 새로운 에너지의 원천에 접근할 수 있다는 것이다(Adler, 1948). 아들러(Adler, p. 64)는 "이러한 상징들은 미분화되고 원시적인 리비도를 통제할 수 있는 능력을 가지고 있다."라고 말했다. 융은 상징이 에너지의 변형자(transformer)라고 느꼈다. 무의식에 신경증의 형태로 가두어져 있던 동화(assimilation)되지 못한 에너지가 상징을 통해 에너지로 변형되고 의식으로 통합될 수 있다. 이러한 자아의 동화과정은 꿈이나 다른 무의식적 표현의 수단, 적극적 상상 같은 것을 통해 일어날 수 있다.

예를 들면, 융 심리학을 배우던 한 여성은 다음과 같이 신비로운 꿈에 대해 말했다. 갈색 말이 하얀색 말 앞에 서 있었다. 둘 다 움직이지 않았다. 그녀가 꿈을 적극적 상상으로 가져갔을 때, 그녀는 흰 말을 갈색 말 앞쪽 근처로 가게 했다. 곧 흰 말은 시냇물을 가로질러 달려갔고 갈색 말은 그 뒤를 따랐다. 이러한 이미지들과 더불어, 그녀는 새로운 에너지의 흐름과 열정을 경험하였다.

해리와 나는 융의 적극적 상상기법을 활용하여 그의 꿈 작업을 계속하기로 했다. 우리는 그 회기를 녹음하였다.

치료자 최대한 이완을 하고 당신이 갈 수 있는 한 깊이 당신의 꿈속으로 들어가 보세요. 눈을 감는 것이 제일 좋습니다. 우선 상상을 통해 당신의 몸으로 들어가 긴장을 놓아버리세요. 당신 몸의 어떤 부분에서 발견하는 어떠한 긴장이라도 그냥 놓아버리세요. 스스로에게 이완하라, 이완하라고 말하세요. 당신 몸에 있는 모든 근육들을 이완하세요. 당신 자신을 놓고 점점 더 깊이 이완되는 것을 느껴보세요. 꿈의 시작지점에 있는 당신을 발견해보세요. 이제, 꿈에서 일어나는 일들을 이야기해보세요.

해리 좋아요. 전 얕은 시냇물 같은 것을 건너고 있어요. 전체가 얕은 것은 아니고 일부는 진흙탕이에요. 그 진흙은 달라붙어 다소 끈적거려요. 그것이 제 발에 달라붙고 있어요. 움직이기가 힘들어요. 나는 시냇물을 거슬러 올라가거나 북쪽으로 가려고 하는 것 같은데 무언가를 가져와야 하는 임무가 있는 듯해요. 전 혼자 있고 정말 나아가기가 어렵네요. 걷기가 힘들어요.

저는 걷기 쉬운 곳, 그렇게 끈적끈적하지 않은 곳을 찾으려고 노력해요. 저는 걸어가다가 다시 남쪽으로 되돌아서 가거나 시냇물을 따라서 내려가고 있어요. 그리고 그게 무엇이든지 전 제가 가지러 간 것을 얻었어요. 제게는 동행인이 있고, 그를 선명하게 볼 수는 없지만 제 오른쪽 뒤에 있어요. 그리고 여전히 길은 끈적거리고 질척질척해서 다시 저는 걷기에 가장 쉬운 곳을 찾으려고 노력해요. 물은 제 신발 높이의 1.2 cm나 2.5 cm도 되지 않을 만큼 얕아요. 그리고 제가 잘만 찾아가면 길을 가기가 더 쉬워질 것처럼 보여요. 그리고 갑자기 전 이것을 들고 나르고 있었다는 것을 깨달았어요. 그것은 판자나 그와 비슷한 것이에요. 저는 그걸 오른쪽 어깨에 짊어지고 나르며 오른손에 닿는 판자의 질감을 느낄 수 있어요. 판자의 끝부분을 왼손으로 잡고 오른손으로 단단히 움켜쥐며, 오른쪽 어깨 위에 올려서 옮기고 있어요. 그건 거친 느낌의 널빤지 혹은 1.2 m나 1.5 m 길이의 판자였고 그 두께는 5 cm나 8 cm 정도 되는 것 같아요. 그리고 전 그 질감을 느낄 수 있어요. 그건 파편이 많기 보단 마치 모래가 좀 섞여 있는 것처럼 거칠어요.

걸어가고 있는 그때 저는 헛간 마당으로 가까이 가고 있다는 것을 알아차렸어요. 바로 앞에는 건물 1채가 있었고 왼쪽에는 헛간과 그 주변에는 동물들이 있었어요. 저와 그 헛간 사이에는 울타리가 있죠. 제 앞에서 약간 오른쪽으로 위치한 곳에 울타리 입구가 있어요. 어떤 남자가 울타리의 입구를 통해 제 근처로 오고 있지만 그는 좀 오른쪽으로 치우쳐 있어요. 그리고 이리저리 뛰어놀면서 즐거워 보이는 새끼 양들이 있는 것 같아요. 양들은 따로 떨어져 있는 것 같고, 평행선상으로 움직이는 것이 아니라 서로 반대방향으로 가고 있는 것 같아요.

제가 알아차린 또 하나는 그 남자와 제 근처에 온통 흰색 닭똥이 널려 있다는 거예요. 제가 모자를 썼거나 그 남자가 모자를 썼거나, 아니면 둘 다 쓴 것 같기도 해요. 닭똥으로 뒤덮여서 완전히 하얗게 보였어요. 정말 하얗고 마치 눈처럼 닭똥으로 덮여 있었어요. 그건 마당 위, 땅바닥에도 있어요. 헛간에도 울타리 근처에도 널려 있어요. 모든 곳에 널려 있어요. 그리고 그게 다예요. 이 시점에서 전 울타리 쪽으로 걸어가는 듯해요.

치료자 지금 제가 당신에게 원하는 것은 꿈과 함께 머물면서 꿈을 계속 진행시키는 거예요. 그걸 계속 진행하기 위해선, 당신은 이 꿈의 형상들과 상호작용할 수 있어야 하고, 당신이 원하는 것은 무엇이든지 할 수 있어야 해요. 그러면 당신은 꿈에서 어떤 결말이나 어떤 통찰을 가져올 수 있을 거예요.

해리 제가 잊어버리고 말하지 않은 또 하나는 제가 어두운 색 코트를 걸치고 있었다는 거예요. 그건 검은색이거나 어두운 색의 웃옷처럼 보였어요. 저는 제가 계속 걷고 있다고 생각해요. 그리고 다른 남자, 그가 누군지 몰라도 저와 함께 걷고 있고, 양치기는 양을 몰면서 계속 걷고 있어요. 그는 별다른 주의를 기울이지 않는 것 같아요. 어디 보자…… 저는 판자를 가지고 있어요. 제가 이 판자를 가지고 무엇을 할까요? 그냥 그걸 계속 지고 가는 것이 좋을 것 같네요. 그러니까, 전 양치기와 양들 사이로 지나갈 것이고, 그러면 제가 그들 사이를 가르는 것이죠. 하지만 여전히 그는 주의를 기울이지 않아요, 관심이 없어 보여요. 음, 그러니까 저는 여전히 판자를 든 채로 그냥 그 사람 앞으로 앞질러 가요. 저는 반대편의 헛간 마당은 전혀 쳐다보지 않아요. 저는 헛간 마당에서 빠져나오고 닭똥으로부터도 빠져나오는 것이죠. 어디 보자, 그곳은 다소 노란색의 풀밭에 가깝거나 목초지 뭐 그런 것과 같아요. 그곳은 진흙보다는 훨씬 즐겁죠. 걷기에도 쉽고요.

전 그냥 걸어요. 계속 걸어요. 저와 함께 걷던 남자는 여전히 저와 함께 있다고 생각해요. 그는 어떤 도움도 되진 않지만, 여전히 저와 함께 있어요. 우리는 함께 걷고 있고 전 여기에 어떤 시냇물이 있다고 짐작해요. 그건 반드시 오른쪽에 있을 거예요. 그리고 시냇물과 같은 방향으로 풀로 뒤덮인 목초지가 있어요. 진흙과 닭똥으로부터 벗어나 단단한 대지 위에 있다는 건 분명 위안이 돼요. 저는 길을 따라가면서 이 판자를 나르고 있어요. 그리고 제가 할 일이 무엇인지를 알죠. 이 판자를 가지고 다리를 만들 거예요. 그렇게 해서 시냇물 반대편으로 건너갈 거예요. 그걸 그냥 거기에 내려놓으면 오른편으로 건너갈 수 있을 거예요. 전 제 동료가 무엇을 할지 궁금해요. 왜냐하면 이 판자, 이 널빤지 위는 두 사람을 위한 공간이 생기지 않기 때문이에요. 그래서 저는 제가 그 판자를 통해 시냇물 오른편으로 건너갈 것이고 그도 계속 저와 함께할 거라고 생각해요. 그가 아마도 그냥 시냇물을 둥둥 떠서 건너지 않을까 싶어요. 그는 걷기 위해 어떤 것도 필요하지 않을 것 같아요. 저는 더 이상 이 판자를 운반하지 않아도 돼요. 우리는 이 시냇물을 따라 계속 갈 수 있어요. 하지만 지금 저는 반대편에 가 있죠. 계속 시냇물을 따라 내려가고 있어요. 이제 저는 무언가를 실어 나를 필요가 없기 때문에 좀 더 즐겁게 걸을 수 있어요. 아마도 휘파람을 불거나 노래를 부르는, 뭐 그런 것들을 시작할 수도 있어요. 시냇물 위를 아무것도 들지 않고 산책하는 것은 정말로 즐거워요.

제 동료는 아마도 영혼이었던 것 같아요. 주위를 둥둥 떠다니죠. 그는 어떤 그림자, 저와 붙어다니는 그림자예요. 어두운 형상은 아니에요. 보다 영적인 형상 같아요. 전 제가 어디로 가는지 몰라요. 짐작하기론 시냇물을 따라 내려가는 중이죠. 아, 꿈의 초반부에 제가 반대방향으로 가려고 출발했던 장소로 돌아온 것 같네요. 이제는 정말 쉽게 제가 출발했던 곳으로 되돌아가고 있어요. 여기가 답답한 것 같아서 제가 출발한 장소로 돌아가죠. 주변에는 아무도 없는 듯해요. 여기서부터는 어디로 갈지 확신이 들지 않아요.

그래서 아무튼 전 출발한 곳으로 돌아왔고, 그곳은 개방된 장소예요. 기뻐요. 그곳이 어떤 들판인지 모르지만…… 그곳은 일종의 실외구역이었어요. 어떤 목초지죠. 앉을 만한 곳은 없고 통나무도 없어요. 완전히 열려 있는 공간이지요. 앉아 있을 만한 곳이 있기를 바랐지만 그냥 서 있을 뿐이에요. 저는 모든 것을 다시 반복하려는 충동을 가지고 있어요. 무언가 목적지향적이지요. 그 모든 닭똥들을 다시 거쳐가지만 않을 거예요. 제 동료는 언제나 저로부터 약 1m 정도 오른쪽 뒤에 떨어져 있겠지요. 그는 어떤 말도 한 적이 없어요. 지혜와 같죠.

그곳이 어디든 간에 제가 출발한 곳으로 돌아온 거죠.

그것은 시계방향의 여행이었어요. 닭똥은 반대편에 있어요. 제가 시냇물을 따라 올라가는 것이 아니라 내려가게 되면 무슨 일이 일어날까 궁금해요. 아마도 과거와 미래, 시냇물을 따라 위로 올라가는 것은 과거로 돌아가는 것과 같은 것이고, 아래로 내려오는 것은 미래로 가는 것이 아닐까요? 정말 그러고 싶진 않아요. 이 꿈이 과거로 가는 것처럼 느껴졌어요.

전 적극적인 상상에서 벗어났어요. 그것에서 나오기 시작했어요. 사실은 아랫방향으로 내려가고 싶어요. 올라가는 것이 싫어요. 다음 번까지 기다릴 거예요. 저는 거기서 머물고 기다릴 준비가 되어 있어요. 제 생각에 다음 여행에선 시냇물을 따라 아래로 내려갈 거예요.

치료자 그게 양들과 양치기가 있는 곳과 반대방향인가요?

해리 예. 그리고 그것은 강이나 시냇물, 혹은 그 무언가의 반대방향이기도 하죠. 그것은 작고 시냇물과 비슷해요.

치료자 그 물이 어떻게 보이나요?

해리 명확하게 보이니까 그게 무엇인지 얘기해줄게요. 그것은 제가 농장에서 어린 시절을 보냈을 때 본 시냇물이에요. 우리 농장을 지나는 시냇물이 있었죠.

치료자 어렸을 때 많이 건너다녔나요?

해리 학교에 가려면 건너야만 했어요.

치료자 다리가 있었나요?

해리 아뇨, 전 그냥 훌쩍 뛰어서 건넜어요. 좁았거든요.

치료자 주변에 닭똥이 있었나요?

해리 아, 예. 집에는 헛간이 있었어요. 우리 집과 헛간이 시냇물 한편에 있고 학교가 반대편에 있었던 것 같아요. 그러니까 반대편에 있는 학교에 가려면 시냇물을 건너야만 했죠. 그건 대략 1.6 km였어요. 아마도 과거로 돌아가서 어린 시절의 몇 가지 조각들을 집어낸 것 같네요. 우리가 보통 위쪽으로의 흐름을 과거에 머무는 것으로 간주하고, 아래쪽으로의 흐름을 미래로 향하는 것이라고 말할 수 있지 않을까 싶네요.

치료자 양치기에 대해선 어떤가요?

해리 도무지 모르겠어요. 전 반대방향으로 가고 있었어요. 아마도 어떤 다른 동물들, 소들이 헛간에 있지 않았을까 싶지만 특별히 중요한 것 같진 않아요. 전 어떤 다른 동물들이 있었음을 알아요. 전 더 멀리 가고 싶지는 않아요. 어린 시절로 돌아가고 싶지 않아요.

치료자 아마도 당신이 주변을 돌아보고 다른 관점을 얻는다면, 그걸 다시 반복할 필요가 없을 수도 있었겠죠.

해리 더 복잡해지지는 않을 거예요. 전 여전히 어떤 짐을 지고 있어요.

치료자 당신이 새끼 양들이 흩어지고 있다고 말했을 때, 만약 그것들이 2개의 서로 다른 방향으로 가고 있다면 몰기가 힘들었을 것 같아요.

해리 제 형제나 누이가 다른 방향으로 가고 있는 것일 수도 있지요. 어, 전 이것을 바라보는 유일한 합리적인 방법이 그게 제 자신의 일부라고 보는 것이라 생각해요. 판자를 나르는 부분은 자기 부분, 보다 단순한 부분이죠. 그리고 전 다른 부분은 뭔지 몰라요. 그걸 알아내면 도움이 될 것 같아요.

치료자 다른 두 부분 어느 것도 직접 말해주지 않지요.

해리 그래요, 그들은 아무 말도 안 했어요.

치료자 그 하나는 노동자죠. 이 사람도 노동자예요(포스터의 인물을 가리키면서). 그는 양치기지만 당신이 그에 대해 이야기하는 것을 보면 그다지 밝아보이질 않아요. 당신은 뚜렷하게 보이는 것 같은데 그는 심지어 당신을 쳐다보지도 않아요. 그는 당신에게 관심도 없어 보여요. 그리고 그는 그 자신은 똥으로 뒤덮이게 내버려 두고, 심지어 그걸 떨쳐내거나 하지도 않아요. 그냥 닭똥과 더불어 걸어요.

해리 그래요. 저도 그랬어요. 당신이 저를 다시 농장으로 결코 데려갈 수 없을 거란 것을 알아요. 농부로서는 말이죠. 전 거기에 살면서 누군가에게 그 모든 일을 시킬 수도 있어요. 전 결코 농장으로 다시 되돌아가 살고 싶은 사람을 보지 못했어요.

치료자 일이 많지요.

해리 들어봐요, 그건 짐이에요. 그건 일이라기보다는 당신이 언제나 거기 머물러야 한다는 것이죠. 당신은 암소의 젖을 매일 짜내야 해요. 하루에 2번씩 당신이 좋아하건 말건 상관없이 말이죠.

치료자 그리고 당신은 닭 모이도 줘야 하죠.

해리 그건 일이 아니라 정말 짐이에요.

치료자 당신은 닭 모이를 준 다음에 청소도 해야 했나요?

해리 아, 그래요, 분명히 그랬죠. 그건 당신이 멈출 수 없는 지속적인 일이에요. 만약 당신이 휴가를 가고 싶다면, 당신은 일을 돌봐줄 누군가와 약속을 해야만 해요. 그냥 일어나서 떠날 수가 없어요. 자유가 없어요. 당신에게 관리인이 있다면 달라질 수 있어요. 제게 관리인이 있었다면 그 일을 꺼려하지 않았을 거 같아요. 전 집 바깥으로 나가는 것을 좋아했기 때문이죠. 그리고 동물들이 주변에 돌아다니게 하는 것을 좋아했어요.

그 시절에 대해 생각하는 것은 낯설어요. 우리는 제가 초등학교 1학년일 때 농장에서 살았어요……. 어, 실제로는 그 이전이었음이 분명해요. 제가 4살 반이나 5살쯤부터 중학교 2학년 초반까지였음이 분명해요. 생각해보면 그렇게 긴

것은 아니죠. 7년이니까요.

치료자 뭐, 당신이 그것을 어떻게 보는가에 달려 있죠.

해리 어린 시절에는 길었지만 나이가 들고 보니 그렇게 길지가 않네요. 7년, 그건 그렇게 길지 않아요. 하지만 어린 시절을 떠올릴 때면 그게 전부였던 것 같았어요.

치료자 뭐, 그게 거의 다였겠지요. 아마도 그것들이 가장 지울 수 없는 세월들일 거예요. 5살쯤이 주변에서 일어나는 일들을 알아차리기 시작하는 시기죠.

해리 하지만 우리가 마을에서 살기 이전이었고 마을로 이사를 간 후죠. 전 그때 중학교 2학년으로 올라갈 즈음이었죠. 그게 중요한 시간이었던 것 같아요. 대부분이 매우 혼란스러웠죠.

치료자 당신의 아버지가 당신과 함께 농장에 살았나요?

해리 뭐, 우리가 농장에 살았을 때 그는 그곳에 거의 있지 않았어요.

치료자 그러면 당신의 어머니가 대부분의 고된 일들을 하셨나요?

해리 예. 그는 언제나 정신병원이나 어딘가에 나가 있었기 때문에 농장에 없었어요. 그렇지 않으면 그가 뭘 하곤 했는지 상상하기도 힘들 거예요. 그곳은 네프라스카 농장의 이층집이고 단열이 전혀 안 되었죠. 농장은 벌판 위에 있었어요. 캐나다의 한랭전선이 내려오곤 했고 아무것도 그걸 막을 수 없었어요. 그래서 그는 마을로 이동해 호텔에서 머물렀고 가족들을 농장에 남겨두곤 했어요. 아버지는 얼간이였어요. 그는 정말로 얼간이였어요. 그리고 그가 그렇게 행동하지 않을 때면 그는 정신병원에 가 있거나 잠시 동안 누군가와 바람을 피우고 있었어요. 언제나 한 무리의 여성과 머물렀어요. 그리고 누군가와 잠시 바람을 피우곤 했어요. 저는 그때 이후로 아버지와의 모든 관계를 끊어버렸죠. 그는 너무나도 이기적인 사람이었어요. 매우 폭력적이기도 했어요. 전 그를 두려워했죠. 그래서 엄마는 어땠는지 잘 몰라도 우리, 아이들은 아버지가 떠났을 때 언제나 기뻐했어요. 우리는 그가 나타나는 걸 싫어했어요. 아버지는 가끔 나타나서 며칠 혹은 일주일을 머물렀고, 이따금 저장하고 수확해야 할 곡식이 있을 때는 좀 더 길게 머물곤 했어요.

치료자 문제를 해결하려고 노력했나요?

해리 아뇨. 그는 그렇게 하지 않았어요. 그는 재배할 곡식이나 수확할 옥수수 같은 것이 있다면 거기 있어야만 했지만, 그렇지 않을 때는 멀리 떨어져 있었고, 그건 우리에게 좋은 일이었어요. 그리고 그가 거기 있는 것은 위태로운 일이었어요. 그가 어떤 미친 짓을 하고 이성을 잃을지를 확실히 알 수 없었기 때문이에요.

치료자 그래서 당신이 할 수 있는 한 그로부터 멀리 떨어져 지냈나요?

해리 그랬어요. 제 형은 그의 광기 어린 구타를 고스란히 당했어요. 제가 아마도 8살이나 9살 때쯤이었던 걸로 기억해요. 농장에는 총이 많이 있었어요. 모든 종류의 총과 2~3정의 산탄총이 있었지요. 저도 제 산탄총과 소총을 가지고 있었어요. 제가 8살이나 9살 때부터 그것을 지녀야만 했다고 생각했어요. 그래서 저는 총기류와 매우 친숙했고, 그에게 내게 한 번이라도 손을 대면 그냥 죽여버릴 거라고 말했어요. 그리고 전 정말 그러려고 했어요.

치료자 저도 당신이 그렇게 했을 거라고 생각해요.

해리 그가 너무나 위험했기 때문에 전 아마도 그렇게 했을 거예요. 그는 방에서 형을 때려 눕혔어요. 그는 저에게도 한 번 그랬고, 그 다음에 그에게 한 번 더 그러면 죽여버릴 거라고 말했어요. 그는 그 이후로 결코 저를 때리지 못했어요. 이따금 저를 겁주긴 했지만 결코 다치게 하지는 못했죠. 그리고 그는 여동생을 꽤 자주 때리곤 했어요. 특히 형에게 가혹했어요. 또한 무언가를 약속하고 나서는 그것을 어기곤 했죠. 그는 늘 그랬어요. 당신도 그를 믿을 수가 없을 거예요. 어째든 그는 너무나도 폭력적인 사람이었어요. 그는 동물들도 많이 죽이곤 했어요.

치료자 그건 아이들에겐 가혹한 일이었겠네요.

해리 한 번은 이런 일이 있었어요. 자세하게는 기억이 안 나지만, 돼지 1~2마리 정도였다고 생각해요. 잘 기억은 안 나는데, 아무튼…… 어랏! 아마도 이게 이 꿈과 연관되어 있을 수 있다는 생각이 드네요. 언젠가 제가 이 돼지들을 다른 쪽으로 몰려고 애쓰고 있었던 때가 기억나요. 그리고 당신이 돼지에 대해 좀 아는지 모르겠지만, 돼지들을 어딘가로 몰아 넣으려 하면 계속 이리저리 돌면서 원래 있던 곳으로 되돌아가려고 해요. 돼지 1마리가 계속 돌아다니면서 문으로 되돌아가려고 했고 그는 쇠스랑으로 돼지를 죽여버렸어요. 그 돼지를 여러 번 찔렀지요. 그리고 그때 그는 형과 저에게 그걸 들어다가 묻게 했어요. 당신은 그가 돼지에게 그렇게 했으면 나에게도 그렇게 할 수 있지 않았을까 궁금할 거예요. 그는 그럴 수도 있었을 거예요. 왜냐면 제정신이 아니었거든요. 완전히 통제력을 잃었어요. 그의 눈은 불타오르고 있었고 머리에서 튀어나오려고 했어요. 그리고 그는 분명히 제정신이 아니었어요. 전 그가 동물에게 했던 것처럼 아이에게도 그렇게 통제력을 잃었을 것이란 점에 대해 전혀 의심치 않아요.

치료자 당신은 정말 조심스럽게 행동할 수밖에 없었겠군요, 그렇지 않았나요?

해리 그래요. 또 어느 땐가 그는 말을 거의 죽을 때까지 때렸어요. 거의 때려죽였죠. 전 그가 결코 멈추지 않으리라 생각했어요.

치료자 그때 그는 취해 있었나요?

해리 전혀요. 그러나 그는 향정신성 약물을 많이 복용했어요. 그는 병원에 있다가 돌아오곤 했죠. 그는 소라진(Thorazine)을 복용했는데, 얼마나 많이 복용했는지는 모르겠어요. 누가 알겠어요? 그리고 전 그게 어떤 효과가 있는지는 모르겠어요.

치료자 그럼에도 대부분 그것들은 그의 통제력을 유지하게 해주었을 거예요. 그렇지 않을까요? 아마도 그가 통제력을 잃었을 때는 그것들을 끊었을 때였죠.

해리 잘 모르겠어요. 전 언제나 그게 그의 성격이 아닐까 생각했어요. 어쨌든 그는 정말로 폭력적인 사람이었어요. 언젠가 우리는 크로케 게임을 시작했어요. 우리는 작은 코카스파니엘 종의 강아지를 가지고 있었죠. 그 개는 정말 귀여웠어요. 그때 전 몇 살이었는지는 모르겠지만 아마도 7살이었을 거예요. 우리는 크로케 게임을 하고 있었어요. 얼마간 그는 게임에 몰두하였고 그가 게임을 즐기는 드문 시간들 중 하나였기 때문에 재미있었어요. 그는 우리들과 어쩌다 보드 게임을 하기도 했는데 그것도 재미있었어요. 하지만 대부분의 시간에는 그렇지 않았어요. 아무튼 그는 우리와 크로케 게임을 하기 시작했고 우리가 진짜 가족 같아서 좀 즐거웠어요. 그리고 이 작은 코카스파니엘은 크로케 공을 쫓아 달려나가서 공을 물곤 했어요. 그게 정말로 재미있어서 모든 아이들이 웃었고 그 개를 바라보는 게 즐거웠죠. 그런데 개는 그의 공을 물었고 화가 난 그는 그 개를 크로케 나무망치로 죽여버렸어요. 그는 통제력을 잃어버렸죠.

치료자 고통스러웠겠군요.

해리 그의 눈은 불타올랐어요. 아시다시피 그것을 쳐다보는 것은 끔찍했어요. 그는 그냥 고의적으로 그 작은 강아지를 죽여버렸어요. 그건 돼지처럼 불결했어요. 당신은 그가 언제 그렇게 예측할 수 없는 지경에 이르는지 결코 알 수 없을 거예요.

치료자 그건 많은 아동학대 희생자들이 겪는 것과 유사한 종류의 경험이에요.

해리 예측할 수 없었다는 것 말인가요?

치료자 예측할 수 없고 폭력적이며 일단 어떤 작은 동물에 애착을 가지면 그때 그 동물은 그들 앞에서 죽임을 당하죠.

해리 이건 그런 게 아니었어요. 그건 미리 고려되었다는 특징을 갖고 있지 않나요?

치료자 그렇죠. 그건 좀 더 광기를 띠고 비합리적이죠.

해리 그건 그냥 미친 짓이었죠. 우리들은 그 일에 대해 이따금 이야기를 했어요. 우리 모두를 정말 괴롭게 했던 것은 그가 그런 짓을 사람에게도 할 수 있으리라고 확신했다는 것이에요. 그냥 통제력을 잃어버리는 거죠.

치료자 그가 그럴 수 있으리라 저도 확신해요.

해리 그리고 그는 어머니도 정말 학대했어요. 제가 기억할 수 있는 것들 중 하나는 그가 근처에 있을 때마다, 그리고 그가 우리와 식사를 할 때마다 그건 끔찍했고 우리가 그걸 싫어했다는 거예요. 그가 가장 좋아했던 일 중 하나는 모든 접시와 물건을 밖으로 던져버리는 것이었죠. 그것은 그의 마음에 꼭 들지 않는다는 이유 때문이었어요.

치료자 저녁을 다 먹기 전이었나요?

해리 아, 그래요. 저녁 식사 중에 그는 맛이 별로라고 말하거나 비명을 지르고 콩 접시를 집어들며 뒷문을 열고 모든 그릇과 식탁의 모든 것을 밖으로 던져버렸어요. 그는 늘 그랬어요. 전 단 한 번의 식사도 즐겁지 않았어요. 거기에 친구들이 있지 않은 한은 말이죠. 그는 다른 사람들이 주변에 있을 때는 언제나 자기 자신을 통제하려 했어요. 예를 들면, 제 사촌에게 이 모든 광기를 이야기하면 믿질 못했어요. 그들은 결코 그것을 볼 수 없었기 때문이죠. 누군가가 근처에 있을 때 그는 자신을 통제할 수가 있었어요. 그건 마치 그가 스스로에게 가족과 함께 있을 때는 테러리스트가 될 수 있는 승인을 받는 것 같았어요. 하지만 그는 결코 가족 외에 혹은 주변에 목격자가 있을 때는 그러지 않았어요. 실제로, 그는 많은 사람들에게 좋은 평판을 얻고 있었어요. 제가 의미하는 건, 그들이 그가 늘 정신병원에 다닌다는 것을 알았지만 그럼에도 일반적으로 좋은 평가를 했다는 거예요.

치료자 그가 스스로 갔나요, 아니면 당신의 어머니가 그를 보냈나요?

해리 대부분의 경우 그는 스스로 갔어요. 하지만 어쩌다가 어머니가 그에게 압력을 가하기도 했어요. 왜냐하면 그는 무언가 정말로 미친 짓을 하길 원했는데, 예를 들면 잠깐 사이에 가족 전체를 캘리포니아로 이주시키려고 했어요.

치료자 이제 판자에 대해 이야기를 할까요?

해리 그것이 아마도 그 짐의 일부를 내려놓고 그걸 들고 다니지 않는 것과 연관이 있는 것 같다는 생각이 들어요. 저는 의식적으로는 그렇게 하지 않아요. 제가 어린 시절부터 많은 짐을 들어 나르고 있다고 느끼지는 않지만, 제가 그랬다는 것을 알아요. 그렇게 하지 않기가 어려웠어요. 제가 그에게 용감히 맞서지 않았다면 얼마나 힘들었을까 생각하면 몸서리쳐져요. 그게 어땠을지는 잘 모르겠지만요.

치료자 당신은 그 용기를 어디서 얻었는지 궁금하군요?

해리 그것은 절망이었어요, 거기엔 어떤 용기도 없었어요.

치료자 하지만 당신의 형은 결코 그러지 못했죠, 안 그래요?

해리 예, 그는 못했지요. 모르겠어요. 전 그게 절망적이었다고 생각해요. 그가 저를 죽일 수도 있었다고 생각했는데 정말 그렇게 생각했어요. 그리고 그는 아마도 그렇게, 정말 그렇게 했을 거예요.

치료자 그랬을 거예요.

해리 혹은 저를 다치게 했겠죠. 그는 또한 제 누이를 성적으로 학대하려 했어요.

저희 어머니가 돌아가신 다음이었죠. 그리고 그녀는 스스로를 지켰어요. 자세한 것은 잘 몰라요. 하지만 그녀는 실제로 집을 떠났어요. 바로 그날 집을 떠났고 결코 돌아오지 않았어요. 고모와 삼촌 집으로 갔어요.

치료자 그때 그녀는 몇 살이었나요?

해리 11살이요. 아니, 그녀는 아마 그것보단 나이가 더 들었을 거예요. 13살 정도? 잘 기억은 안 나지만 그녀가 그것에 대해 말한 것을 보면, 그녀는 신체적으로 자신을 보호했고 그를 용납하지 않았어요. 그러고 나서 그날 집을 떠났죠. 전 그녀가 할아버지한테 전화했고 그 다음에 집을 떠났다고 생각해요. 실제로 그때 형과 저도 떠났죠. 바로 그 다음에 일주일 정도 지나서요. 우리는 그냥 떠났어요. 그는 같이 살기엔 너무나 위험한 인물이었어요. 아무도 그와 살고 싶어 하지 않았죠.

치료자 그래요, 정말 닭똥이 많았군요.

해리 예, 그렇죠.

치료자 닭똥보다 큰 똥이네요. 어쨌든, 전 닭똥은 무언가 좀 더 사소하고 작은 것이라고 생각해요. 하지만 당신이 감당해야 했던 그 많은 학대들을 생각해보면…….

해리 예, 이따금 그건 정말 심했던 것 같아요. 때로는 그렇지 않고요.

비록 그의 꿈이 해리가 그것을 이해하는 데 필요한 모든 요소들을 제공하기는 하지만, 그의 적극적 상상은 꿈이 그의 어린 시절에 대한 것이라고 넓게 볼 수 있도록 돕는 촉매제처럼 보였다. 적극적 상상 과정에서 자아와 무의식은 제삼의 혹은 초월적 기능과 상호작용할 수 있다. 그래서 그의 꿈과 적극적 상상의 상징들에 대해 논의하면서, 해리는 폭력적이고 정신병을 가진 아버지의 밑에서 겪은 어린 시절의 학대와 두려움의 기억을 회상하기 시작하였다. 이 신체적 꿈은 그로 하여금 자신의 어린 시절 상황을 다른 관점에서 보게끔 만들었다. 이따금 아동학대의 이력이 있는 사람들은 그 결과로 인해 학대적인 성인이 된다. 반면에, 많은 경우에는 그 반대가 되기도 한다. 어린 시절의 학대는 어른으로 하여금 아이들의 욕구에 공감하게 하고 어린이를 보호하려는 사람이 되게 한다. 해리는 아이들에게 친절했으며 불우한 어린이들을 돕기 위해 많은 시간, 에너지, 그리고 돈을 썼다.

해리의 꿈은 그의 어린 시절 학대에 대한 연상이 핵심주제인 듯이 보였다. 하지만, 의문스러운 점은 학대에 대한 어린 시절의 꿈과 기억이 정확히 묘사되고 완전하게 해소되었는가 하는 것이다. 아무도 그 해답을 갖고 있지 않다. 우리가 초기에 언급하였듯이 꿈은 종종 여러 층으로 나타난다. 해리도 그랬을 것이다. 치료의 후반부에서 그의 꿈에 나타난 강력한 상징 몇 가지를 다시 살펴보았다. 실제로 이들 꿈의 상징들 중 몇몇은 해리가 간헐적인 우울의 발작에 대해 완성한 포스터에서도 드러났다(9장 참조). 한편, 해리는 그의 아동학대 문제에 대한 서술을 통해 꿈의 작업을 종결할 수 있었다.

Part Ⅱ 고통과 증상 완화시키기

대부분의 사람들은 치료를 생각할 때 고통스런 증상을 완화시키는 것으로 생각한다. 대부분의 심리치료에서 장기간의 정신분석은 예외가 될 수 있지만 그 목표는 증상을 완화하는 것이다. 치료자는 내담자가 덜 우울하고, 덜 불안하고, 덜 두려워하고, 더 잘 자며, 덜 화내거나 분노를 보다 수용이 가능한 방식으로 표현하도록 돕는다. 2부에서는 심리적인 증상 혹은 고통스러운 환경에 처한 사람을 돕기 위한 사진 미술치료의 활용에 대해 언급할 것이다.

7장은 두려움과 사람들이 그것을 직면하게 돕는 방법에 대해 논하였다. 이 장에서 특히 흥미로운 것은 사진 미술치료와 도라 칼프(Dora Kalff)에 의해 연구된 모래놀이 기법을 결합하여 아이들과 함께 한 작업이다.

8장은 정신내적(intrapsychic) 갈등에 대한 논의다. 융(C. G. Jung)의 개념에 더하여, 닐 밀러(Nill Miller)와 존 달라드(John Dallard)의 보다 현대적인 개념을 끌어들였다.

9장은 무기력과 우울치료에서 사진 미술치료를 융의 이론적 입장과 아론 벡(Aaron Beck)에 의해 개발된 인지치료 접근을 결합하여 분석하려는 시도다.

10장은 어린 시절 학대받았던 한 여성에 대한 사례 연구다. 우리는 이전의 장들에서 기술된 많은 활동들이 단기치료 프로그램에서 어떻게 결합될 수 있는지를 보여줄 것이다.

이 책의 1부와 마찬가지로, 우리는 내담자가 만든 미술작품의 사례들과 그 작품에 대해 그들이 언급한 것들을 제시한다.

Chapter 07

두려움에 맞서기

사라(Sara)

사라의 어머니는 사라의 두려움, 자기주장의 결여, 그리고 타인을 향한 비난을 받아들이는 습관 때문에 사라를 치료실에 데려왔다. 사라가 호소하는 문제는 사라 반에 새로 온 소년으로부터 받는 괴롭힘 때문에 겪는 과도한 스트레스였다.

사라는 의사소통을 잘하는 7살의 영리한 소녀로 보였다. 사라의 부모는 온전한 결혼생활을 유지하고 있었다. 어머니는 커리어 우먼이었고 사라의 심리적 발달에 관심을 가지고 있었다. 사라에겐 형제 간 경쟁(sibling rivalry)을 만들어내는 여동생이 있었다.

내가 사라에게 가장 큰 두려움에 이름을 붙여보라고 요청했을 때, 그녀는 프레디 크루거(Freddy Krueger, 역주: 미국 영화 '나이트메어(Nightmare)'에 나오는 꿈에 등장하는 살인마)라고 말했다. 사라와 그녀의 어머니는 둘 다 지난 4년간 사라의 무수한 악몽에 대하여 이야기하였다. 악몽은 사라가 3살 때 그녀의 보모가 가져온 '엘름가의 악몽(Nightmare on Elm Street)'이라는 비디오를 보았을 때 시작되었다. 영화 속의 무서운 인물인 프레디 크루거는 사라의 악몽을 통해 출몰하기 시작했다(사라의 그림은 <그림 7-1> 참조).

사라의 어머니가 대기실로 간 다음, 나는 사라에게 나를 위해 프레디 크루거의 그림을 그려줄 수 있는지 물으며 대화를 시도하였다. 사라는 뒷걸음질 치더니 단호한 목소리로 "아뇨!"라고 말했다. 나는 "우리는 그를 우습게 보이게 만들 거란다. 이리오렴, 내가 도와줄게."라고 말했다. 사라는 미술 책상에 나와 함께 앉아 내가 프레디 크루거의 윤곽선을 그리기 시작하는 것을 보았다.

나는 "자, 우리가 어떻게 그를 우습게 보이도록 만들 수 있을까?"라고 물었고, 사라는 "그의 머리에 물을 부어버려요."라고 제안하였다. "물바가지를 그릴 수 있겠니?"라고 묻자, 사라는 "아뇨."라고 마지못해서 대답했다. "선생님이 하세요." 나는 프레디 크루거 머리 위에 바가지를 그렸고 오래지 않아 사라도 참여하게 되었다. 그녀는 그의 머리와 얼굴에 물을 붓는 것을 그렸다. "다음엔 뭘 할까?" 나는 물었다. "뭐가 그를 멍청하게 보이게 만들까?" "걔한테 땅콩버터를 발라버려요." 라고 사라가 말했다. 나는 사라가 그의 얼굴과 팔꿈치에서 손까지 땅콩버터를 바르는 동안 땅콩버터 병을 그렸다. 사라는 곧 프레디를 멍청하게 보이게 만드는 일에 몰두하였다.

사라는 그의 귀에 보라색 귀걸이를 그렸고 얼굴에 여드름을 그렸다. 그 다음에 프레디의 그림 둘레를 잘라내고, 그의 짧은 바지를 오려냈다. "그 바지를 가지고 무엇을 할 거니?" 나는 물었다. "난 몰라요."라고 사라가 대답하였다. 나는 "우리가 그걸 그의 머리 위에 올리면 어떨까?"라고 제안하였다. 사라는 매우 기뻐하면서 프레디의 머리 위에 그 바지를 붙였다. 그 다음에 남아 있는 종이에서 어떤 형상을 오려서 프레디의 바지가 있던 곳에 붙였다. "그게 뭐지?" 나는 물었다. "그건 그의 개인적인 부분이에요." 사라는 킥킥거렸다. "아!" 나는 외쳤다. "입을 바지가 없구나! 정말로 바보처럼 보이네."

다음 주에 사라가 치료를 위해 왔을 때, 지난 일주일 내내 악몽을 꾸지 않았다고 보고하였다. 우리는 프레디 크루거의 초상화를 다시 꺼내고 사라에게 더 작업하고 싶은지를 물었다. 사라는 동의하였고, 더 이상 프레디 크루거가 두렵지 않다고 말했다. 그러고 나서 나는 사라에게 손을 그녀의 엉덩이 위에 놓는 자세를 단호하게 취하고 프레디 크루거에게 "내 꿈에서 나가."라고 말해보라고 요청하였다. 사라가 단호한 자세를 취하는 데 몇 분이 걸렸다. 하지만 일단 자세를 취하자 사라는 자신의 강력한 자세를 즐기는 듯 보였다. 그리고 다음 구절을 반복했다. "내 꿈에서 꺼져, 프레디 크루거!" 몇 차례 하면서 매번 점점 더 열정적으로 외쳤다.

우리는 미술 책상으로 되돌아갔다. 사라는 프레디 크루거의 초상화를 포스터 보드 절반에 붙이고, 그녀의 이미지를 오려서 나머지 절반에 붙였다. 그녀는 마킹펜으로 색칠하고 그녀의 이미지 양쪽에 파란색 선을 그렸다.

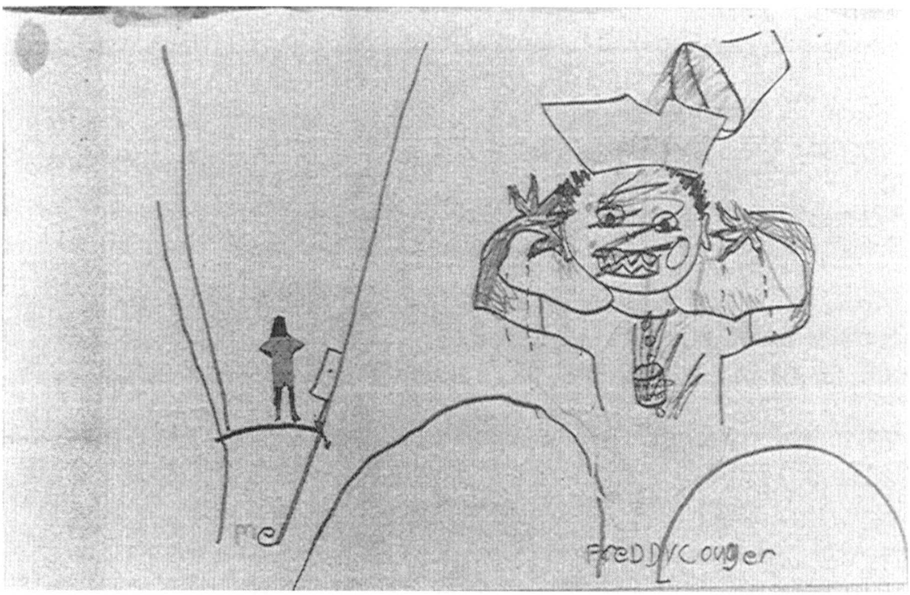

<그림 7-1> 사라가 그린 '프레디 크루거'

"저건 울타리예요." 사라는 말했다. "그러니까 그는 저를 잡을 수 없어요." 그 다음에 사라는 문을 덧붙였다. "그래서 나는 안팎으로 드나들 수 있어요."라고 사라가 말했다. 사라는 프레디 크루거를 가두는 녹색 언덕을 그렸다. 포스터가 완성되자, 사라와 나는 그녀의 이미지와 마음을 바꾸고 혐오스런 프레디 크루거를 물리친 이 강력한 작은 소녀의 '미술 걸작품'을 감탄하며 바라보았다.

무엇이 아이 혹은 어른에게 두려움을 만들어내는 것일까? 종종 그것은 사라의 경우처럼 마음속에서 압도적인 기억이 되어버린 하나의 외상적인 사건의 결과다. 추가적인 외상적인 사건들은 종종 원래의 두려움을 재활성화시키고 느낌들을 다양한 형태로 일반화시킨다.

홀리(Holly)

9살인 홀리의 경우에는, 그녀가 치료에 오기 몇 년 전에 우연히 학교 화장실에 갇혀서 두려움에 빠졌던 경험이 있었다. 그녀의 부모가 이혼한 후에, 이 두려움은 승강기처럼 작은 폐쇄된 공간에 있거나 그녀의 어머니에게서 떨어지는 것으로 일반화되었다. 홀리의 두려움은 몇 가지가 현실에 기초한다. 예를 들면, 마을의 위험한 지역에 위치한 교회에서 저녁 예배를 본 뒤 어두운 곳에 있는 자동차를 향해 걸어갈 때의 두려움, 혹은 그녀가 어디론가 혼자 갔을 때 어머니에게 무슨 일이 일어날지도 모른다는 두려움 같은 것 등이다. 홀리는 부모가 이혼함으로써 실질적으로 그녀의 아버지를 잃어버렸다. 그러니 어머니 또한 잃지 않을 거라고 장담할 수 없었다.

홀리는 1985년에 사진과 미술을 활용한 이전의 치료에서 이미 몇몇 원초적인 두려움들을 겪었다. 그 후 그녀의 아버지는 휴스턴에서 알래스카로 이사를 갔고 홀리는 그를 거의 보지 못했다.

홀리가 다시 치료를 시작한 것은 오래된 두려움, 즉 어머니에게서 떨어지는 것에 대한 두려움, 작은 폐쇄된 공간에 대한 두려움 등이 다시 나타났기 때문이었다. 아버지로부터의 초기 분리는 거리와 시간에 의해 정의되는 보다 더 큰 분리의 의미가 되었다.

우리가 이야기를 나눌 때, 홀리는 알래스카의 아버지를 방문하여 아이디다로드(Ididarod) 개썰매 경주를 보러갔던 여행에 대해 묘사하였다. 우리는 그 경주에서 우승한 수잔 부처(Susan Butcher), 경주를 완주하기 위해 필요한 힘과 인내심에 대해 이야기를 나누었다.

〈그림 7-2〉 홀리가 그린 개썰매 경주

홀리와 내가 사진 자세에 대해 논의할 때, 홀리는 개썰매 팀의 몰이꾼이 되기로 결정하였다. 기술과 인내심을 가진 사람인 부처와의 동일시, 신체 자세의 흉내, 이에 더하여 힘과 체력 본받기 등은 홀리가 새롭고 두려움 없는 태도를 취할 수 있게 도와주었다(홀리는 아마도 알래스카에서의 아버지의 새로운 삶과 동일시했을 수도 있다). 미술과 사진작업을 하면서 이러한 새로운 느낌들은 미술 형태로 전이되고 전인적인(wholistic) 미술작품으로 나타난다(홀리의 그림은 <그림 7-2> 참조).

우리가 이전에 설명하였듯이, 융은 꿈이나 공상, 이에 동반한 감정을 보다 깊은 이미지로 만들 수 있는 일련의 과정을 '적극적 상상'으로 명명하였다. 적극적 상상 과정은 무의식, 무형상의 원형이 드러난 형상을 취하게 되는 방법이다. 적극적 상상에서 이미지들은 자율적이 되고 스스로의 생명력을 갖는다.

우리는 이러한 이미지들이 자신을 표현하도록 하고, 의식과 무의식 간의 적극적인 상호 접촉을 시작하도록 하기만 하면 된다. 그러면 홀리는 분리에 대한 두려움과 아버지에 대한 상실감에서 승자와 자신감, 힘, 두렵지 않은 느낌을 느끼고 동일시하게 되었다. 그러고 나서 홀리는 이러한 이미지와 느낌들을 개썰매 몰이꾼으로서의 이미지들과, 알래스카의 경주에서 우승한 여인이 갖고 있는 통제력과 힘에 대한 느낌을 함께 결합시켰다. 우리는 꿈과 적극적 상상(6장)에 대해 융의 적극적 상상에 대한 이론을 자세히 살펴보았다.

프라이(Fry, 1974)는 만약 내담자가 어떤 기분이나 조건 때문에 무의식에서 나온 상징을 발견하게 되면, 다양한 기분과 조건들이 적극적 상상 안에서 '훈습될 수 있음'을 발견하였다. 그때 무의식에서 일어나는 것에 대해 완전히 수동적으로 받아들이면 상징을 자율적으로 전개할 수 있게 된다. 그 다음에 적극적 상상은 상징을 그리거나 조각함으로써 지속되거나 강화될 수 있다.

제니퍼(Jennifer)

제니퍼는 두려움에 가득 차 있지만 재능 있고 기쁨을 주는 11살의 소녀였다. 그녀는 사랑하는 할머니의 죽음 이후에 광장공포증에 걸렸다. 그녀의 증상들은 친구 집에서 밤새는 것에 대한 두려움, 바깥의 식당에서 음식을 먹는 것에 대한 두려움, 사춘기 이전의 정상적인 사회생활을 방해하는 두려움들이다. 우리가 결론을 내리기로는, 이러한 두려움은 할머니가 죽은 날 밤 집을 떠나 사촌과 밤을 새웠기 때문에 느꼈던 죄책감과 연관되어 있는 것이었다. 살아남은 사람들이 갖는 죄책감의 사례에서 종종 그렇듯이, 그녀는 만약 집에 있었으면 할머니가 돌아가시지 않았을 거라고 합리화를 하고 있었다.

제니퍼가 치료를 받는 동안, 우리는 그녀가 자신의 상실감을 다루는 것에 도움을 주기 위해 미술과 사진을 활용하였다. 제니퍼는 할머니와 함께 무언가를 했을 때의 행복한 기억을 그리면서 작업을 시작하였다. 한 그림에서 그녀는 크리스마스 때 할머니가 나무 옆 의자에 앉아 있는 장면을 그렸다. 이 그림들을 추억의 앨범에 담았으며, 그녀는 할머니에 대해 슬픈 느낌이 들 때마다 그걸 바라볼 수 있었다.

또한 제니퍼에게 할머니의 사진, 특히 그들 둘이 함께 있는 사진을 가져오도록 요청하였다. 그 사진들은 그들이 함께했던 즐거웠던 시간들을 기억하고 그들 사이에서 발전된 특별한 유대감을 떠올릴 수 있게 도와주었다.

제니퍼의 치료기간 동안, 그녀는 조금씩 사교적인 모험을 해볼 수 있었다. 우선, 그녀는 친구와 파티를 끝내고 잠을 자기 이전인 초저녁 시간만이라도 파티장에 머물도록 독려받았다. 그러나 밤새 노는 것은 시도조차 하지 못했다. 치료기간 동안, 나는 그녀가 상상 속에서 점진적으로 위험을 감수하는 어떤 행동을 시도해보도록 이끌었다. 그녀는 자신을 마음의 눈으로 바라보면서 두려움을 느꼈던 상황에서 편안함과 행복함을 느끼게 되었다. 그리고 점차적으로, 가까운 친구의 집에서 밤 시간을 보낼 수 있게 되었다. 그녀는 만약 공황 발작이 일어나는 경우, 부모님이 밤중에라도 차로 데리러올 것이라는 것을 알았다. 몇 개월이 지난 후에, 그녀는 밤새 파티를 즐길 정도로 충분히 자신감을 가졌을 뿐 아니라 친구와 저녁을 먹으러 밖으로 나갈 수도 있게 되었다.

사랑했던 죽은 이에 대한 기억을 떠올리는 것에 집중하는 이러한 비탄의 치료 방법은 아이와 어른 모두에게 효과적이다. 슬픔은 인간 정서의 가장 깊은 것 중 하나이며 종종 아이들의 문제로 간과되는데, 특히 아이들의 부모가 자기 자신의 슬픔에 빠져 있을 때 그러하다. 보통 어른들은 슬픔을 해소하려고 자발적으로 죽은 가족구성원의 사진을 가져온다. 그리고 제니퍼처럼 종종 죄책감, 즉 너무 많이 말한 것에 대한 죄책감, 죽음을 막지 못한 것에 대한 죄책감, 그냥 살아남은 것에 대한 죄책감에 사로잡힌다.

제니퍼가 집에서 멀리 떨어진 곳에서 잠을 잘 때 좀 더 편안함을 느끼도록 돕는데 사용된 체계적인 둔감법은 보통 다루기 어려운 두려움, 즉 다리를 건너는 것에 대한 두려움, 비행기를 타는 것에 대한 두려움, 혹은 고소공포증 같은 것으로 괴로워하는 성인에게 사용된다. 울페(Wolpe, 1958)에 의해 개발된 행동치료 기법에서, 어떤 사람의 불안은 이완을 역조건으로 활용함으로써 완화될 수 있다. 실제 임상에서 환자나 내담자는 치료자에 의해 단계적으로 두려움을 극복하는 정신적 기제를 통과해나가면서, 자기 자신을 자신감 있고 편안한 것으로 상상하도록 이끌어진다.

제니퍼는 어느 날 저녁 치료 회기에 악몽을 꾸고 찾아왔다. 그 꿈에서 제니퍼는 백화점에서 어머니와 쇼핑을 하고 있었다. 다른 고객들은 겁먹은 것처럼 행동하기 시작했고 백화점 앞에 있는 커다란 유리창문을 가리켰다. 경찰차들이 모였다.

갑자기 제니퍼는 하늘에 떠 있는 우주선을 보았고 공포 속에서 잠을 깼다.

악몽을 이야기한 다음에 우리가 취한 첫 번째 단계는 제니퍼로 하여금 그녀의 꿈을 그리게 하는 것이었다. 그림을 완성한 다음에, 제니퍼는 세노이족의 꿈작업 방법을 활용하여 적극적 상상을 계속하는 데 동의하였다(6장 참조). 그녀는 눈을 감고 마치 그 순간 일어나는 일인 양 꿈을 반복하였다. 그 다음에, 그녀는 사람들과 함께 용기를 내어 백화점 앞에서 우주선이 착륙하는 것을 보았다. 그녀는 전율을 느끼며 우주선의 문이 열리자 그 앞으로 점점 가까이 다가갔다. 놀랍고도 기쁘게, 다채로운 색깔의 귀여운 고양이 몇 마리가 튀어나왔다. 그런데 고양이들은 제니퍼의 삶 속에서 현재 사랑하는 것들이었다. "그 꿈이 아직도 당신에게 위협적인가요?"라고 물었을 때, 제니퍼는 "전혀요."라고 대답하였다. 그녀는 기쁨에 차서 우주선 밖으로 나오는 고양이들을 담은 또 하나의 그림을 그렸다.

제니퍼가 안고 있는 두려움의 복잡한 패턴들을 풀어나가는 것은 시간과 인내가 필요했다. 한 가지 의문은 외계인이란 단어에 대한 그녀의 오해에 대해 이야기를 나눴을 때 풀렸다. 이는 또한 그녀의 악몽에 대해 보다 깊은 이해를 가져왔다. 제니퍼는 텍사스에 살고 있는데 이곳은 종종 멕시코에서 텍사스 국경을 건너오는 다수의 불법체류 외국인들에 대해 신문에 실리는 곳이다. 불법체류 외국인들은 그들 공동체에서 살고 있었다. 그들은 정원사, 가사도우미, 목수, 식당 종업원으로 일했다. 제니퍼는 이들 외국인에 대한 두려움을 가지고 신체적, 심리적으로 방어하며 지냈다. 그녀의 마음속에서 외국인은 바깥 우주에서 온 외계인이었으며 우리들 사이에서 살고 우리를 위해 일하고 우리에게 식사를 제공하는 사람들이었다.

프라이리어(Fryrear)는 몇 년 전 어린 시절 가졌던 오해에 대해 말하는 내담자를 만났다. 그는 6살 때 수선화가 물 위에 떠 있는 늪으로 경계가 만들어진 루이지애

나로 가는 고속도로에서 가족들과 함께 차를 타고 갔는데 뒷좌석에 앉아 있었다. 그는 그 식물을 바라보면서 차 안을 가득 채우는 냄새를 맡았다. 그는 아버지가 그 냄새에 대해 말하는 것을 들었고, 어머니는 그 냄새가 암모니아 식물에서 나오는 것이라고 말했다. 소년은 고모가 폐렴으로 죽었다는 것을 기억해내곤 '암모니아(ammonia)'라는 단어를 '폐렴(pneumonia)'으로 오해했다. 거기에다가 어머니가 말한 '식물'을 늪에 떠 있는 식물이라고 가정하였다. 그때 어린 소년은 '폐렴식물(pneumonia plants)'이 늪을 채운 채 그를 죽일 수 있는 냄새를 풍기고 있다고 확신하게 되었다. 그는 대략 32 km 내내 숨을 참으려 노력하였고, 그 이후로도 몇 년 동안 '폐렴식물(pneumonia plants)'이 냄새로 그를 죽을 수도 있다고 확신했다.

아이들은 종종 오해와 연결된 비현실적인 두려움을 가졌을 수 있으므로 치료자는 오해의 가능성을 염두에 두어야 한다. 아이들은 아마도 그와 같은 오해를 자신의 부모님들에게 말하기 싫어할 수도 있고 혼란스러운 감정이나 악몽 같은 것으로 드러나는 침묵 속의 공포를 겪을 수도 있다.

두려움뿐 아니라 죄책감, 외로움, 분노, 그리고 우울과 같은 다른 감정들도 사진미술치료에서 직면하거나 탐색할 수 있다. 내담자는 기분이나 느낌을 나타내는 신체 자세를 취해본다. 미술작업에 사진을 포함시키면 기분을 잘 표현하게 되는데 이는 종종 문제에 대한 통찰이나 해결책을 가져온다. 모순적인 느낌들(예를 들면, 우울함 대신 고요함이나 자신감)을 확인하고 그러한 느낌을 나타내기 위해 자세를 취하는 두 번째 단계에서는 그러한 느낌을 행동으로 표현하는 상상과 더불어, 고통스러운 감정을 완화시키는 데 매우 도움을 줄 수 있다.

우리의 마지막 사례는 불안을 일으키는, 아마 전-정신증적 분열을 일으켰던 우울증을 가진 아이를 다룬 경우다. 제레미(Jeremy)는 큰 슬픔을 느끼고 있었다. 제레미의 선생님은 제레미가 다른 아이들과 어울리지 않고 대신 혼자 앉아서 조용히 고민하고 있다는 것을 알아차렸다. 제레미의 아버지가 그를 치료실에 데려왔을 때, 제레미는 즉각적으로 다음 여름 방문 때 어머니의 집으로 돌아가야 한다는 것에 대한 두려움과 싫어함을 표현하였다. 2명의 여동생들 또한 여름 방문이 가까워 올 때 치료에 참여하였고 그들의 불안은 상승하기 시작했다.

결국, 여름 방문은 예상했던 것보다 더 큰 불안을 일으켰다. 아이들 3명 모두가 어머니와 그녀의 새 남편을 두려워했고, 가을에는 3명 모두 치료에 참여하였다. 결국 그들의 아버지가 법정으로 가서 아이들이 어머니를 방문하는 횟수를 줄이는 데 성공하였다.

제레미의 미술작품 중 몇몇은 정신병 증후가 보였다. 이미지들 중 다수는 한쪽으로 기울어져 있었고 어떤 것들은 떠 있었다.

제레미는 머릿속에서 들리는 목소리에 대해 불평하였다. 목소리 하나는 제레미에게 아버지 지갑의 돈을 훔치라고 말했다. 다른 목소리는 그렇게 하지 말라고 말했다. 제레미는 2개로 분열된 얼굴을 그렸다. 한쪽은 "나쁜 쪽 말은 듣지 마."라고 말하고, 다른 쪽에서는 "좋은 쪽 말은 듣지 마."라고 말했다. 이와 같은 환청과 미술작품은 종종 정신분열증을 보이기 전의 징후를 나타낸다.

제레미가 가장 좋아하는 미술치료 매체는 모래놀이였다. 군인과 공룡과 수퍼히어로들 간의 전쟁을 자주 묘사했다. 어떤 회기에서, 나는 제레미가 모래판 안과 모래 위에 펼쳐진 전투장면 안에 본인이 참여하기를 바라는지 물어보았다. 제레미는 진심으로 좋아했다. 포스터보드의 작은 조각 위에 붙일 사진을 위해 자세를 취하였으며 그 다음에 그것을 오려냈다. 그리고 자신의 이미지를 작은 포스터보드 조각을 이용해 세웠다. 제레미가 모래놀이를 준비할 때 좋은 편 인물들을 모래판 한편에 놓았고 나쁜 편 인물들은 반대편에 놓았다. 자기 자신은 검은 거인 괴물의 그늘 아래서 보호받고 있었다. 제레미는 언제나 적극적인 모래놀이의 창조자였으며 갈등의 두 대극 사이의 전쟁을 행동으로 나타냈다. 제레미는 모래판 위의 전쟁에 몰두하고 승리를 한 다음에는 안정되고 자신감에 차 있는 듯 보였다. 치료 과정의 다음 활동은 집에 가져가서 서류철에 넣을 사진을 위해 모래상자의 장면을 찍을 즉석카메라를 사용하는 것이었다(<그림 7-3> 참조).

제레미는 자신의 직관적인 방법으로, 정신의 분열된 측면들을 함께 모으려고 시도하였다. 그것은 제레미가 안전과 자유를 발견할 수 있게 하고, 가장 큰 두려움을 상징적인 방식으로 탐색하고 극복할 수 있는 성역(temenos), 혹은 안전한 모래상자 안에서 이루어졌다. 이후의 회기에서, 내면의 목소리는 멈추었고 작품에서 나타난 한쪽으로 기울어진 이미지들은 똑바로 섰다.

〈그림 7-3〉 제레미의 미술작품

몇 주 후에 제레미의 아버지는 그가 학교에서 바쁘게 지내고 운동을 하면서 행복해한다고 보고하였다.

제레미가 사용한 모래놀이는 융 학파의 치료자인 스위스 취리히의 도라 칼프(Dora Kalff)에 의해 개발되었다(Kalff, 1980). 모래판은 플라스틱이나 나무로 만들어졌다. 판의 이상적인 크기는 49.53 cm×72.39 cm×7.62 cm이며 마른 모래로 채운다.

미니어처들, 작은 인형들, 상징물, 장난감 등은 모래놀이 치료자에겐 유용한 것들이다. 아이들이나 어른들은 모래판 속에서 장면을 만들어낼 수 있으며, 칼프는 이것들이 정신의 내용을 반영한다고 이론화하였다. 칼프(1980, p. 29)는 모래놀이를 통해 아이들이 자기 자신(Self, 혹은 아이 정신의 중심)에게 "치료 안에서 자신을 조직적으로 배치(constellation)하고 드러내도록 한다."고 기술했다. 그녀는 전이를 통해서, 아이가 자기 자신(Self)를 보호하고 자기와 자아 간의 관계를 안정적으로 만들 수 있게 하였다. 또한 "이는 심리치료적인 관계 속에서 가능하다. 그것이 자유롭고 보호받는 공간이 창조되는 순간, 그 자신을 조직적으로 배치하려는 정신의 자연스러운 경향과 일치하기 때문이다."라고 말했다.

모래놀이 장면에서 자기 이미지의 사진을 더하는 것은 최근에 개발되었다(Fryrear & Corbit, 1989). 이러한 인물상은 개인의 이미지를 상자 속으로 옮겨 다른 상징적 형상들과 상호작용하게끔 한다. 아이들 자신의 이미지를 모래놀이로 가져가는 행동은 현실에 대한 느낌을 모래놀이 장면에 불어 넣고, 아이로 하여금 스스로 자신의 두려움을 직면하여 다른 문제들을 해결하도록 한다.

> 여기서 폴라로이드 회사에서 즉석 사진을 오리는 것에 대해 경고한 부분을 강조하지 않을 수 없다. 화학물질로 인해 아이에게 일어날 수 있는 만약의 위험을 방지하려면 치료자가 사진을 자르거나 또는 오리지 말도록 해야 한다.

Chapter 08

정신내적 갈등들을 해소하기

사람들 사이에는 갈등이 존재하고 충돌이 발생한다. 사람들 사이의 갈등은 논쟁, 싸움, 죄책감, 수치심, 분노, 복수심, 그리고 기타 무수한 느낌들, 행동들, 그리고 경험들을 야기한다. 사람들 내의 갈등도 마찬가지다. 그것은 마치 하나의 몸에 2명의 사람이 있어 서로 논쟁하고 싸우고, 화나게 하고, 죄책감 및 기타 여러 느낌들을 갖게 하려는 것과 유사하다. 서로 무언가를 하게 만들려 하고, 조종하고, 속이고, 방어하고, 폭로하려고 든다. 이번 장에서는 사람들 사이에 있는 갈등보다는 내면에 있는 갈등을 다룰 것이다. 우리는 우선 갈등의 유형에 대한 융의 글을 언급하면서 몇 가지 사례를 제시하고 어떻게 사진 미술치료가 사람들이 갈등을 해소하는 데 유용한지를 보여줄 것이다.

성격에 대한 융의 이론은 갈등을 예외적인 것이라기 보단 규칙으로 간주한다. 우리는 도입부에서 융의 대극(opposite)의 긴장이란 개념을 넌지시 언급하였다. 정신 내의 의식과 무의식적 요소 사이에는 긴장이 존재하며 각각은 서로를 보상한다. 갈등 혹은 긴장의 또 다른 원천은 2개의 태도, 즉 내향적 태도와 외향적 태도 사이의 상호작용이다. 내향적 태도는 내면으로, 자기 자신으로, 자신의 사고, 정서 그리고 기억으로 향하는 것이다. 외향적 태도는 바깥으로, 외부의 환경, 특히 타인을 향하는 것이다. 2개의 태도는 대체로 지속적인 긴장 상태에 있다. 대극의 긴장은 피할 수 없으며, 실제로 정신의 에너지원이 된다. 그것은 또한 무수한 정신병리적 증상과 개인에게 잘못된 생활양식을 채택하도록 하는 이유이기도 하다.

대극의 긴장은 한 개인이 인생경로를 따라 개성화(individuation)가 될 수 있게끔 에너지를 불어 넣고 추진력을 제공한다. 개인에게는 진정한 개성화를 달성하는 것을 방해하는 무수한 실수들이 존재한다. 융은 이러한 실수들을 개인의 개성화를 날려버리는 부정적인 시도라고 불렀다. 간단히 말하자면, 다음과 같은 몇 가지 부정적인 시도들이다. 어떤 사람은 지나치게 완고해져서 다른 가능성들을 거부할 수 있다. 어떤 사람은 균형 잡힌 성격을 포기하고 극단적인 태도를 취한다. 어떤 사람은 갑자기 자신의 이전 삶에 반대되는 방향으로 나아간다. 이것은 잘 알려진 중년의 위기(mid-life crisis)처럼 갑자기 이전에 지녔던 태도와 반대되는 태도를 택할 수도 있다. 어떤 사람은 수개월 혹은 수년 동안 갈등과 불안의 상태에 머무를 수도 있다.

하지만 어떤 사람은 이러한 실수들에 보다 긍정적인 태도를 취함으로써 피할 수 있다. 융은 이러한 긍정적 시도를 개성화라고 불렀다. "우리가 마지막 장(개성화를 날려버리는 부정적인 시도)에서 다룬 대안적인 단계를 넘어선 종착역, 가능한 목표가 존재한다. 그것이 개성화의 길이다. 개성화는 단일하고 동질적인 존재가 되는 것을 의미한다. '개성화'가 우리의 가장 깊숙한, 마지막, 그리고 비교 불가능한 독자성을 받아들이는 한 그것은 자기 자신이 되는 것을 의미하기도 한다. 따라서 우리는 개성화를 '진정한 자신(selfhood)으로 돌아오는 것' 혹은 '자기실현(self realization)'이라 말할 수 있다(Collected Works, Vol. 7, p. 171)."

우리는 이번 장의 후반에서 개성화를 다시 살펴볼 것이다.

갈등이라는 개념은 융의 글들과는 별개로 오랜 학문적, 문헌적 전통을 가지고 있다. 현대에 이르러 갈등을 정의하려 한 달라드(Dollard)와 밀러(Miller, 1950)의 시도는 심리학에서 표준적인 분류체계가 되었다. 달라드와 밀러의 모델에는 갈등의 세 가지 주요 유형과 예닐곱 가지의 하위유형들이 존재한다. 접근-접근 갈등, 회피-회피 갈등, 그리고 접근-회피 갈등이 존재한다. 접근-접근 갈등은 한 개인이 동시에 두 가지 방향으로 이끌릴 때 일어나며 두 가지 목표가 모두 바람직한 결과를 갖고 있다. 간단한 예를 들면, 당신은 초콜릿 아이스크림과 바닐라 아이스크림 사이에서 무엇을 선택할지 고민할 수 있다. 복잡한 예를 들면, 당신은 두 사람 중 누구와 결혼할지 고민 중이고 둘 다 똑같이 사랑한다. 좀 더 복잡한 예를 들면, 당신은 당신이 똑같이 사랑하는 2명의 여인들 중 하나를 선택하려고 애를 쓰고 있을 수 있다. 접근-접근 갈등은 선택의 결과가 무엇이든 간에 잃을 것이 없기 때문에 극단적인 불안이나 기타 당신을 약하게 만드는 감정들이 생기지 않는다. 당신은 여전히 아이스크림을 얻을 수 있을 것이고 사랑하는 사람과 결혼할 것이다.

회피-회피 갈등은 한 개인이 2개의 바람직하지 않은 결과들에 직면하고 둘 다 피하는 것이 불가능할 때 일어난다. 그 결과가 무엇이든 간에, 두 가지 대안들 중 하나는 발생한다. 예를 들면, 당신은 치통을 감내하던지 아니면 치과의사를 찾아갈 수 있다. 두 가지 경우 모두 당신은 어느 정도의 고통을 경험해야 할 것이다. 많은 젊은이들이 베트남전쟁 동안에 징용당해서 전투에 임할 것인가, 아니면 미국을 떠나 캐나다로 국외 이주할 것인가에 대한 선택에 직면하였다. 두 가지 선택 모두 장래에까지 영향을 미치고 바람직하지 못한 결과를 야기한다. 이처럼 회피-회피 갈등은 고난과 슬픔, 그리고 우울을 일으킬 수도 있다.

접근-회피 갈등은 치료에서 만나게 되는 불안을 일으킬 가능성이 가장 크다. 접근-회피 갈등에서 개인은 동일한 결과를 바라기도 하고 두려워하기도 한다. 당신은 결혼하기를 바라지만 그렇지 않기도 하다. 당신은 직장을 바꾸길 원하지만 더 나은 직장을 찾지 못할까봐 두렵기도 하다. 당신은 스스로 독립해서 이사를 하고 싶지만 생계를 꾸려가는 것이 두렵다. 아마도 가장 기본적인 접근-회피 갈등은 위험을 감수하는 것에 대해 아무것도 하지 않을 때다. 아무런 위험도 무릅쓰지 않으면 아무것도 얻지 못한다. 하지만 아무것도 잃을 것이 없기도 하다. 많은 치료자들이 안전 대 위험 감수에 대해 글을 썼다. 예를 들면, 설리반(Sullivan, 1953)은 안전작전(security operation), 우리가 대인관계 속에서 어떤 위험의 가능성을 비껴가거나 회피하기 위해 몰두하는 어떤 병리적이거나 자멸적인 행동들에 대해 썼다.

우리가 여기서 사용하는 갈등이라는 용어에서, 안전 대 위험의 감수는 실제로는 이중의 혹은 다중의 접근-회피 갈등이다. 안전하고 위험이 없는 채로 남아 있는 것은 긍정적인 결과와 부정적인 결과 둘 다를 수반한다. 위험을 감수하는 것도 긍정적인 결과와 부정적인 결과 둘 다를 포함한다.

비극적이지만 흔히 학대받은 아내의 경험을 생각해보자. 그녀는 결혼생활을 유지하고 재정적으로는 안전하지만 계속적으로 구타를 당하게 된다. 그녀는 가정을 떠나서 안전해질 수 있지만 무일푼에 푸드 스탬프(역주: 미국에서 사용하는 구호대상자용 식량카드)에 의존해야 할 수도 있다. 물론 그 결과는 이러한 단순한 사례보다 훨씬 복잡하고 미묘하다.

실제로, 대부분의 갈등들은 여러 겹의 갈등들이며 서로 얽혀 있고 의존적인 결과들이다. 일부는 알려져 있지만 일부는 그렇지 않은 결과들을 가져온다. 어떤 사람이 '갈등 속에' 있을 때 그 사람은 동요하고 양가적이 된다. 접근-회피 갈등의 사례를 하나 들어보자.

밥(Bob)은 그와 함께 일하는 자넷(Janet)에게 다음 주 토요일 회사의 야유회에 함께 가자고 부탁하는 것에 대해 고민을 하고 있다. 그는 마음속으로 자신이 생각한 행동으로 인해 예측할 수 있는 가능한 결과들에 대해 깊이 고민하고 있다. 그녀는 받아들일 것이고, 그들은 사랑에 빠져 결혼하고 4명의 아이들을 낳고 이혼하고 서로를 증오하고 비참함 속에서 끝날 수도 있다. 또는 그녀가 크게 웃고 모든 사무실 직원들 앞에서 그의 외모에 대해 조롱하는 듯한 말을 할 수도 있다. 또는 그녀가 제안을 수용하였다가 그를 바람맞힐 수도 있다. 또는 그녀가 제안을 받아들여 그들은 멋진 시간을 보낼 수도 있을 것이다. 이러한 가능성들은 오직 그의 상상 속에만 존재한다. 그가 상상한 많은 갈등들이 사실은 불가능하다는 것은 별로 중요하지가 않다.

밥은 상반되는 느낌 때문에 그의 결정을 미룬다. 토요일이 가까워지면서, 그의 갈등은 심화되고 그의 불안도 커진다. 결국, 그는 어떤 방식으로든 갈등에서 벗어날 것이다. 그가 결정을 내리고 행동할 수도 있다. 자넷이 그에게 물어볼 수도 있다. 자넷이 조지(George)와의 데이트를 받아들임으로써 밥에 대한 결정을 내릴 수도 있다.

이 예에서는 결정이 시간에 구속되어 있기 때문에 갈등은 길게 지속될 수가 없다. 하지만, 많은 경우에 시간제한이 없다면 개인은 며칠, 몇 주, 몇 달 동안 갈등으로 인해 혼란스러운 상태에 머무를 수도 있다. 종종 치료자로서 우리의 과업은 내담자들을 수개월, 심지어 몇 년이라는 장시간 동안 마음에 남아있는 갈등들에 대한 해결책을 가지고 내담자들을 돕는 것이다.

왜 사람들은 불필요한 고뇌 없이 자신의 갈등을 해소할 수 없을까? 우선, 그들은 갈등을 명확하게 보지 못할 수도 있다. 갈등의 한쪽 측면, 혹은 두 가지 측면 모두가 무의식적일 수 있다. 그들은 문제의 모든 측면을 자각하지 못하므로 적절한 결정을 내릴 수 없다. 그리고 모든 사실들이 유용한 것은 아니기 때문이다. 둘째, 그들은 특정 결과의 가능성을 더 확대해서 생각할 수도 있다. 첫 번째 데이트를 친숙해지는 계기로 생각하기보다는, 밥처럼 결혼, 이혼, 아이, 그 밖의 것들에 대한 미래로까지 생각이 뻗어나갈 수 있다. 셋째, 사람들은 종종 특정한 결과가 실질적으로 보장되게끔 결정을 내린다. 밥은 자넷이 그를 거절할 것임을 확신하고, 그녀에게 야유회에 가자고 청하는 것이 아니라 하룻밤을 같이 보내자며 자신의 집으로 초대한다. 그녀는 그를 거의 잘 알지 못하기 때문에 거절하였고 그는 자신이 옳았다는 사실에 흡족할 수 있다. 그러고 나서 그는 자기를 더욱 경멸하게 만드는 더한 거절과 부적절한 제안의 단계들을 설정할 수도 있다. 그는 이성과의 접촉에 강한 욕구를 가지고 있기 때문에, 결국 기본적인 갈등은 심화되고 그에게 심각한 불안을 야기할 만큼 지속될 것이다.

사람들은 갈등을 너무 자세하게 상상한 나머지 그 결과가 무엇이든지 간에 그것을 경험하지 않으려 한다. 여기서 내향과 외향 사이의 대극의 긴장 가능성이 작용할 수 있다. 내향적 태도는 생각하고 숙고할 것을 조언한다. 외향적 태도는 행동을 하라고 조언한다. 물론 행동보다는 불안과 더불어 사는 것이 더 안전하다. 밥은 자넷에게 속내를 털어놓지 않고 남은 일생동안 자넷에 대해 고민하고 백일몽을 꿀 것이다. 공상은 안전하지만 그다지 만족스럽지는 않다.

이때 어떻게 사진 미술치료가 도움을 줄 수 있는가? 갈등의 모든 측면을 바라볼 수 있는 형식(format)을 제공함으로써 도움을 줄 수 있다. 또한, 결과를 유형화하고 구체화하여, 무의식에 머물던 해결책을 제시한다. 내담자가 어떻게 자멸적인 전략과 행동에 몰두했는지 보도록 돕기도 하고, 치료 회기의 안전함 속에 머물면서 갈등의 은유적인 해결책을 추진하거나 그것을 독려할 수 있다.

갈등 행동

우리가 살펴보았던 대부분의 행동들과 마찬가지로, 이번에도 한 가지 논의와 더불어 시작할 것이다. 그 논의는 앞서 말한 갈등에 대한 것이다. 내담자들은 갈등이 자연스러운 것이고 피할 수 없으며 모든 이들이 갈등을 가지고 있다는 것을 알게 되었다. 그럼에도 불구하고, 장기간 동안 해결책이 없이 갈등하고 있는 것은 보다 생산적이고 즐거운 방식으로 쓰일 수 있는 엄청난 에너지를 낭비하는 것이다. 내담자들은 일시적인 갈등들보다는 다년간에 걸쳐 자신을 피곤하게 만드는 갈등들을 고려해야 한다.

갈등에 대해 논의하고 숙고한 다음, 내담자는 사진과 미술을 이용해 묘사할 갈등을 하나 고른다. 이 지점에서, 내담자는 갈등을 어떻게 해결하는 것보다는 어떻게 묘사할지에 대해 집중해야 한다. 많은 사람들은 해결책을 염두에 둔 나머지 결론으로 건너뛰길 원한다. 치료자가 해야 될 일 중 하나는 내담자가 과정을 서서히 밟아나가도록 돕는 것이다. 내담자는 갈등의 양극을 나타낼 수 있는 자세를 취하고 치료자(혹은 집단 파트너)는 사진을 찍는다.

사진 및 기타 미술매체, 그리고 포스터보드를 사용하여, 내담자는 갈등을 가능한 한 명확하게 묘사한 포스터를 만들게 된다. 이때 풀을 사용하는 것은 피하는 것이 좋다. 내담자가 포스터의 일부를 옮기려 할 수도 있기 때문이다.

다루기

내담자는 포스터를 가이드로 삼아서 갈등의 양극을 묘사하는 데 사용된 자세를 다시 취하라는 말을 듣는다. 내담자는 각각의 자세 속에서 그 자세에 해당하는 하나의 단어를 생각한다. 내담자는 신체 자세를 유지하면서 그 자세의 이름을 몇 차례 크게 외치며, 2개의 자세와 명칭 사이를 왔다 갔다 하면서 전환한다. 내담자는

2개의 자세에 수반되는 신체감각과 느낌들, 그리고 하나에서 다른 하나로 전환될 때의 변화에 특별히 주의를 기울여야 한다. 어떤 사람의 몸의 유사한 자세와 갈등을 어린 시절에 경험하였다면, 이러한 활동 중에 어린 시절의 기억이 갑자기 드러날 수도 있다. 치료자 또한 더욱 공감하기 위해서 내담자의 움직임들을 따라할 수 있다.

내담자는 계속 하나의 자세에서 다른 자세로 바꾸면서, 그 다음엔 각각의 자세를 반대방향으로 아주 살짝 바꿔보라는 지시를 받는다. 그리고 또다시 가벼운 변화를 가하면서 각각의 자세를 반대방향으로 바꾼다. 자세들이 원래의 자세들과 다르게 느껴지기 시작하면, 내담자는 새로운 명칭을 생각하고 그것들을 크게 외치라고 요청받는다. 이 과제의 핵심은 갈등의 양극들이 양립할 수 없는 반대 극들로 여겨지는 것이 아니라, 감내되며 초월되고 심지어 인정될 수 있는 반대 극들의 긴장으로 여겨지는 어떤 중간지대로 접근하는 것이다. 결국, 내담자는 편안하고 적어도 인내할 만한 지점에 도달할 것이다. 그러고 나서 세 번째 사진을 위해 내담자는 이러한 중간지대를 표현할 수 있는 자세를 취한다. 이따금 매우 성공적인 치료 회기에선 중간지대가 전혀 중간이 아니라 새로운 지대, 새롭게 변용된 갈등에 관한 관점을 나타낸다.

내담자들은 포스터 위에 표현된 은유적 갈등들을 어떻게 좀 더 바꿀 수 있는지 생각하면서 포스터에 새로운 세 번째 사진을 더한다. 형태는 바뀔 수 있다. 색깔도 더해질 수 있다. 구성요소들의 관계도 그것들을 재배열함으로써 바뀔 수 있다. 내담자와 치료자가 작품을 철저하게 다룬 뒤에 내담자가 만족하면 포스터보드 위에 모든 것을 풀로 붙인다.

해리(Harry)

해리는 갈등 해소에 대한 사진 미술치료 프로그램에 참여한 46살 남성이다. 대부분의 과제와 과제 다루기는 짝을 지어 이루어졌고 해리와 그의 파트너는 서로를 도와주었다. 다른 과제에 대한 그의 작업은 3장, 6장, 그리고 9장에서 볼 수 있다. 그는 갈등 해소 과제 중에 <그림 8-1>의 포스터를 만들었다. 그 과제에 대해 해리는 다음과 같이 말했다.

"저와 제 파트너는 우리들 각자가 겪은 다양한 갈등들에 대해 이야기를 나누었어요. 우리는 방해가 되었던 것들 혹은 여러 해에 걸쳐 있던 것들에 집중하려고 노력했죠. 몇 가지 갈등들이 마음에 떠올랐는데 몇 가지는 제 파트너와 나누기에 지나치게 개인적인 것으로 보였고 또 몇몇은 그때 다루기가 너무 어려운 것 같아서 포기했어요. 갈등을 떠올리는 것은 어렵지 않았어요. 힘든 부분은 어떤 것을 먼저 다룰 것인가였어요. 마침내, 저는 한 번에 하나에 집중하기 보단 한 번에 여러 가지 일들을 진행시키려고 애쓰는 오래 묵은 습관에 대해 이해해보기로 결정하였어요.

전 일이 끝날 때까지는 그 일에 집중하고 다 마친 후에 그 다음으로 넘어가라는 충고를 들어왔죠. 하지만 한편으론, 언제나 주의를 요하는 여러 가지 일들을 동시에 진행하고 있었어요.

전 제가 후자(한 번에 여러 가지 일하기)가 전자(한 번에 하나씩 일하기)에 손해를 준다고 생각했어요. 그래서 종종 진행되는 다른 모든 일에 대해서 생각하기보다는 좀 더 가까운 과업에 집중하고 초점을 맞추기를 바라죠. 이따금 전 제 자신이 막대기 위에 접시를 올려놓고 막대기와 접시를 더하면서 동시에 모든 접시들의 균형을 유지하려는 서커스 단원처럼 느껴져요.

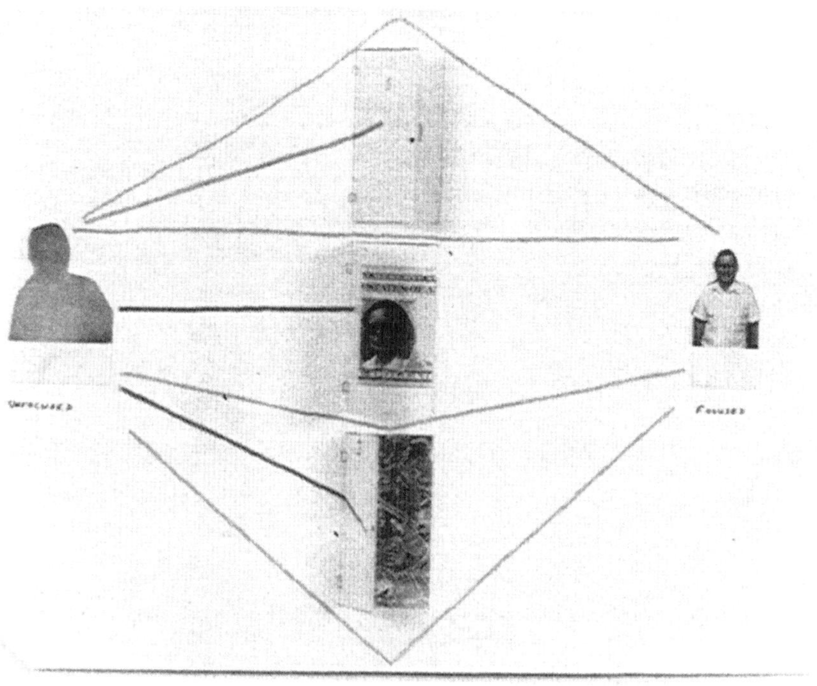

〈그림 8-1〉 해리의 갈등과 3개의 문 - 사랑, 명성, 행운과 모험

저는 갈등의 두 가지 측면을 보여주기 위해 파트너에게 초점이 맞춰진 사진을 먼저 찍고 그 다음엔 초점이 맞지 않는 사진을 1장 더 찍게 했어요. 우리가 사용한 폴라로이드 사진기는 초점을 조절할 수가 없어서 렌즈 위에 화장지를 덮어 초점이 맞지 않는 것처럼 보이게 했어요. 전 2장의 사진에서 자세를 바꾸지 않았어요. 저에게 초점을 맞추었는지 여부에는 상관없이 제가 동일한 사람으로 느껴졌기 때문이었죠. 제가 만약 그걸 다시 한다면, 한쪽엔 여러 개의 접시를 들고 다른 쪽엔 1개의 접시만 들고 균형을 잡고 있는 제 자신의 모습을 보여주었을 거예요.

사진이 인화된 다음에 그것들을 포스터보드 위의 서로 반대편에 붙였어요.

실제로 그걸 가지고 무엇을 해야 할지는 알지 못한 상태였어요. 저와 파트너는 두 자세에 대해 논의하였고, 저는 일어서서 초점이 맞춰진 느낌과 맞춰지지 않은 느낌을 느껴보려고 애썼어요. 전 초점이 맞춰지지 않은 몇 가지 경우를 기억하고는 파트너에게 그것에 대해 이야기했어요. 예를 들면, 전 이따금 동시에 서너 권의 소설을 읽어요. 아마도 한 권은 침대에서, 다른 한 권은 서재에서, 또 다른 한 권은 사무실의 책상 위에서 읽을 수도 있지요. 전 직장에서 종종 다른 프로젝트를 하기 위해 하나의 프로젝트를 포기하였다가 다시 처음의 것으로 돌아와요. 제 책상도 그런 업무 스타일을 나타내요. 전 때때로 정리정돈이 잘된 책상을 가진 사람들을 부러워해요. 아니, 그렇지 않을 수도 있어요. 보세요, 전 거기에 대한 갈등 속에 있어요.

우리가 갈등에 대해 논의하다보니, 전 갑자기 3개의 문이 나오는 텔레비전 프로그램이 떠올랐어요. 그 프로그램이 '가격은 정확하다(The Price is Right)'였다고 기억해요. 참가자들은 그 뒤에 상품이 숨어 있는 3개의 비밀스러운 문들 중 하나를 선택해야 하죠. 그건 초점이 맞춰지거나 맞춰지지 않은 갈등들이 어떤 면에서 비밀스러운 상품들과 엮여 있는 듯 보였어요. 그래서 전 포스터보드 가운데에 3개의 문을 그리곤 그것들이 열릴 수 있게 오려냈어요. 그리고 그것들을 텔레비전 프로그램에서처럼 '1', '2', '3'이라고 이름을 붙였어요.

그 다음에 저는 무엇이 그 문들 뒤에 있는지, 그리고 왜 그것들이 포스터에서 중요한지를 알아내야만 하죠. 그것에 대해 생각하고 파트너와 이야기를 나눈 다음 몇 가지 생각들을 하게 되었어요. 첫 번째 문 뒤에는 로맨스와 사랑이 놓여 있어요. 당신은 부분적으로 닫혀 있는 문 때문에 그것을 잘 볼 수는 없겠지만, 사랑과 로맨스를 나타내는 빨간 하트를 그리고 그것을 문 뒤에 붙였어요. 두 번째 문 뒤에는 명성과 부가 있어요. 문 뒤에 1달러 지폐를 붙이고 조지 워싱

턴 그림이 있는 곳에 제 사진을 붙였어요. 세 번째 문 뒤에는 모험이 있어요. 그 문을 위해서 정글에 있는 것 같은 빽빽한 식물들을 찍고 거기에 붙였어요.

만약 제가 지나치게 초점을 맞추었다면, 무언가를 빠뜨릴지도 모른다고 두려워하는 것 같아요. 사랑, 명예와 부, 혹은 모험을 빠뜨릴 수도 있죠. 제가 초점을 맞추지 않은 상태에 머문다면 모든 가능성이 저에게 열려 있어요. 반면에, 제가 지나치게 초점을 맞추지 않은 상태에 머문다면 저는 결코 만족스러운 연애를 하지 못할 것이고 돈을 벌거나 유명해지지 못할 거예요. 초점을 맞추지 않은 상태에 있는 것은 모험이지만 위험할 수 있고 길을 잃을 수도 있어요.

제가 처음에 포스터보드 위에 2장의 사진을 놓았을 때, 저는 갈등을 다뤄서 매우 초점이 맞춰진 사람으로 끝나리란 환상을 가지고 있었어요.

그러나 실제로 일어난 일은 매우 달랐죠. 사진에 대해 이야기하고 문들을 그리면서, 전 점점 더 중간에 위치하는 전반적인 개념들과 친숙해졌고 갈등은 점점 덜 중요해졌어요. 전 제가 새로운 가능성에 열려 있고 초점을 맞추지 않은 상태에서 머무는 것을 좋아한다는 것을 발견했어요. 이와 동시에, 파트너는 제가 완전히 초점에 맞춰져 있을 때를 상기시켜주었어요. 그것에 대해 생각해보니, 제 삶 속에서 장기간 한 가지 일에 집중할 수 있었을 때가 많이 있었다는 것을 알게 되었어요. 달리 말하면, 저는 한쪽 혹은 다른 반대쪽이 될 필요가 없어요. 둘 다가 될 수 있죠. 그건 단지 일정상 관리의 문제죠. 필요하다면 완전히 초점이 맞춰져 있을 때를 정할 수 있어요. 저는 이것을 상기시키기 위해 포스터를 사무실에 있는 제 어지러운 책상 옆의 벽에다 붙여 놓았어요."

해리의 삽화와 대화로 인해 나온 해결책들은 융의 이론을 명확히 드러낸다.

"논쟁과 감정의 앞뒤를 왔다 갔다 하는 것은 대극의 초월적 기능을 나타낸다.

두 입장에 대한 직면은 에너지로 가득 찬 긴장을 만들어내고 살아 있는 다른 것을 창조한다. 제삼의 배척원리(tetrium non datur)와 일치하는 논리적인 사산아가 아니라 대극 사이에서의 어중간한 상태로부터 벗어난 움직임, 새로운 수준의 존재, 새로운 상황으로 결론이 나는 새로운 탄생이다. 초월적 기능은 결합된 대극의 특성을 가지며 그것 자체를 명확히 한다(Collected Works, Vol. 8, p. 90)."

Chapter 09

무감정과 우울증 다루기

이번 장은 한 가지 경고로 출발해보자. 주요 임상적 우울증은 그대로 두면 매우 위험하다. 주요 우울증을 가진 사람의 15%가 자살을 시도한 것으로 추정된다. 우울증의 심각성 때문에 우리는 빠르고 지속적으로 우울증을 줄일 수 있는 치료 프로그램을 찾아야 한다. 우울증 치료에는 두 가지 전통적인 방법들이 유용하다. 항우울제인 모노아민 산화효소 억제제(monoamine oxidase inhibitors, 역주: 분자가 단일한 아미노기(amino基)를 가진 아민 화합물. 생물학적 활성을 가지는 신경전달물질)와 항우울성 복합제(tricyclic iminodibenzine derivatives)는 글자 그대로 구원자가 될 수 있다. 미술치료사 혹은 다른 비의학적인 치료자들은 약물이 유용하게 쓰일 수 있고 우울증의 치료에서 핵심적이라는 것을 간과해서는 안 된다. 우리는 내담자를 약물처방을 위해 정신병원에 보내는 것에 대해 개방적이어야 한다.

우울증에 대한 두 번째 유용한 치료 프로그램은 아론 벡(Aaron Beck)의 인지 행동적 접근이다(Beck, 1967; Beck, Rush, Shaw, and Emery, 1979 참조). 인지 행동적 접근은 칼 융의 견해와 이론적으로는 어느 정도 동떨어져 있다. 특히, 인지 행동주의는 무의식 과정을 장애의 핵심으로 가정하지 않았다. 오히려, 인지 행동적 관점은 내담자가 우울상태를 지속시키고 악화시키는 데 사용하는 의식적인 '자기 대화(self talk)'에 집중한다. 우리는 이번 장의 후반에서 이 주제로 돌아갈 것이다.

조울증 치료에서 약물치료를 고려하는 것은 매우 중요하다. 리튬은 조울 장애 내담자가 경험하는 심각한 수준의 기분 동요를 감소시키는 데 그 어떤 치료법보다 탁월하다. 조울증이 유전 때문일 수도 있고 대부분은 특정 유형의 생화학적 이상에 의해 야기된 것이라는 많은 증거가 있다.

이러한 주의사항들을 유념하고, 우리는 기분 장애의 치료를 위한 사진 미술치료에 대해 논의할 것이다. 심각하지 않은 기분 장애의 치료에 사진 미술치료는 매우 도움이 될 수 있다. '언짢은 기분(the blah)'과 고질적 기분저하 상태에 의해 수반되는 무감동, 우유부단, 그리고 지연된 행동(procrastination)은 모두 사진 미술치료가 쓰일 수 있는 영역들이다.

융(Collected Works, Vol. 7)은 '진짜 우울증(melancholia)'과 심인성 우울증을 구별하였다. 우울증(melancholia)의 경우 개인은 절망, 죽음, 죽어감, 무력감, 그리고 수동성이라는 공상을 가지는데 이것은 우울하기 때문이다. 그러나 심인성 우울증의 경우엔 그 반대인 경우다. 공상 때문에 우울하다. 과정상으로 볼 때, 공상은 개성화 과정이 막혔음을 자아에게 알려주는 것이다. 분석으로 치료될 수 있는 것은 심인성 우울증이다. 분석의 주요 진행과정은 내담자로 하여금 공상의 실제 모습을 인식하도록 돕는 것이며, 이는 무의식적 자아가 의식적 자아를 향하는 내적 의사소통이다. 따라서 분석가는 내담자가 그러한 기분과 '함께 머물고' 그것을 이해하는 것을 돕도록 노력한다. 내담자는 스스로 우울적인 공상과 이미지들에 몰입하고 그것들을 이해해보도록 조언을 듣는다. 그러면 결국 그것들(공상과 이미지들)의 의미는 명확해질 것이고 개성화는 진행될 수 있다.

많은 내담자들은 그들의 우울증을 두려워하는데 그것은 당연한 일이다. 우울증은 그들로 하여금 원만한 생활을 어렵게 하며 무감동, 무활동, 그리고 이따금 자해를 하게끔 한다. 융은 종종 우울증 치료 작업을 위해 적극적 상상기법을 활용했으며, 이는 부수적으로 상황적인 우울증에 매우 성공적이었는데, 오직 숙련된 치료자에 의해 사용되어야 한다. 상황적 혹은 환경적인 우울증에 대한 공식적인 진단은 '우울한 기분을 동반하는 적응 장애' 혹은 '혼재된 정서적 특성을 동반한 적응 장애'다(American Psychiatric Association, 1987, p. 331).

적극적 상상기법은 자연스럽게 혹은 인위적으로 유도될 수 있다. 어떤 이는 안 좋은 기분을 출발지점으로 삼아 자신의 공상적 이미지들이 나타나게 하거나 자신의 기분을 표현하는 이미지들을 찾아볼 수 있다. 어떤 사람은 이러한 이미지들에 자신의 주의를 집중시킬 수 있는데, 이것들은 일반적으로 변화하고 살아 움직이게 된다. 융은 이러한 변화가 무의식 속에서의 정신적 과정을 반영하기 때문에 주목되어야 한다며 "마치 위와 아래를 연결하는 폭포처럼 이런 식으로 의식과 무의식은 통합된다(Collected Works, Col. 14, pp. 495~496)."라고 권고하였다.

코빗의 내담자를 예로 들어보자. 주기적인 우울증에 빠지는 한 남자가 있었다. 그의 우울증의 발작들은 대인 간, 개인 내적으로 심각한 고통을 일으켰다. 그는 적극적 상상을 할 때 자신의 우울한 기분을 표현하는 이미지에 집중하라는 지시를 받았으며, 그 다음엔 이미지에 자기 스스로 몰입하도록 지시를 받았다. 그는 자신이 통로 아래로 깊이 내려가는 것을 보았다고 말했다. 그는 상상 속에서 어떤 장애물에 의해 막힐 때까지 통로 아래로 계속 내려갔다. 장애물은 통과할 수 없는 듯 보였다. 다음 단계에서 그는 자신의 모든 자원들을 모아서 장애물을 통과한 후 자신이 차고 안을 바라보고 있음을 발견했다. 그는 그의 상상 속에서 차고 안을 들여다보라는 요청을 받았다. 그는 차고를 둘러보았고, 세탁건조기에 새로 태어난 새끼 고양이들을 집어던지고 있는 2명의 어린 소년들을 볼 수 있었다. 새끼 고양이들은 죽어 있었다. 그는 그 소년들이 3살이 된 자기 자신과 친구라는 것을 알아차리게 되었다.

그들은 친구의 차고 안에 있었다. 결국 내담자는 자신의 이야기를 하면서 울었다. 그의 부모가 결코 그 사건을 언급하지 않았으며 그가 15~16살이 되기 전까진 잊고 있었는데, 이 기억이 되살아나며 그의 우울증 발작이 시작되었다.

3년 뒤 추수 회기에서 내담자는 그러한 통찰 이후에도 몇 차례 우울증을 겪었지만, 발작은 덜 심각하고 빈번하지 않았다고 보고하였다. 그는 "죄책감과 제 자신 사이에 큰 공간이 생겼어요."라고 말했다. 이 내담자는 그의 우울증 깊은 곳에 도달하여 뿌리를 발견함으로써 죄책감으로 인한 사고를 현실적으로 극복하는 데 도움이 되었다. 어린 시절 잊혀지거나 억압되었던 근친상간의 경험은 만성적인 죄책감에 기초한 우울증의 원인이 될 수 있으며 이는 앞서 살펴본 우울증을 가진 젊은 남성의 사례와 유사하다. 다른 우울증 사례의 경우, 우울증의 조건은 하나의 사고나 일련의 사고들, 혹은 내담자 삶의 '무의미한' 상태에 의해 만들어진다. 가족구성원의 죽음이나 병은 수개월 심지어 수년 동안 지속될 수 있는 우울증을 일으킨다. 실직이나 사춘기 청소년의 '행동화'는 때때로 우울증의 원인이 되기도 한다.

예술가적인 내담자들과 학생들은 그들의 창조적인 노력에 상응하게 나타나는 우울증과 성취감 속에서 기분의 동요를 경험한다고 보고하였다. 그들은 창조를 위해 고뇌하고 번뇌하는 시기 동안 종종 우울증 상태가 된다. 반면에 창작기간 중에는 종종 흥분감, 성취감을 경험한다.

최근 확인된 우울증의 또 다른 이유는 계절적인 일사량의 부족이다(계절적 정동 장애). 몇몇 사람들은 겨울 동안 햇볕이 부족하면 절망감, 무감동, 그리고 우울감이 생긴다.

내담자가 매년 똑같은 때 일어나는 우울함 때문에 고통스러워하는 것은 드문 일이 아니다. 이때 우리는 내담자에게 질문한다. "과거 이 시점에서 당신에게 무슨 일이 일어났나요?” 보통 대답은 대경실색할 만한 일들이다. “오, 우리 엄마가 5년 전 이맘 때 죽었어요.” 혹은 “전 7월 말경에 유산을 했고 이젠 매년 이맘때가 되면 우울해져요.”라고 말한다. 한 참전 용사는 매년 3월 중순이 되면 심각한 임상적 우울증을 경험한다고 보고하였다. 그에게 “과거 3월 중순에 당신에게 무슨 일이 일어났나요?”라고 질문했다. 그는 “오, 그때는 베트남에서 텟(Tet, 역주: 한국의 설에 해당하는 베트남의 명절) 공세가 있었을 때였어요. 제 전우들이 그때 많이 죽었어요.”라고 대답했다.

순환성 우울증으로 고통을 받는 한 내담자는 몇 년 전 3월 초 주말 동안 한 흑인을 담은 깜짝 놀랄 만한 초상화를 그렸다. 그림은 이전에 그녀가 그렸던 그 어떤 그림과도 달랐다. 그것은 사실적이고 상세했는데, 평소 그녀의 그림은 추상적이었다. 배경은 핏빛 붉은색으로 칠해져 있었다. 그녀는 며칠 동안 극심하게 우울했으며, 그 다음엔 그림을 그리고 싶었다고 보고하였다. 그녀에게 과거 이 시점에 무슨 일이 일어났는지를 질문했을 때 그녀는 “아, 제가 당신에게 얘기를 안 한 것 같네요. 전 8년 전 3월 초에 강간을 당했어요.”라고 대답했다. 그녀는 의도하지 않은 채 그녀를 공격한 사람을 그렸다. 강간에 대한 그녀의 수치심은 그녀로 하여금 그 사고를 억압하도록 하였고, 이후 그녀의 무의식은 그림을 통해 의식으로 밀려 나왔다. 이러한 자발적인 적극적 상상 과정은 그녀가 자신의 문제에 대해 작업을 시작하고 나서 순환성 우울증을 놓아버리게끔 도와주었다.

우울증과 자기 삶의 ‘무의미함’으로 고통을 받던 40대 중반의 또 다른 여성은 찰흙을 이용해 우울한 기분을 표현하였다. 그녀는 자신의 기분을 찰흙에 표현하고 머리를 푹 숙인 절망에 빠진 여성을 조각하면서 그 과정에 완전히 몰입하였다. 마치 그 과정 자체가 그녀를 사로잡은 듯 보였다. 조각상을 완성한 뒤에 그녀는 그녀의 머릿속을 채운 시의 단어들에 압도되었다. 그녀는 단어들을 종이에 적었다.

절망

절망, 더 이상 나는 당신의 존재를 부정할 수 없네요.

수년 동안, 전 당신에 대한 모든 생각들을 밀어냈었죠.

당신의 메시지들을 거부하면서 당신을 멀리 두었던 저의 거짓된 유쾌함.

그렇지만 절망, 당신은 무럭무럭 자라났죠.

당신은 제 몸을 비틀었어요. 당신은 제 뱃속을 쥐어뜯었죠.

당신은 관심을 요구하면서 제 중심을 뒤흔들며 지나갔어요.

전 제 골수 속까지 절망, 당신을 느낄 수 있어요.

제가 당신을 인정해주길 원하고,

꿈속에서 저를 부르면서 당신과 하나가 되자고 부르고 또 불렀지요.

절망, 마침내 당신이 이겼어요. 전 당신과의 결합을 받아들여요.

무감각은 사라졌어요. 전 당신의 그 어두운 장엄함까지 모두 경험해요.

절망, 우리는 하나예요.

그녀는 이 시를 통해 어떻게 자신의 삶 속에서 무의미함을 느꼈는지, 어떤 식으로 그녀의 남편과 아이들을 견뎌냈는지를 논하였다. 그녀는 친구들과 가족들을 위해 활기차고 '기분 좋은' 상태로 머무르려 노력하면서 그녀를 귀찮게 들볶는 우울한 느낌들을 바라보길 거부했다. 그녀가 자신의 찰흙작품을 가지고 작업한 다음에 말했다. "그건 마치 제가 세상의 절망과 접촉하면서 그게 전부 찰흙조각 속으로 들어간 것 같았고 그 속에 빠져들었죠. 그때는 제가 절망적이었어요. 그러자 그 작품이 그냥 떠올랐어요."

찰흙과 적극적 상상을 활용한 치료적 작업을 계속하면서, 우리의 시인은 또 다른 여성상을 빚어냈다. 그 인물은 또다시 우울하고 고개를 숙인 채로 있었다. 그러곤 다시 시가 그녀를 사로잡았다.

투쟁

찰흙의 깊은 곳에서 그녀가 다가왔다.

마치 그녀가 언제나 알고 있었던 것처럼 그녀는 태어날 것이다.

처음엔 그녀의 얼굴이 나타났다. 이미 만들어진 채로.

그녀가 해방시켜 달라고 외치는 것에 대해선

아무런 의문의 여지도 없었다.

그녀의 부서지기 쉬운 생명을 두려워하며,

그녀의 몸으로부터 재빠르게 찰흙을 걷어냈다.

우리는 완전히 일치되어 일했다, 우리 둘이서.

그녀는 낳아달라고 요구하였다. 난 순종하는 산파.

나중에 나는 그녀의 몸을 매만졌다. 내 손을 움직인다.

그녀의 척추를 따라 그녀의 둔부를 어루만지면서.

그러고 나서 우린 한숨을 쉬었다. 2명의 지쳐버린 연인들처럼.

그러자 기분이 좋았다.

이때 이 여성은 그녀의 작업으로부터 어떤 긍정적인 결과를 인식할 수 있었다. 우울함을 걷어내기 시작하면서 그녀는 삶에 대한 전반적인 조망을 갖기 시작하였다. 그녀는 이러한 예술적인 배출구가 그녀의 느낌과 기분을 보다 창조적이고 덜 자해적인 방식으로 표현하는 데 도움이 된다는 걸 발견하였다고 보고하였다. 꿈과 표현적인 예술을 활용한 적극적인 상상기법, 혹은 이번 사례처럼 우울한 기분에 대해 실시한 적극적 상상은 융이 보다 자세하게 기술하고 있다.

모든 사례에서 꿈 내용의 개념적 맥락만 설명하는 것으론 충분하지 못하다. 종종 시각적인 형상을 부여함으로써 희미한 내용을 명료화하게 한다. 이는 소묘,

> 색칠, 혹은 소조에 의해 이루어질 수 있다. 종종 손은 지능이 헛되이 씨름한 난제를 어떻게 해결할지에 대해 알고 있다. 그것을 모양으로 만들어내면 처음엔 이해할 수 없지만 고립된 사건이 전체 인격의 장으로 통합된다. 그것이 처음엔 무의식의 상태였다 할지라도 말이다.(Collected Works, Vol. 8)

일단 무의식의 내용에 형상이 주어지고 그 형상의 의미가 이해되면, 어떻게 자아가 이러한 위치와 연결되는가, 그리고 어떻게 자아와 무의식이 타협하게 되는가에 대한 의문이 생긴다. 이는 과정의 두 번째이자 제삼의 것(초월적 기능)을 낳기 위해 대극을 한데 모으는 중요한 단계다. 이 단계에선 무의식이 더 이상 주체가 되어 이끌어가는 것이 아니라 자아가 선두에 나서게 된다(pp. 86~87).

또 다른 융 학파의 관점에서 보면, 텍사스 주 휴스턴에 있는 융 교육센터(The C. G. Jung Educational Center)에서 일하는 춤치료자인 캐롤린 페이(Carolyn Fay)는 다양한 기분과 정서적 상태를 가지고 작업하기 위해 적극적 상상과 춤동작을 활용하였다. 그녀는 기분을 인도하는 데 음악을 활용하면서 학생들에게 자신의 몸을 활용해 그들의 느낌들을 표현해보라고 지시하였다. 학생들의 적극적 상상 과정은 움직임 속에서 자발적으로 진행되었으며 춤동작 과정으로 이어졌다.

이제 우울증에 대한 인지 행동적 치료로 돌아가보자. 간단하게 말하면, 벡과 그의 동료들에 의해 개발된 이 접근은 그 이름처럼, 인지적 그리고 행동적 전략 둘 다 포함한다. 치료의 인지적 부분은 간단하게 4가지 국면으로 나누어진다.

첫 번째 단계에선 내담자로 하여금 자동적으로 생겨서 죄절감, 절망감, 그리고 우울감을 계속 느끼게 하는 비관적인 사고를 구별하도록 돕는다. 이와 같은 사고의 사례를 들면, "나는 결코 좋은 직업을 다시는 찾지 못할 거야.", "아무도 나를 사랑하지 않고 난 사랑받을 수 없어.", "나는 영원히 불행하도록 저주받았어." 등이다.

두 번째 단계는 내담자로 하여금 스스로를 좌절시키는 인지와 우울증 사이의 관계를 보도록 돕는 것이다. 내담자는 이러한 자동적 사고들이 일어나는 시간과 장소를 기억함으로써 그러한 생각들 다음에 그들의 우울한 기분이 깊어진다는 것을 발견한다. 내담자가 비관적 사고와 그에 따른 기분을 기록하는 것은(행동적 전략) 그들이 이런 관련성을 보는 걸 돕는다.

세 번째 단계는 자동적 사고에 대한 객관적, 현실적, 논리적 분석을 통해 어떤 객관적인 증거가 실제로 있는지를 살펴보는 것이다. 이와 같은 분석의 결과 중 하나는 내담자가 '결코', '아무도', '영원히' 같은 단어들이 논리적이지 않다는 것을 깨닫게 한다. '결코 직업을 찾을 수 없어.', '아무도 나를 사랑하지 않아.', '영원히 행복할 수 없어.' 같은 자동적 사고들은 논리적이지 않으며 그것들은 논리와 현실성을 무시하는 것이다.

끝으로 네 번째 단계는 내담자로 하여금 자동적, 비논리적, 그리고 비현실적 사고를 보다 현실적인 것들로 교체하게 한다. "나는 결코 좋은 직업을 다시는 찾을 수 없을 거야."는 현실적으로 "내가 선호하는 직업을 찾으려면 시간과 노력이 필요할 거야."로 바꾼다. "아무도 나를 사랑하지 않고 난 사랑받을 수 없어."는 "누군가는 나를 좋아하고, 친구가 되려는 노력을 좀 더 하면 보다 많은 사람들이 나를 좋아하고 사랑할 거야."로 바꿀 수 있다. "난 영원히 행복할 수 없을 거야."는 보다 현실적으로 "지금 이 순간은 불행하지만 내 기분이 나아지면서 친구도 만들어가고, 난 더 기분이 나아지게 될 거야."로 바꿔 말한다.

벡은 인지만으로 충분하지 않고 내담자가 행동을 할 필요가 있다고 믿었다. 이에 따라, 내담자는 자동적 사고의 목록을 작성하고 BDI(벡의 우울척도, 21개 항목의 평가척도) 질문지를 작성하며 기분 좋은 결과의 가능성을 높이기 위해 활동 일정을 짜는 과제를 부여받는다. 사회적 기술훈련 또한 치료의 행동적 요소에서 빈번한 부분을 차지한다. 어떻게 사진 미술치료가 인지-행동치료 프로그램의 영역을 확장시킬 수 있을까? 처음 보기엔, 2개의 접근이 불가능해 보이지만 그렇지 않다. 인지는 단어들만이 아니라 이미지들이기도 하다. 많은 경험들, 특히 어린 시절의 경험들은 단어로 연결되기보다는 반드시 그 경험에 따른 시각적 이미지들로 기억 속에서 부호화되고 저장되어야 한다. 이론적으로, 자동적 언어뿐만 아니라 자동적 이미지들도 가능하다. 이 이미지들 중 다수는, 우리에게 대체로 무의식적이거나 적어도 내담자에 의해 특정한 기분에 사로잡힌 것으로 의식적으로 인식되지는 않는다. 융은 실제로 그와 같은 사례를 언급하였다. 그의 내담자들 중 한 사람은 그가 무력하게 서 있는 동안에 그의 약혼자가 얼어붙은 호수의 갈라진 틈으로 뛰어드는 이미지를 가지고 있었다. 융은 이와 같은 이미지들과 이에 따른 그 남자의 느낌을 '그가 논쟁 없이 받아들이는 수많은 자동적 주장들'이라고 말했다(Collected Works, Vol. 7, p. 212).

자기 대화(self-talk)에 집중하는 벡의 접근은 언어적인 이미지 요소들을 무시하였다. 우리는 우울증에 대한 인지적 치료접근이 치료 프로그램에서 언어와 더불어 이미지들을 통합해야 한다고 생각한다. 이와 같은 프로그램은 융 개념의 핵심 요소들과 벡의 개념을 결합시키면 각각 사용할 때보다는 우울증 치료에 보다 효과적일 것이다.

부챌터 카츠(Buchalter-Katz, 1989)는 입원한 우울증 환자들을 대상으로 한 지시적인 미술치료에 대해 보고하였다. 그녀는 환자들에게 회복에 방해가 되는 것을 그려보라고 요청하였으며 그 방해물들은, 말하자면 내담자가 그들의 현재 상태를 회복하는 걸 방해하기 위해 존재하는 것들이다. 대부분의 환자들은 이와 같은 장애물들을 빠르고 대담하게 그릴 수 있었으며 이 장애물들은 절망감이나 무력감과 관련이 있는 이미지들이었다. 그 이미지들은 장애물에 대한 무수한 상징들을 포함하였다. 그들은 강한 필압, 검은색 혹은 어두운 색깔, 나선, 벽, 그리고 파편화되고 끊겨 있는 선들을 사용하였다. 분명히 환자들의 우울증과 연관되어 있는 이미지들은 내담자에게 즉각적으로 통용되었고 그것들을 그리는 데 아무런 어려움도 없었다. 부챌터 카츠는 내담자들이 미술 과제를 빠르게 시작하고 마치는 것에 대해 언급하였다. 우리는 그러한 이미지들이 융이 가정한 것처럼, 제대로 인식되기를 요구하면서 자아와 소통하기를 외치고 있다고 추정하였다.

일반적으로 사람들이 풍부하고 다양한 이야기를 가지고 있는 것처럼 그들 또한 풍부하고 다양한 이미지의 축적물들을 가지고 있다. 앞에서 말한 인지-행동적 치료의 네 단계와 유사하게, 사진 미술치료자들도 네 단계의 이미지-창조적 프로그램을 구성할 수 있다.

우선 사진 미술치료자들은 한 개인에게 비관적이거나 좌절시키는 이미지들을 자각하도록 돕는다. 그와 같은 이미지들은 각 개인에게 고유한 것일 수 있고 그 개인으로부터 나와야 한다. 부챌터 카츠의 작업에 따르면 그와 같은 이미지들은 어떤 종류의 장애물일 가능성이 크다.

두 번째로, 치료자들은 내담자들이 이미지들과 기분 사이의 연관성을 발견하도록 돕는다. 이미지와 기분 사이의 관계는 언어와 기분 사이의 관계보다 쉽게 발견되고 수용되는 것처럼 보인다. 왜냐하면 합리화, 타인비난하기, 주지화 같은 언어적 방어에 의한 방해의 가능성이 적기 때문이다.

세 번째로, 논리적으로 자기 대화(self-talk)를 반격하는 것이 이미지들로는 어렵다. 하지만, 이미지들의 은유적인 근거를 공박하고 그 이미지들의 상징적 의미들이 실제로 현실적인 사실들과 일치하는 지 여부를 살펴보는 것은 가능할 것이다. 예를 들면, 만약 이미지가 무력감을 나타내는 사슬이나 자물쇠 같은 상징들에 의해 절망적인 것들 중 하나라면, 내담자가 실제로 삶의 다양한 차원에서 무력한지 살펴볼 수 있을 것이다.

마지막 단계는, 자신을 좌절시키는 이미지들을 향상시키는 이미지들로 대체하는 것이다. 사슬과 자물쇠의 예를 사용하여 개인은 사슬을 풀거나 자물쇠를 여는 숫자나 열쇠를 발견한다고 상상할 수 있다.

부첼터 카츠는 비록 특별히 그녀의 작업을 벡의 인지적 작업과 연관 짓지 않았지만, 그의 것과 매우 유사한 프로그램을 수행하였다. 그녀는 환자들이 우울증에 대한 이미지들을 그린 다음에, 그들에게 그 이미지들의 특성과 어떻게 그것들이 바뀔 수 있는지에 대해 논의하게 하였다. 환자들은 소집단 속에서 그 이미지가 극복될 수 있는 것인지에 대해, 그리고 얼마만큼 그 장애물들이 허물어질 수 있고 돌파되거나 넘을 수 있는지에 대해 논의하곤 하였다. 그러한 집단 미술치료의 목표는 환자들이 '장애물을 다루고 그것을 극복하는 방법'을 발견하도록 돕는 것이었다(p. 360).

무감동과 우울증에 대한 사진 미술치료의 접근은 부첼터 카츠에 의해 보고된 것과 비슷하며 사진과 어느 정도 확장된 지시들을 추가하였다. 우리는 내담자들에게 그들 스스로 충족적인 삶을 살아가는 것을 어떻게 방해하고 있는지를 나타내는 사진을 위해 자세를 취하는 것으로 접근을 시작한다. 융처럼 우리는 내담자들이 스스로 비관적인 기분에 몰입하도록 하고, 어떻게 그것들이 행복한 기분 상태에 대한 장애물을 제공하고 있는지를 상상하게 하였다. 만약 내담자가 한편으론 현재 자신이 어떻게 존재하는지를 묘사하고 다른 한편으론 그가 어떻게 되길 원하는지를 그려내는 '시각적 전환' 과제(11장 참조)를 수행하였다면, 그 포스터는 이 활동의 시작지점으로 이용될 수 있다. 우리는 이 '시각적 전환' 포스터를 사용하여 어떻게 내담자가 스스로 하나의 자세에서 다른 자세로 전환하는 것을 방해하는지 직접 물어본다. 이 지점에서 그 이미지들과 기분이 연관되어 있는 것 같은 언어적 자기-대화에 대한 논의가 필요하다. "난 충분히 똑똑하지(혹은 사랑받지, 강하지, 젊지) 못해."처럼 스스로를 좌절시키고 방해하는 진술들이 사례들로 제공되고, 마치 벡의 프로그램에서처럼 스스로를 좌절시키는 종류의 진술들이 내담자로부터 끌어내어진다.

내담자들이 준비가 되면, 우리는 그들에게 스스로를 좌절시키는 방식의 자세를 취하게 하고 사진을 찍는다. 그러고 나서 내담자에게 사진 및 다른 미술재료들을 활용하여 우울하고 막힌 상태의 포스터를 만들도록 지시한다. 우울한 내담자들을 위해서는 검은색 및 색깔 있는 물감 혹은 마킹 펜들을 제공한다. 뿐만 아니라 검은색, 갈색 등의 색깔을 포함한 박엽지와 색종이도 제공한다. 만약 이 활동이 소집단에서 행해지면, 사람들이 서로의 사진을 찍어주고 자세를 취하는 것을 도울 수 있도록 짝을 지어 작업할 수 있게 한다.

우리는 완성된 포스터를 앞에 놓고 부챌터 카츠가 우울증 환자의 미술작품을 가지고 작업을 했듯이, 내담자에게 포스터 그리고 그 은유적 의미에 대해 자세하게 설명할 것을 요청한다. 그 다음에 인지적인 접근을 위하여 내담자에게 어떻게 자기를 좌절시키는 자세가 적합한 자세로 나아가는 것을 막는지 3가지 이유를 제시하라고 지시한다. 이러한 지시의 목적은 내담자가 무력감과 절망감에 대한 이미지와 기분과의 관계를 살펴보도록 돕는 것이다.

포스터에 내재된 무력감과 절망감에 대한 논의에 이어서, 내담자에게 그가 포스터에 묘사한 자세에서 빠져나올 수 있는 3가지 방법을 선정해보라고 요청한다. 즉, 어떻게 그 이미지들이 은유적으로 바뀔 수 있는가? 내담자는 상담자의 도움으로 포스터를 어떻게 바꿀 수 있는지 말할 수 있고, 필요하면 요구가 무엇이든지 다른 자세로 찍은 사진이나 미술작품들을 통해 바꾸도록 격려받는다. 이 치료의 목표는 이미지들을 긍정적이고 수용적인 것으로 바꾸는 것이며, 벡의 치료에서 긍정적이고 수용적인 자기 대화로 변화시키는 것과 같은 의미다.

해리(Harry)

해리는 때때로 순환성 우울증을 경험하는 46살의 남성이다. 가족력 중 조울증을 앓는 사람도 있지만, 해리는 심각한 기분의 동요를 경험하지는 않았다. 우울증이 나타나는 시기에 그는 언제나 유순했고 일을 못하거나 일상생활을 처리하지 못한 적은 없었다. 그는 특별한 이유가 없어도 울고 싶고 무관심하고 무감동한 시기를 겪었다. 그는 간단한 심리치료를 2번 받았으며 그때마다 약간 기분이 나아지는 것을 경험하였다.

해리는 우울한 기분과 관련된 집중적인 사진 미술치료 프로그램에 참여하였다. 사진 미술치료 프로그램 동안 해리의 작업에 대한 기타 사례들은 3장, 6장, 그리고 8장에 제시되고 논의되었다.

해리는 그때 과제를 진행하면서 <그림 9-1>에 제시된 포스터를 완성하였다. 그는 우선 포스터의 맨 아래에 우울한 상태를 표현하였으며, 맨 위의 인물과 무지개를 나중에 추가하였다. 그는 과제를 다음과 같이 묘사하였다.

> "제가 버림받은 기분 속에 있을 때, 그것은 마치 진흙 혹은 늪 속에서 무릎까지 처박힌 느낌과 같아요. 저는 무겁고 약하고, 몸이 수렁에 빠진 느낌이 들어요. 제가 움직이려 노력하면 마치 시커멓고 끈적거리는 늪지가 제 발을 끌어당기는 것 같아요. 전 제 자신이 수동적이고 꼼짝 못하고 수렁에 빠져 있는 자세를 취했어요. 사진에서 제 이미지를 오린 다음에 그걸 원형의 늪 가운데에 단단하게 붙였어요. 늪지의 심한 끈적끈적함을 보여주기 위해 검은색 크레용을 사용했어요.

<그림 9-1> 슬럼프 안의 해리와 그곳에서 빠져나오고 있는 해리

저는 또한 그러한 자세를 묘사하면서 음화된 사진을 활용해 검은색 배경으로 처리하고 회색 크레용으론 우울한 상태가 약하게 시작되고 좀 더 버림받은 상태로 진행되고 있는 것을 보여주려 했어요. 그러나 가끔 그것은 연한 '회색', 즉 두려움 그 이상으로 진전되지 않는 경우도 있었죠.

끔찍한 노력 없이는 그 자세에서 나아가지 못할 것 같았어요. 그 자세에서는 고개를 들어 주변을 둘러볼 수밖에 없고 너무 어려워서 움직일 수가 없었어요. 움직이려면 습지를 휘저어야 하는데 그렇게 할 수 없어서 움직일 수 없었어요. 전 거기에 사로잡혔죠. 불쌍하거나 무관심하게, 마치 그곳에 영원히 머물 것만 같았죠.

실제 제 삶 속에서도, 전 행동이 느려지거나 별다른 움직임이 없어서 옴짝달싹 못해요. 제 얼굴 역시 경직되어서 어떤 감정도 보이지 않고 제가 느끼는 것을 타인에게 말할 수도 없어요. 제가 혼자라고 느낄 때 전 슬퍼요. 이따금 슬픈 노래를 듣거나 슬픈 영화를 보고 울기도 해요. 만약 다른 사람들이 주변에 있으면 울지 않아요. 사실 지금 그걸 인정하면서도 조금 당황스럽네요. 보통 전 일을 하며 그러한 기분에서 벗어나요.

이러한 경험들은 1년에 1번 정도, 혹은 하루나 이틀 정도라면 좀 더 자주 오는 편이에요. 특히 매년 봄, 4월이나 5월에 취약한 것 같아요. 왜 그런지는 몰라요. 하지만, 길게 지속되진 않고 대략 한 번에 1주 혹은 2주 정도인 것 같아요. 그렇게 심각하진 않아서 포기할 것 같은 기분이 들지는 않지만 탈출하고 싶은 느낌은 들었어요. 이러한 탈출에 관한 공상은 언제나 저 혼자 어디론가 떠나는 모습이죠.

어떻게 제가 이런 수렁에서 벗어날 수 있을까요? 우선 저는 고개를 들어 팔을 이리저리 움직여야만 하죠. 음악들도 부분적으로 도움이 될 거예요. 전 춤을 추기를 좋아하고 음악은 제가 몸을 움직이는 걸 돕죠. 그리고 어떤 색깔도 도움이 되죠. 이 모든 검은색은 다른 색들로 대체되어야 해요. 음악, 동작, 그리고 색깔들이 그 해답이라고 생각해요. 전 다채로운 색깔의 무지개가 늪 위로 뻗어 있는 것을 그리려 노력했고 무지개색으로 지지받으며 휘파람을 불면서 걷고 있는 제 자신을 찍은 또 하나의 사진을 올려놓았어요. 제 고개는 들려 있고 활기에 차 있어요. 이 이미지는 제게 있어서 행복하다는 걸 나타내는 것이에요. 이 사진을 사용해서 행복한 기분이 완벽하고, 미래를 향해 뻗어나간다는 것을 보여주려 했어요."

해리가 먼저 그의 우울한 기분을 나타내는 원형의 늪을 그렸다는 것을 주목하자. 늪은 끈적이는 진흙과 더불어 부챌터 카츠의 내담자들이 그린 이미지들과 유사하게 하나의 장애물로 여겨질 수 있다.

두 번째로, 그는 왜 그가 장애물을 넘어 나아가지 못하고 그것을 실제 삶과 연결 짓는지에 대해서 3가지 진술을 할 수 있었다.

세 번째로, 해리는 보다 긍정적인 진술들과 은유적인 이미지를 찾아내고 첫 번째 이미지들에 대한 논리적 기반을 공박하였다. 그는 음악과 춤이 실제로는 '늪에 빠지지' 않았을 때의 현실, 즉 삶이라는 것을 확인하였다.

미술치료의 마지막 단계는 무지개 이미지처럼 격려가 되는 장면을 상상하고 그것을 묘사하는 것이었다.

해리의 '늪' 포스터와 그의 꿈을 그린 그림(6장 참조), 그리고 그에 따른 적극적 상상 사이에는 2가지 명백한 유사성이 있다. 해리의 꿈속에서, 그는 이 장의 포스터에서 묘사된 늪과 유사한 끈적거리는 진흙밭을 건너가고 있었다. 적극적 상상 과정 속에서, 해리는 진흙에서 단단한 대지로 빠져나오고 다음과 같이 말했다. "나는 이제 좀 더 가벼운 기분으로 걸을 수 있어요. 아마도 전 휘파람을 불거나 혹은 노래를 시작할 거예요." 이는 놀라울 만큼 앞에서 제시된 포스터의 무지개와 음악에 대한 묘사와 비슷하다. 우리는 해리의 꿈과 '늪' 포스터가 둘 다 우울증과 관련된 무의식적 이미지들을 묘사한 것이라고 가정할 수 있다. 이 두 경우 모두 우울한 이미지들을 다루려는 그의 의식적 시도는 움직이고, 걷고, 음악을 시작하는 것이었다.

Chapter 10

내면에 상처 입은 아이 돌보기(사례 연구)

미술 이미지들의 형태 중 예기치 않은 정보가 종종 학생들과 내담자들의 사진 미술치료 작업에서 나타난다. 이 정보는 무의식 속에서 오랫동안 부인되거나 억압되어 왔던 개인의 성격에 대한 자료일 수도 있고, 집단적인 무의식이나 집단적인 정신에서 나온 보편적인 성격에 대한 지식이 될 수도 있다.

개인적인 무의식에서 나온 미술 이미지들에 대해, 융은 '내면'이 그리는 주관적인 미술이라고 말했다. 그는 무의식이 어떤 내용을 묘사하며 의식에 영향을 끼친다고 주장하였다. 그리고 환자들이 자신의 꿈이나 이러한 이미지들을 내면으로부터 그리도록 독려하였다. 주관적인 이미지들은 주관적이고 개인적인 것으로 인식될 수 있다. 왜냐하면 그것들이 외부의 현실과 일치하지 않기 때문이다(Collected Works, Vol. 15).

주디스(Judith)

다음의 사례 연구에서, 개인적인 무의식으로부터 나온 이미지들은 최근의 심도 깊은 개인치료 작업을 통해 한 학생의 미술작품 속에서 드러났다. 그녀의 초기트라우마적 경험은 수년 동안 억압되어 왔다. 치료를 통해서 그녀는 자신의 과거를 인식할 수 있었고 환경에 대한 부정을 다루기 시작하였다. 그녀의 강력한 미술 이미지들은 과거를 직면하며 다시 끔찍한 기억들을 휘저었지만, 그녀에게 그것들과 타협하는 길을 제공하였다.

여름에 진행된 사진 미술치료 수업의 첫날부터 자그맣고 매력적인 주디스는 억압된 슬픔을 다루기 시작하였다. 그녀는 다행히 2개의 집단 중 외향적인 집단에 참가하였으며, 그 속에서 자신의 깊은 절망과 기쁨을 공유할 만큼 충분한 신뢰 관계를 발전시켰다.

집단을 위한 세팅은 사진 미술치료에 이상적이었다. 위스콘신 주의 제네바(Geneva) 호숫가에 위치한 나무로 지은 회의장소와 코스에 참가한 12명의 학생들 역시 이상적인 집단 크기를 제공하였다. 창조, 이완, 그리고 새로운 관점이 세속적이고 개인적인 문제들의 관점에서 진화할 수 있었던 환경은 의식의 전환에 도움이 되었다.

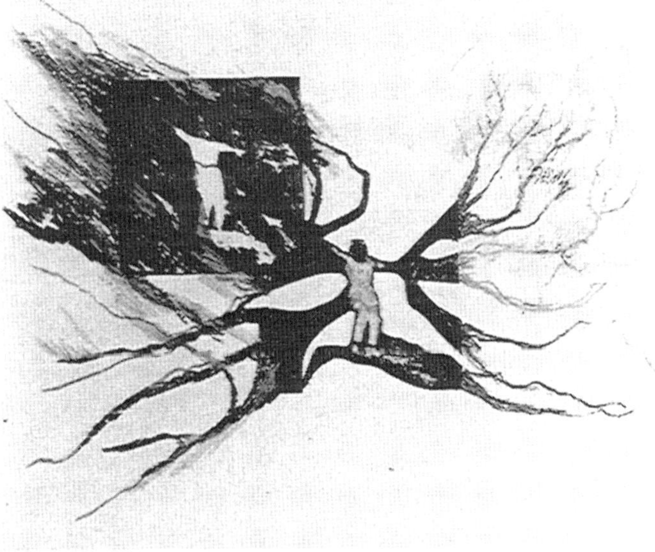

<그림 10-1> 주디스의 첫 번째 그림 '현재의 나'

집단에서 주디스의 첫 번째 작품은 그녀의 시각적 전환('현재의 나'와 '내가 되고 싶은 나') 프로젝트(11장 참조)였다. 그녀는 2개의 다른 그림을 그렸다. '현재의 나'(<그림 10-1>)는 그녀 양쪽으로 뻗어나가는 가지들을 가진 나무의 가운데에 그녀의 이미지를 오려 붙였다. 그녀는 검은 거미줄 같은 배경 속에서 힘들어하고 있는 것처럼 보인다. 그림의 왼쪽은 사진의 배경이 죽은 나뭇가지 속으로 스며든 것처럼 보인다. 오른쪽에는 가지들이 녹색을 띠고 있고 가지의 끝부분에는 몇몇 태양과 같은 노란색 원이 그려져 있다.

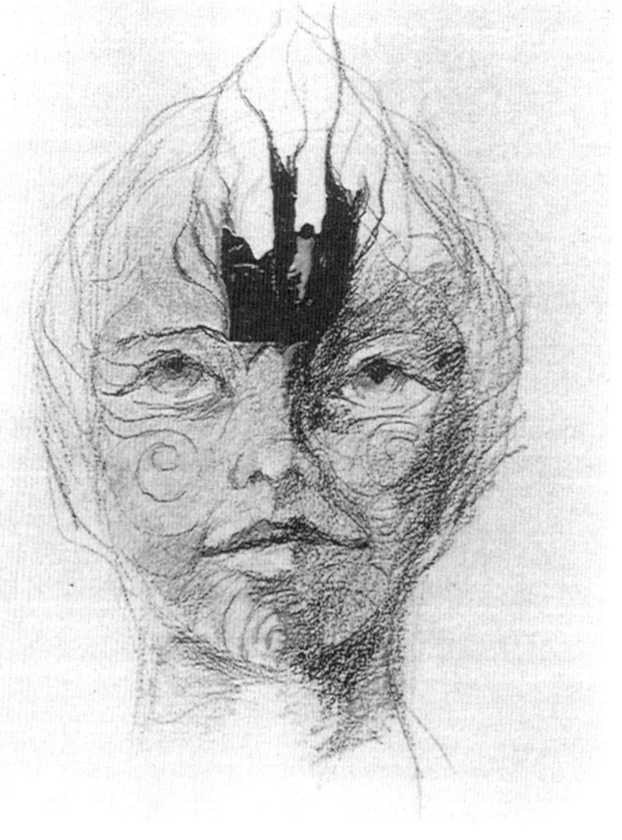

〈그림 10-2〉 주디스의 두 번째 그림 '내가 되고 싶은 나'

그녀의 두 번째 작품 '내가 되고 싶은 나'(<그림 10-2>)에서는 주로 파란색과 자주색으로 칠해진 젊은 여성의 얼굴을 그렸다. 그 여성은 꿈꾸는 듯한 얼굴이었다. 그녀 얼굴의 왼쪽은 노란색과 녹색 나선으로 구성되어 있었다. 주디스는 그녀의 사진을 여성의 이마 가운데에 위치시켰다. 그녀는 자신을 2개의 가지 사이에서 편안한 위치에 자리를 잡고 있는 것으로 묘사하였다. 나뭇가지들은 젊은 여성의 머리카락들과 함께 섞여 있었다. 주디스의 첫날의 시각적 전환 프로젝트에 대한 개요는 다음과 같다.

"첫 번째 회기에서 우리는 2장의 사진, 즉 '현재의 나' 그리고 '내가 되고 싶은 나'를 찍도록 요청을 받았어요.

첫 번째 사진에서 전 제가 너무나도 성공적으로 분리시킨 어린 시절 제 자신의 두 부분들을 끌어모으려 노력하는 저를 떠올렸어요. 그 사진 속에서 저는 각각의 나무들에 달린 2개의 가지들을 발견하고 제 팔로 그것들을 껴안고 세게 잡아당겼어요. 저는 그것들을 결합시키는 것이 불가능하다고 느꼈어요! 배경을 만들면서 또다시 분리에 대해 얼마간 작업을 해보았어요. 제 반대 극을 보았어요. 그것은 즐겁고, 행복하고, 친절하고, 긍정적인 나로부터 분리된 어두움, 격노, 고통, 절망, 트라우마 그리고 공포의 느낌이었어요. 전 이 사진에 '난 이걸 해야만 해!'라고 이름을 붙였어요.

'내가 되고 싶은 나'는 튼튼하고 견고하면서 기울어져 있고, 편안한 나무의 두 가지 사이에 서 있는 것으로 묘사하였어요. 이 사진을 제 이미 가운데에 위치시켰고, 이전의 투쟁을 나타내는 색들을 얼굴 안에 그렸어요. 전 제 자신을 통합하여 마침내 내 자신인 그 모든 것을 포용하게 되기를 바라요. 전 이것을 '난 괜찮아'라고 이름 지었어요.

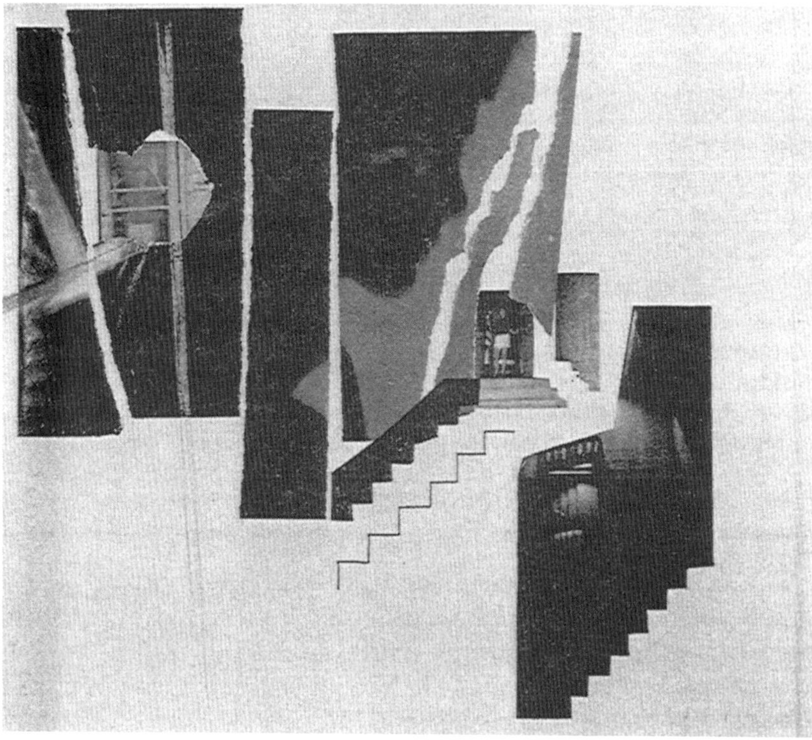

<그림 10-3> 갈등 속의 주디스

집단과정 속에서, 첫 번째 자세를 취하면서 사람들이 양쪽으로 저를 끌어당기게 했어요. 전 강렬하고 찢어지는 고통을 느꼈어요. 전 다른 사람들이 그 자세를 취하면서 제가 깨달은 것을 제대로 이해하게 되었어요. 제가 그렇게 세게 잡아당기지 않았다면 더 쉬웠을 것이란 걸 깨달았어요. 보다 이완된 자세가 훨씬 도움이 되었을 거예요."

둘째 날의 과제는 갈등이 되는 문제에 초점을 맞추고 갈등의 반대 극들을 나타내는 사진을 위한 자세를 취하는 것이었다(8장 참조). 주디스의 그림은 하나의 프로젝트 속에 그녀가 가진 갈등의 두 부분을 모두 포함시켰다(<그림 10-3> 참조).

그 그림은 파편화되어 있고 섬뜩하며, 빨간색과 검은색의 찢겨진 종잇조각으로 구성되어 있었다. 밤의 불빛 풍경이 만들어졌다. 주디스는 그림의 좌측 출입구 안에 그녀 자신을 위치시켰다. 그녀는 그녀의 허리 아래를 통과하는 듯한 빨간색 물감으로 줄을 더하였으며 불꽃 혹은 로켓과 같은 환영을 보여주고 있다. 또한 주디스는 그녀 자신을 우측 출입구 안에 위치시켰다. 이 그림 속에서 그녀는 좀 더 개방되어 있고 상처받기 쉬워 보였다. 계단은 출입구 쪽으로 향해 있으나 한 세트의 계단은 문지방에 도달하지 못하고 있다. 그림 속에는 다른 계단들도 있으나 그것들 역시 어디론가 향하는 것처럼 보이지 않는다. 주디스는 말했다.

"둘째 날에 우리는 갈등의 두 측면을 보여주는 자세를 취하게 되었어요. 전 제 갈등을 선이나 악(특히 선)이 지나치게 깊게 들어오는 것을 허용하지 않는 보호막으로 전달하고 싶었어요. 제 일부는 누군가가 지나치게 가까이 다가올 가능성 때문에 두려워해요. 긍정적인 피드백을 믿고 받아들이지만, 전 아마도 제 자신을 어떤 유형의 학대, 즉 이전에 제가 경험했던 어떤 학대로부터 제 자신을 보호하는 것 같아요. 첫 번째 사진은 쉬웠어요. 전 닫힌 문 뒤에 있어요. 제 얼굴은 거의 보이지 않고 제 손은 자기방어의 자세를 취하고 있어요. 다음 사진은 세 번째 시도 때까지는 결코 적절하게 표현하는 것처럼 보이지 않았어요. 햇빛 속에서 사라져가는 그림자 가운데에 누워있었죠.

이 과제의 가장 어려운 부분은 이러한 자세들을 예술적으로 묘사하는 것이에요. 제가 갈등의 해결책을 묘사하는 데 사용하고 싶었던 세 번째 사진은 별로 적절해 보이질 않았어요. 두 번째 것도 그랬고요. 전 제 자신이 해결책을 보여주려고 잡지에서 오린 검은색, 빨간색 사진과 계단 그림, 그리고 제가 찍은 첫 번째 사진(그나마 제가 선호하는 사진이에요)을 덧붙여서 사용하고 있다는 걸 발견했어요. 전 계단이 안쪽으로 향하는 열린 출입구 안에 서 있지만 그건 적절해 보이지 않았어요! 검은색과 빨간색 그리고 계단은 보호막을 형성하게 만드는 트라우마를 가진 저에게 고통스러운 것이에요. 전 제 갈등의 그러한 측면을 포함시키려고 의도한 것은 아니었어요. 전 두 번째 종이 위(적어도 그게 제가 언젠가 머물기를 바라는 곳이에요)에는 다른 사진들을 사용하기로 결정하였어요. 분명히 지금으로선 너무 이르죠. 전 창작의 마지막 과정에서 두통이 생겼고 제 작업에 대해 집단과 공유할 필요가 없게 되자 안심했어요. 전 그때 너무 상처받기 쉽다고 느꼈고 제 작품의 의미에 대해 확신할 수 없었어요. 내면 깊은 곳이 상처를 입었다는 것만 알았죠."

이 과제에서 단순히 주디스가 갈등의 두 측면을 바라보라고 요청했더라도, 그녀는 한 걸음 더 나아가 갈등을 예술적으로 해결하려는 시도를 하였을 것이다.

많은 학생들에게 있어 가장 어려우면서도 가장 보람이 있는 것은 이 책에서 나온 '나의 그림자와의 관계 속에 있는 나는 누구인가?'다. 우리 집단의 학생들 중 1명은 "당신이 당신의 그림자를 인정하면, 그것은 더 이상 그림자가 아니에요."라고 주장했다. 그러나 융 심리학의 그림자 개념을 이해하려면 그림자를 인정하는 것 이상이 필요하다. 그림자를 확인하고 인정하고 그림자를 가지고 작업을 하고 그림자와 놀고, 그리고 마지막으로 그림자를 통합할 필요가 있다. 그림자는 투사와 악몽을 통해 이해되고 인지할 수 있다. 그것은 동일한 성(性)의 타인에 대한 투사와 타인에 대한 긍정적이거나 부정적인 정서적 반응을 통해 확인될 수 있다.

집단구성원들은 이 과제를 위해 2장의 사진에 필요한 자세를 취하라는 요청을 받는다. 하나는 그들 자신의 그림자 측면, '내가 아닌 것'이다. 다른 하나는 그들의 자아를 표현하는 것, 그들 자신의 '나'에 대한 부분이다. 주디스의 작업은 대조에 대한 탐구였다. 그녀는 빨간색 옷을 입고 이빨을 드러내고 입은 벌린 채 두려워하는 자세를 취하고 있었다. 빨간색과 검은색은 그녀의 '갈등' 그림을 떠오르게 하

<그림 10-4> 주디스의 그림자와 페르소나

였으며 이 그림에서도 나타난다. 주디스의 몸의 위쪽은 검은색과 빨간색 줄의 그물망 안에 있는 구멍으로부터 나타나고 있었다.

붉은색과 파란색의 정맥과 같은 선은 그림의 오른쪽에 나타나고 있었다. 주디스는 꽃으로 이루어진 정원 가운데에서 웃으면서 만족한 채로 있었다. 이 그림의 오른쪽은 왼쪽의 검은색과 빨간색과는 극적인 대조를 이룬다. 주디스는 이 빨간색과 파란 정맥 같은 선을 사용해서 자신의 자아 주위에 원의 일부를 그렸다. 주디스 자신은 오른쪽 사진을 그녀의 페르소나라고 말했다(<그림 10-4> 참조). 주디스는 계속해서 말했다.

"셋째 날에 우리는 우리의 그림자와 페르소나를 묘사해보라는 요청을 받았어요. 전 즉시 제 어둡고 분노에 찬 모습을 그림자로 떠올렸죠. 제가 부정하고 내

것이라 인정하는 데 어려움을 겪는 제 자신의 어떤 부분을 그림자로, 그리고 쾌활하고, 다채로우며, 유쾌한 자기를 저의 페르소나라고 여겼어요. 전 이 과제가 매우 의미심장하다는 것을 발견했어요! 전 사진 속에서 제 그림자를 묘사하고 적절한 배경을 만들어내는 것을 즐겼어요. 전 페르소나를 무언가 역겹고 비현실적인 것으로 보았죠. 예를 들면, 지나치게 달콤하고 화려한 것이에요. 이후 제가 또다시 엄청나게 분열하고 있고, 이번에는 오직 어둠의 측면만 취하고 있다는 것을 깨달았어요. 둘 다, 물론 첫 번째 프로젝트에서 보여졌어요.

이 과제에서 가장 도움이 된 부분은 소규모 집단의 상호작용이었어요. 전 각각의 사람들로부터 긍정과 수용을 느꼈어요. 따라서 그들에게 가장 깊숙이 숨겨놓은 제 비밀을 이야기할 수 있었고 그것들에 대해 비명을 지르면서 엄청난 안도감을 느꼈어요(바로 제 그림자에 대한 사진작업을 하면서 말이에요! 그 회기는 저에게 매우 도움이 되었어요). 제가 작업을 해나갔던 무언가가 치료과정에 있었죠. 그것은 작은 한 걸음이었어요. 전 그렇게 가정해요. 하지만 그건 저에게 중요한 것 같아요."

이 집단은 그들의 그림자 측면에 대해 열심히 작업하였고, 많은 집단구성원들은 융의 '그림자' 개념을 더 잘 이해할 수 있도록 도움을 준 몇 가지 중대한 작업을 성공했다고 보고했다.

그 다음 과제는 정서적으로 덜 부담스러운 것이었다. 우리는 집단원들에게 서로 '자연과의 관계 속에 있는 나는 누구인가?'를 표현하는 자세들을 찍어줄 것을 요청했다(1장 참조).

<그림 10-5> 주디스의 자연과의 관계성

수디스의 포스터는 파란색에 대한 멋진 탐구였다. 그녀의 포스터(<그림 10-5>)는 그녀 자신을 담은 사진 4장을 포함하고 있었다. 상단 가운데 사진에서 그녀는 긴 흰색 드레스를 입고 있으며 손은 하늘로 향해 있다. 그녀의 두 번째 자세에서는 이 '경배하고 있는' 인물상 바로 오른편에 있는 나무에 앉아 있다. 세 번째 자세는, 왼쪽 하단에서 물속에서 놀고 있는 그녀를 보여준다. 네 번째 자세는, 그 장면 속에

서 그녀가 바위로 뒤덮여 있기 때문에 억눌린 것처럼 보였다. 자신의 작품에 대한 주디스의 묘사는 다음과 같다.

> "네 번째 날에 찍은 사진들은 자연과 더불어 있는 제 자신을 표현해야 하는 것이었어요. 흙, 물, 식물, 그리고 하늘과의 관계 속에 있는 나는 누구인가?라는 이 과제는 즐거웠고 과거의 날로부터 해방되는 축하식 같았어요. 자연은 언제나 많은 것을 의미했어요. 근래에 자연은 내가 되었어요. 존재하고 있고 나의 일부이며 아무도 빼앗아갈 수 없는 무언가 안정적인 것이에요. 전 제가 할 수 있는 한 그림 속의 요소들에 가까이 다가가길 원했어요. 바위, 흙, 무성한 잎, 그리고 물이 되기를 원했어요. 자연 속에는 삶과 죽음과 재탄생의 신비가 있다고 느꼈어요. 그건 제 여정과 매우 비슷했어요. 전 푹 잠겨서 물에 의해 정화되기를 바랐어요. 벌거벗기를 원했지만 사회 속에서는 그렇게 하면 안 되죠. 하늘은 영원한 저의 영혼처럼 보였어요.
>
> 전체 프로젝트는 정말 좋은 과제였어요! 그것은 통합적인 것이었으며 제 자신이 뿌리를 내린 느낌이었어요. 집단 상호작용 속에서 전 이 프로젝트에 대한 저의 접근이 다른 사람들과 다른 것 같아서 약간 망설였어요. 하지만 정말로 중요한 것은 저의 접근이 아니라는 것을 배웠어요. 모든 사람들이 매우 수용적이고 긍정적인 것은 제가 받아들일 필요가 있고 저를 소중히 대할 필요가 있다고 느꼈어요."

'자연' 과제는 그녀가 작품에 대한 해석에 집중하며 귀를 기울이는 것이 중요하다고 알려준다. 주디스 작품에서 '바위 아래 있는 주디스'는 무게가 더해지고 짓눌리며, 파묻히고, 움직일 수 없는 것을 상징하는 것으로 볼 수도 있다. 그러나 주디스는 바위와 그녀의 관계를 바위가 '되기를' 바라는 것으로 묘사하였다.

<그림 10-6> 주디스 '모두 함께하기'

그녀의 묘사는 작품에 보이는 '무거움'을 제거했다. 하지만 이것은 주디스가 그녀의 작품에 대한 타인의 반응에 귀를 기울이는 시간이 될 수도 있었다. 그녀가 짐을 지나치게 안고 있는가, 자신이나 타인의 문제를 지나치게 많이 안고 있는가? 그녀는 삶의 그러한 측면들을 부인하고 있는가? 그녀가 자신의 해석을 재평가하고 그녀의 무의식이 작품 속에서 말하고자 하는 것에 주의를 기울이길 원할 수도 있다.

코스 동안 우리의 마지막 과제는 그 주의 작업들을 한데 모아서 무엇이 일어났는지를 보고, 이러한 상징들과 메시지를 통합하려는 시도를 하기 위한 것이었다. 주디스는 기쁘게 작업했다(<그림 10-6> 참조). 그녀가 그린 그림의 왼쪽은 또다시 빨간색과 검은색으로 칠해져 있었다. 그녀는 그녀가 그 주의 초반에 묘사했던 분열을 나타내기 위해 긍정적인 면과 부정적인 면을 미술적으로 활용하였다. 거기서 오른쪽을 보면, 그녀는 2개로 분열된 자신을 나타낸 사진 2장을 사용하였다. 1장은 우측에 상대적으로 위에 있고 나머지 1장은 왼쪽에 상대적으로 아래에 있었다. 어떤 사진에서는 주디스 얼굴에 눈이 감겨 있었고, 다른 사진에서는 눈이 뜨여 있었다. 주디스는 사진을 배치하는 동안 보다 완전하거나 통합된 자기의 개념을 형성하면서, 감은 눈 한쪽과 뜬 눈 한쪽을 함께 놓기 위해 그 사진들을 분리시켰다.

<그림 10-6>의 가운데에서 약간 좌측 상단에 위치한 주디스의 사진을 보면, 우선 눈을 감은 채로 그 다음에는 뜬 채로 사진을 각각 1장씩 찍은 후 이를 세로로 절반으로 오렸다. 눈 감은 사진은 사진의 오른쪽 부분을 붙이고, 그 아래엔 왼쪽 부분을 뒤집어 붙인다. 그리고 눈 뜬 사진은 바로 그 왼쪽에 원래 눈 뜬 사진을 오려낸 오른쪽 부분을 붙이고, 그 아래엔 왼쪽 부분을 거꾸로 붙였다. 최종적으로 보면 주디스가 절반은 눈을 감고 절반은 눈을 뜬 사진 2장이 위아래로 마치 거울에 비춰진 상처럼 붙어 있다.

오른쪽을 보면, 주디스는 보트 선착장에서 사진을 위한 자세를 취하고 있다. 이 사진은 자신감에 차 있고 행복한 여성을 표현하였다. 우측 상단 구석의 이 장면에선, 그녀의 팔을 활짝 벌리고 마치 모든 것들이 펼쳐진 무대 위에 있는 것처럼 사진을 둘러싼 틀을 만들었다. 우리는 그녀가 “난 여기 있어요! 이것이 저예요!”라고 말한다고 상상할 수도 있다. 실제로 사진 밑에 인쇄된 메시지들을 읽어보면 ‘당신이라는 여성을 드러내기 위해 탄생한’ 그리고 ‘미술작품처럼 느껴보라’고 쓰여 있다.

오른쪽 아래 구석에는 젊은 여성의 잡지 사진이 붙어 있다. 이 아이는 마치 신나는 베개싸움을 시작할 준비가 되어 있는 것처럼 보인다. 아마도 주디스는 이 시점에서 세상을 보다 신나고, 자신감 있는 방식으로 대할 준비가 되어 있었을 것이다. 콜라주 속에서의 장면이 파란색과 빨간색의 리본 같은 줄들로 연결되어 있으며 파티장식을 떠오르게 한다. 주디스가 작품을 묘사한 것에 따르면 다음과 같다.

"다섯 번째이자 마지막 날에 우리는 그 주 동안 했던 작업을 살펴보고 그것을 한데 모아서, 가능하면 전환점을 찾고 어떤 일들이 일어났는지도 살펴보라는 요청을 받았어요. 전 파트너로 하여금 제 얼굴을 담은 2장의 사진을 찍게 했어요. 1장은 눈을 감고, 1장은 눈을 떴어요. 전 어깨에 파란 천을 둘렀어요. 다른 사진들 속에선, 제 안의 흥분감과 통합의 느낌을 묘사하고 싶어서 숲 속에서 춤을 추었으며 물가에 앉아 햇빛과 미풍을 빨아들였어요. 제가 배경을 만들었을 때, 무의식적으로 제 여정을 상징하는 빨간, 검은, 그리고 파란색을 통합시켰어요. 이렇게 해서 고통과 격노와 깊은 슬픔은 기쁨으로 확장되며 더욱 강화되었고, 이전의 어둠의 그림자가 강해지는 것을 약화시켰어요. 이것은 분열의 통합을 이끌었어요. 콜라주에 붙은 문구들 '당신이라는 여성을 드러내기 위해 탄생한' 그리고 '미술작품처럼 느껴보라'는 문구들은 제 내면의 소망과 믿음을 표현하는 것 같아요. 간단히 말하자면, 이러한 표현은 어떤 사람에게 간단하게 한 말이지만 제게는 보람된 일이었어요.

집단과정 속에서 각 작품들을 살펴보고 그것을 간단하게 설명하고 마지막 작품에 대해 이야기를 나누면서 그 주에 무엇이 일어났는지 더욱 제대로 알 수 있었어요. 전 집단원들 역시 그렇다고 생각해요. 그들은 제 자신이 성장했다는 느낌을 인정한다는 의미에서 박수를 쳐주었어요!

거기에 나를 위한 무엇이 있든지 간에 그것을 수용하겠다는 열린 마음으로 이 경험에 임했어요. 수용의 자세가 성장과정에서 매우 중요하다는 것을 배웠어요. 이 지점에 도달하기 위해 긴긴 시간이 걸렸지만 제가 감수했던 고통을 기억하고 제가 발견한 타인들과의 이 중요하며 '안전한 장소'를 기억하기를 바라요. 또한 제 안에서 일어난 통합을 시각적으로 상기시킬 수 있어요. 그건 정말 희망적이에요!"

1주의 짧은 기간 동안, 주디스는 미술과 사진을 매체로 활용한 새로운 치료 기법을 배웠을 뿐 아니라 깊고 고통스러운 문제들을 그녀 스스로 다룰 수 있게 되었다. 모든 학생들이 주디스의 작업과정을 재현할 수 있는 것은 아니다. 모든 학생들이 그녀처럼 깊고 만연한 문제들을 가진 것도 아니다. 게다가 주디스는 진정한 자기가 되는 것을 방해하는 문제들을 다룰 준비가 되어 있었고, 이제 이를 받아들일 수도 있게 되었다. 그녀는 이 경험을 통해 세상과 맞서 싸우며 받아들일 준비가 되어 있다.

4년 뒤 1991년 7월 주디스의 진척과정에 대해, 그녀는 자신의 삶 속에서 중대한 몇 가지 변화를 이루었다고 보고하였다. 그녀는 덜 구조화된 직업으로 전환하였다. 또한 미술작업에 열중하였다. 실제로, 그녀는 최근에 자신의 미술 전시장을 갖고자 했던 오랜 꿈을 달성했다.

최근 몇 년 동안, 미술치료자들은 연구와 축적된 자료들을 통해 생명을 위협하는 외상을 겪은 환자나 내담자에 의해 만들어진 이미지나 상징들 속에서 유사성을 인식하게 되었다(Spiring, 1985; Cohen and Phelps, 1985; Sidun & Rosenthal, 1987). 스프링(Spring, 1985)은 성적학대 지표에 대한 박사논문 연구를 수행하였다. 그녀는 쐐기(wedge)와 눈의 이미지가 강간과 근친상간 생존자에게 빈번하게 나타난다는 것을 발견하였다. 코헨(Cohen)과 펠프스(Phelps, 1985)는 어린이 근친상간 피해자들의 그림을 연구한 결과, 빨간 집과 성기처럼 보이는 나무들, 나무와 구름들 속의 얼굴들, 색칠된 얼굴, 그리고 유리창이 하나인 집이 다른 특정한 이미지들과 더불어 어린이 성적학대의 지표가 될 수 있음을 발견하였다. 미국 미술치료협회

(American Art Therapy Association)의 국제회의에서 연구그룹 섹션에 참가한 미술치료자들은 그림 속에서 성적인 특징이 부여된 인물상, 계단, 그리고 찌르는 듯한 물체들 같은 성적학대의 공통적인 지표에 대한 정보를 공유하였다.

근친상간이나 성적학대의 피해자 혹은 다른 트라우마를 당한 피해자였던 내담자들은 심리치료나, 새롭거나 추가적인 트라우마에 의해 그들의 경험을 재경험하거나 파편화된 기억들을 촉발하기 전까지 고통에 대한 경험을 부정하거나 억압하려 한다.

이전보다 오늘날의 치료자들은 그들의 환자 안에 있는 억압된 트라우마의 가능성에 보다 잘 적응하고, 내담자들이 이러한 정서적인 요인들을 다루는 걸 잘 도울 수 있다. 현재 치료자들, 특히 미술치료자들은 트라우마 희생자들에 의해 표현된 시각적 증상과 상징을 보다 예리하게 인식한다. 그것이 강간 혹은 근친상간 피해자, 참전용사, 혹은 기타 생명을 위협하는 상황이었는지 여부에 상관없이 말이다. 이러한 외상 후 스트레스 장애의 미술작품은 피해자들을 확인하는 데 도움이 될 뿐만 아니라 그들이 부정하거나 무의식에 수년 동안 숨겨왔던 고통을 다루고 극복하는 데도 도움을 준다(Corbit, 1985).

주디스의 작업에선, 그녀의 미술작품에 대한 개인적 해석이 가장 중요한 것이었다. 그녀는 미술 프로젝트와 집단구성원들의 도움을 촉매제로 삼아서 직관적으로 혼란으로부터 고요함으로, 그리고 유머로 나아갈 수 있었다. 또한, 그녀 자신의 자기-치유적인 기제에 대한 직관적인 신뢰뿐만 아니라 미술을 통해 그녀의 고통과, 후반에는 그녀의 기쁨에 대한 메시지를 표현하기도 하였다. 주디스의 콜라주들 중 예닐곱 개는 파편화된 조각들로 구성되어 있어서 그녀가 경험하였던 내적 갈등을 보여주었다. 그러한 갈등은 다른 방식으로 묘사되기도 하였는데, 즉 다른 방향으로 끌어당겨지거나 바위들 아래에 묻힌 것처럼 표현되기도 하였다.

주디스는 그녀의 작품 속에서 몇 차례나 검은색과 빨간색을 나란히 사용하였는데, 이것은 자신과 타인을 향한 고통과 좌절에 대한 경계경보였다. 주디스의 갈등해소 프로젝트 속에서(<그림 10-3> 참조), 그녀는 콜라주를 만들기 위해 그림을 빨간색과 검은색 조각으로 찢었다. 빨간색 줄과 검은색 줄은 망이 쳐진 문 뒤에 있는 주디스를 가두고 있는 구멍을 관통하고 있다. 이 이미지는 두 번째 자세에서 그녀를 향해 나 있는 계단과 더불어, 개인적인 치료 회기에서 탐구되어야 할 어떤 초기의 성적 트라우마를 암시하는 것일 수 있다.

Part Ⅲ 집단치료

융 심리학적 관점에서 쓰려고 노력하면서, 우리는 집단치료가 융 심리학의 강점은 아니라고 편하게 말할 수 있다. 이는 융의 강조점이 개성화 과정과 인격의 발달에 있었기 때문이다. 융은 실제로 집단심리학(group psychology)에 반대하는 주장을 강력히 하였다. 집단의식(group consciousness, 역주: 이것은 집단무의식(collective unconsciousness)과 전혀 다른 것이다)에 대한 이러한 주장들 중 몇몇은 그의 논문집에 나와 있다. 그는 논문에서 다음과 같이 말했다.

"집단 그 자체와 거기에 속해 있다는 것이 진정한 개성의 결여를 덮어버린다. 마치 부모가 아이들에게 결여된 모든 것을 대신 채워주는 역할을 하듯이 말이다. 이러한 관점에서 보면 집단은 유혹적인 영향력을 발휘하는데, 이는 그 무엇도 유아적인 태도들을 집요하게 반복하거나 그것들(유아적인 태도들)로 돌아가는 것보다 쉽지 않기 때문이다. 집단 관찰을 통해 집단이 미묘하게 그 구성원들을 서로 흉내내고 의존적으로 꼬드기며 그로 인해 지속적으로 그들이 자기 자신에 대한 고통스러운 직면을 하지 않게끔 한다는 것을 반복적으로 확인할 수 있었다(Collected Woks, Vol. 10, pp. 471~472)."

그리고 다시 한 번 《세계의 평화에 도움이 되는 태도 변화의 기법》이라는 에세이에서, 융은 집단구성원들이 자신의 개인분석을 끝내지 않은 상태라면, 집단에서의 행동에 야기되는 문제들을 말했다. 그는 "태도의 변화는 결코 집단과 더불어 시작되는 것이 아니라 오직 한 개인과 더불어 시작된다(Collected Works, Vol. 18, p. 609).”고 하였다.

분석가인 테이어 그린(Thayer Greene, 1982)은 융이 집단치료에 회의적이었음을 인정하였지만, 집단치료를 실행하는 융 심리학자들은 이론적 공식을 융의 저서 속에서 찾았다고 한다. 그린은 한 개인이 집단작업을 하기 위해 개인적 작업을 간과해야 한다는 것이 아니라, 분석가가 어떤 개인적 분석을 마친 뒤에는 개인적 치료와 집단치료가 둘 다 효과적인 부가적 치료가 될 수 있다고 본 것이다.

또 다른 융 분석가인, 제임스 홀(James Hall, 1977)은 융의 집단 심리치료는 개인분석의 대체물이 아니며 집단치료 속에서는 내담자가 집단적인 수준에 고착될 위험이 있음을 믿었다고 밝혔다. 홀은 집단치료에서의 시간제한이 모든 구성원들로 하여금 그들의 꿈을 제대로 표현하도록 하지는 못하지만, 집단치료는 시연기법을 통해서 어떤 꿈을 탐구하는 유용한 틀이 될 수 있다고 주장하였다. 그는 집단치료에서 꿈을 시연한 다음에 집단구성원들이 추가적으로 내놓는 문화적, 그리고 개인적으로 확장된 소재들과 더불어 해석적인 과정이 유용할 수 있다고 느꼈다.

비록 융이 집단과 집단치료에 대해 본질적으로 부정적인 것처럼 보여도, 우리는 그린과 같은 집단의 치료적 과정의 가치를 계속 보아왔다. 우리의 관점에서 집단은 종종 개인적인 변화를 위한 에너지와 열정을 제공한다. 집단구성원들은 집단무의식뿐 아니라 개인적 무의식에 대한 접근도 가능하다. 융이 추론한 것처럼 비록 이런 식으로 얻은 정보가 오염이 될 수 있다고 하더라도, 집단구성원들은 종종 자기 자신의 행동과 성격에 대한 귀중한 통찰을 얻을 수 있다.

어빈 얄롬(Irvin Yalom)은 집단 심리치료에 대해 보다 긍정적으로 말했다. 그의 책 《집단 심리치료의 이론과 실제》(The theory and practice of group therapy, 1975, 이 책은 집단 심리치료 분야에선 큰 영향력을 지닌 책이다)에서, 그는 집단치료에서의 치료적 요인들을 11개의 주요한 범주로 나누었다. 이 범주들은 ① 서서히 희망을 주입하기, ② 보편성, ③ 정보 나누어 주기, ④ 박애주의, ⑤ 원가족 집단에 대한 교정적 요약, ⑥ 사회화 기술의 개발, ⑦ 모방 행동 ⑧ 대인 간 학습, ⑨ 집단의 응집력, ⑩ 인위적 경험에 의한 감정의 정화, ⑪ 실존적 요인들이다. 이러한 요인들은 융의 심리학을 넘어선 범위까지 확장되며, 한편으로 최근에는 집단치료의 효과, 그리고 정신의료 비용이 천정부지로 치솟는 가운데 시간 대비 비용효과가 크다는 점 때문에 점점 더 치료방법으로 선택받고 있다.

표현적인 미술치료의 사용 또한 집단과 더불어 작업하는 데 있어 점점 더 수용되고 널리 퍼지고 있는 중이다(Wadeson, Dunkin and Perach, 1989). 집단에서의 응집력를 개발하는 것에 더하여, 표현적인 미술치료는 ① 아무것도 하지 않으려고 하는 고착된 집단, ② 개인적, 집단적 차원 둘 다를 바탕으로 구성원들이 갈등을 해소하도록 돕는 갈등 해소, ③ 자신의 느낌과 접촉하지 않는 이들을 위해 전환적인 토대 혹은 '안전망(safety net)'을 제공하는 기법인 느낌의 식별, ④ 개인적, 집단적 저항을 확인하고 줄이기와 같은 경우에도 유용할 수 있다. 집단치료의 가치를 유념하면서, 우리는 시각적 전환(Visual Transitions)이라 부르는 사진 미술치료 집단기법을 개발하였다. 시각적 전환은 사진뿐 아니라 동작, 미술, 명상, 비디오와 이야기 나누기를 사용한 다중 양식(multimoda)기법이다. 시각적 전환 기법은 11장에서 자세히 살펴보았다. 또한 우리는 집단 응집력을 촉진시키고 정체되거나 저항적인 집단을 다루기 위해 사진 미술치료 기법을 개발하였다. 이러한 방법들은 12장, 13장에서 살펴보았다.

Chapter 11

시각적 전환 집단

시각적 전환은 사진과 비디오치료를 미술치료와 결합하고 집단장면 내에서 촉진에 관심을 가진 본 저자가 개발한 개념이다. 이 아이디어는 시각적 표현 미술치료라는 우리의 개인적인 배경으로부터 시작되었다. 코빗(Corbit)은 미술치료, 동작치료, 그리고 사이코 드라마의 배경을 가지고 있고, 프라이리어(Fryrear)는 사진술, 사이코 드라마, 그리고 비디오의 배경을 가지고 있다.

이러한 방법을 개발하는 데 있어 우리의 초기 계획은 우리의 두 대학원 심리학 수업들을 결합하고 그 속에서 학생들이 이러한 치료적 양식들을 경험할 수 있는 실험적인 과제를 제공하는 것이었다. 그 결과 나온 기본 원칙들이 다양한 워크숍, 세미나들, 집단치료 회기들, 그리고 개인의 성장과 변화를 촉진하는 표현의 기초가 되었다.

이러한 목표를 달성하기 위해, 시각적 전환은 스틸 사진, 미술, 동작, 비디오, 그리고 명상을 통합시켰다. 참가자는 그 혹은 그녀의 '정체됨'을 경험하며 새롭고 보다 생생하고 의미 있는 존재로 전환될 수 있는 기회를 가진다. 그러고 나서 그러한 상태로 완전하게 전환할 것을 선택하거나, 전환의 연속선상에서 편안한 장소를 선택하는 것이다.

시각적 전환 과제

회기는 비언어적인 소개로 시작한다. 이 기법은 집단구성원들에게 자기 자신을 표현하는 대안적이고, 시각적/운동적인 방법에 대해 알려준다. 집단구성원들은 원으로 둘러앉는다. 한 사람씩 돌아가면서 자기가 앉은 자리에서, 혹은 원 안에서 움직이면서 자신의 고유한 방법으로 집단구성원들과 연결 짓고 비언어적으로 자신을 소개한다. 원칙적으로, 이 과제는 집단지도자가 비언어적으로 자신을 소개하는 시범을 보여줌으로써 시작된다. 몇몇 열정적인 참가자들은 자기 자신을 춤이나 기타 동작을 소개하기도 하였다. 이 도입부 과제는 집단원들의 긴장을 푸는데 도움이 되고 구성원들은 자신의 몸과 접촉을 통해서 시각과 운동감각을 신뢰하기 시작한다.

비디오 촬영은 전체 회기에 걸치거나 사전에 정해진 중요한 부분 동안 이루어질 수 있다. 어떤 치료적 집단활동을 촬영하기 전에 반드시 허락을 받아야 한다. 참가자들은 비디오테이프가 어떻게 쓰이는지, 그리고 누가 그것을 볼지를 알기 원한다. 만약 어떤 참가자들이 촬영하지 말아줄 것을 부탁하거나 그들이 포함된 테이프의 특정 부분을 지워줄 것을 요청한다면 이러한 부탁들은 존중되어야 한다(허락과 기타 윤리적 고려사항들에 대한 자세한 논의는 14장을 참조한다).

그 회기의 다음 단계에서, 참가자들은 짝을 지어 서로의 사진을 찍는다. 그들은 즉석 카메라를 활용하여 서로 각각 2장의 사진을 찍는다. 한 자세는 '예전의 나(As I Was)'를 묘사한다. 이 자세는 치료에 오기 전의, 혹은 정서적 갈등 중에 있거나 개인적인 압박감에 사로잡힌 '예전의 나'를 반영한다. 두 번째 자세는 '내가 원하는 나'를 묘사한다. 이 자세는 내담자가 어떻게 되기를 원하는가, 혹은 어떻게 하는 것이 이상적으로 느껴지는가를 반영한다.

자세들은 종종 과장해서 표현된다. 우울증 발작을 경험하였거나 경험 중인 누군가는 상황을 비언어적으로 표현하기 위해 연꽃 자세로 동그랗게 몸을 말 수도 있다. 두려움에 사로잡힌 적이 있거나 현재 사로잡혀 있는 이는 움츠린 자세를 취할 수도 있다. 두 번째 자세에서, 집단구성원들은 종종 안녕감이나 변화의 느낌을 과장하는 신체 자세를 탐구하거나 흉내낸다. 두 팔을 하늘을 향해 벌린 것은 흔한 자세다.

스틸 사진이 촬영된 다음, 참가자들은 미술재료들을 받는다. 여기에는 포스터보드, 오일 파스텔, 색깔 있는 분필들, 가위, 풀, 그리고 색깔 있는 마킹 펜들이 포함되는데 반드시 이 재료들만으로 한정할 필요는 없다.

그 다음 각각의 집단구성원들은 자신이 원하는 어떠한 방식으로든 포스터보드 위에 2장의 사진을 오려 붙이고, 두 이미지들과 미술재료가 조화를 이루도록 꾸민다. 미술 프로젝트가 완성되면, 구성원들은 짝을 짓거나 작은 집단을 형성하여 자신의 작업에 대해 서로 이야기를 나눈다.

집단 다루기

소규모 집단에서 자신의 작업에 대해 이야기를 나눈 다음, 그들은 다시 큰 원으로 모인다. 각각의 구성원들은 그들의 미술작품을 보여주고 어떻게 두 이미지들이 작품 속에서 연결되는지를 설명한다. 각 구성원들의 나눔이 끝난 바로 다음, 그들은 자신의 몸으로 첫 번째 자세를, 그 다음엔 두 번째 자세를 실제로 보여준다. 구성원들은 두 자세를 반복하면서 각 자세를 묘사할 수 있는 하나의 단어 혹은 하나의 구절을 선택하도록 독려받는다. 집단구성원들은 각 자세의 느낌과 하나의 자세에서 다른 자세로 넘어갈 때 필요한 전환 동작에 집중한다. 그러고 나서 전체 집단은 발표자와 함께 그 동작들을 따라한다. 사이코 드라마의 거울(mirroring)기법과 거의 흡사하며, 다른 사람의 신체 자세를 따라하면서 공감이 커진다.

발표자는 하나의 자세에서 다른 자세로 움직이면서 개인적인 느낌과 신체적 감각에 깨어 있으라는 요청을 받는다. 그 자세가 긴장되어 있는가, 혹은 어색한가? 발표자가 덫에 걸린 느낌이 드는가? 혹은 기쁨으로 가득 차 있는가? 이러한 전환은 집단무용처럼 시연되며, 구성원들은 발표자에 대한 공감적 느낌을 자각할 뿐 아니라 재시연하는 동안 개인적인 신체감각과 느낌에도 주의를 기울이게 된다. 그리고 각각의 구성원들은 그들 자신과 나머지 모든 집단구성원들에게 묘사되고 시연된 동작들을 직접 경험한다.

시간이 허락한다면, 집단구성원들은 이 단계에서 명상 속에서 전환 동작을 따라함으로써 보다 깊이 자신의 전환을 탐구할 수 있을 것이다. '두 번째' 자세에서 무지개에 둘러싸인 자신을 그린 한 내담자는 그 이미지를 가지고 명상에 들어갔다. 그녀는 무지개에 둘러싸인 자신을 시각화하였으며 다음의 몇 주 동안 그녀의 삶에 영향을 끼친 자연적인 고양감에 대해 말했다.

치료 프로그램에서 이 단계에 대한 비디오테이프는 각 구성원들의 발표가 끝난 다음 혹은 회기의 마지막이나 전체 집단 프로그램의 마지막에 즉각적으로 상연될 수 있다. 따라서 각 구성원들은 '예전의 나'에서 '내가 원하는 나'로의 전환을 거쳐간 자기 자신을 볼 수 있다. 두 미술작품과 동작은 스틸 사진과 동영상에 의해 포착된 이미지들이 그러하듯이 모두 변화를 위한 은유가 된다.

워크숍에서 시각적 전환을 발표하는 동안, 한 여성이 우리에게 워크숍이 끝나갈 때 항의를 했다. 그녀는 발표할 기회를 다른 구성원들과 동일하게 주지 않아서 화가 났다고 말했다. 우리는 그 점에 대해 그녀가 발표를 했다고 주장했고, 그녀는 "당신은 집단에서 저를 지나쳤어요."라고 말했다. 그러나 그녀가 자신의 작품을 3~4분 정도 발표하는 비디오테이프가 재생되었고, 그녀는 매우 놀랐다. "정말 믿을 수가 없네요." 그녀가 말했다. 그녀의 개인적인 방어체계인 부인 기제가 그녀가 이전에 추측한 것보다 훨씬 더 강력했던 것이다.

이 프로그램의 마지막 단계는, 경험에 대한 일반적인 나눔과 경험들을 바깥 세계에서의 정교하고 가능성 있는 변화와 연결 짓고, 공통된 경험과 느낌들을 나누는 것이다. 집단 내의 몇몇 개인들이 매우 비슷한 자세와 전환기의 동작들을 보여줄 것이다. 이러한 유사성은 집단구성원들에게 그들의 걱정이 지닌 보편성을 확신하게 하는 데 도움이 된다. 이것은 언어적 집단치료에서도 흔한 경험이다. 마지막 단계는 종결을 위한 시간이기도 하며, 구성원들은 말하지 않았던 문제들이나 느낌들을 이야기할 수도 있다.

이야기 나누기

어떤 치료자는 내담자에게 변화를 촉발시킬 필요가 있다. 변화는 보통 자각이나 통찰로 시작하지만 빈번하게 거기서 멈추기도 한다. 막다른 골목을 넘어서 변화를 향해 나아가려는 내담자의 동기, 능력, 에너지 자원은 언어적 치료에서는 결여되어 있기도 하다.

내담자는 시각적 전환이라는 표현적인 수단을 사용하여 자각을 얻고, 압박감을 운동감각적, 시각적으로 경험하며 그것을 극복하는 데 사이코 드라마적인 기법들을 활용한다. 일단 막다른 골목을 뛰어넘으면 내담자는 존재 속에서 대안을 경험할 수 있다. 변화는 하나의 선택이 된다. 새로운 행동의 가능성은 스틸 사진과 비디오 촬영을 통해 시각적으로 기록할 수 있다. 그렇게 되면 어떻게 내담자가 그러한 변화 가능성을 부정하겠는가?

융(Collected Works, Vol. 16)은 '정체(stuck)'라는 개념에 대해 관심이 많았다.

"내 사례의 대다수에서 의식적 마음의 자원은 고갈되어 있다(평범한 말로 표현자면, 그들은 '정체되어' 있다). 나로 하여금 숨겨진 가능성들을 탐구하게 하는

> 것은 주로 이 때문이다. 환자가 나에게 "당신은 무슨 조언을 해줄 건가요? 제가 뭘 해야 하죠?"라고 물을 때, 나는 무슨 말을 환자에게 해야 할지 모르기 때문이다. 난 둘 다 모른다. 내가 아는 건 오직 하나로, 나의 의식이 더 이상 앞에 펼쳐진 가능한 길을 볼 수 없고 그에 따라 정체될 때 나의 무의식이 그 참을 수 없는 정지상태에 반응할 것이란 점이다(pp. 41~42)."

우리는 이미 사진, 미술, 그리고 기타 미디어의 조합이 공상과 무의식적 문제해결을 촉진할 수 있다는 가능성에 대해 논하였다. 시각적 전환 방법은 특히 무의식이 정지상태에 대해 반응하는 것을 촉진시키는 데 도움을 준다.

작은 변화에 대해 이야기하면서, 융은 이렇게 말했다(그는 꿈 해석에 대해 언급하고 있다). "적어도 원칙적으로는(Collected Works, Vol. 16, p. 44) 결코 합리적으로는 생각해낼 수 없을 것 같은 일들이 일어나기 시작하고 '부동점(dead point)'이 극복된다." 시각적 전환 방법은 특히 내담자를 움직이게 하고 '부동점'을 극복할 수 있는 미묘한 은유 혹은 공상의 변화를 심지어 강압적으로 하기 위한 것이다. 그리고 동일한 강의에서 융은 또다시 말했다.

> "진실로 말하면, 나는 공상에 대한 견해를 조금도 갖고 있지 않다. 그것은 나에게 있어, 남성적 마음에서의 여성적인 창조라고 할 수 있다. 모든 것이 말해지고 행해진다면 우리는 공상 너머로 결코 솟아오를 수 없을 것이다. 무익하고, 헛되며, 해롭고 불만족스러운 환상이 존재한다는 것은 진실이다. 그것들의 메마른(sterile) 성격은 상식을 부여받은 모든 사람들에 의해 즉각적으로 인식된다. 하지만 잘못된 수행은 정상적인 수행에 대해선 어떠한 것도 증명하지 못한다. 그렇다면 무슨 권리로 우리는 공상을 비난하는가? 사물들의 정상적인 과정 속에서는 공상이 쉽게 길을 잃지 않는다. 그것은 인간의 본성과 동물적 본능에 의

해 지나치게 깊거나 지나치게 가깝게 묶여 있다. 그것은 놀랍게도 언제나 바로 마지막에서야 드러난다(pp. 45~46)."

와츠라위크(Watzlawick), 위크랜드(Weakland), 그리고 피쉬(Fisch, 1974)는 완벽주의적인 욕구를 뒤집고 더 큰 행동의 변화를 위해 행동 패턴상에서 작은 변화를 수행할 것을 제안하였다. 그들은 변화의 목표가 문제의 해결책이며 해결책을 위해 선택된 방법이라고 썼다. 시각적 전환 속에서, 우리는 내담자/환자가 문제에 그 혹은 그녀 자신의 해결책을 만들어낼 수 있는 방법을 제공한다. 그러한 미술과 몸짓 '언어'는 그 사람 고유의 것이다.

밀턴 에릭슨(Milton Erickson) 또한 작은 변화에 대해 논하였다. 그의 최면치료에서, 에릭슨은 종종 큰 변화의 가능성을 열기 위해 내담자의 일반적인 행동 패턴을 어떤 작은 방식으로 바꾸는 작업을 하였다. 예를 들면, 그는 담배 끊기를 원하는 사람들로 하여금 먼저 그들이 피우는 담배 개피의 수를 늘임으로써 그들의 흡연 패턴을 바꾸어보게 하였다. 이러한 패턴의 변화는 흡연자들로 하여금 변화가 가능하다는 확신을 주었다(1980).

키니(Keeney, 1983)는 이 변화의 주제를 가지고 씨름하였다.

하나의 렌즈, 혹은 준거틀이 우리가 바라보는 패턴을 결정한다. 그것들이 줌 업이 되어 있든 다운이 되어 있든, 왜곡되었든, 그렇지 않든 간에 상관없이 말이다. 렌즈의 변화는 언제나 초기의 혼동이나 전환의 시기를 야기한다. 만약 관찰자가 전환기의 위기를 견딜 수 있다면 새로운 틀이 대안적인 질서가 될 것이다. 인식론적 변화는 비록 극적으로 더욱 어렵다 할지라도 비교가 가능하다. 사이버네틱(cybernetic)한 인식론의 렌즈를 통해 대안적인 세계가 마침내 드러날 것이다(p. 113).

우리는 아이에게 욕실 전등의 스위치를 담당하게 하는(그의 첫 번째 책임감과 같은) 사소한 사건들로부터 발생하는 역동적인 가족의 변화를 관찰하였다. 그는 직접적으로 그에게 영향을 끼치는 무언가를 맡은 운동감각적 경험을 한 것이다. 아이가 그 다음에 자신의 행동과 신체기능을 통제하게 되면서 곧 도미노 효과가 발생한다.

진 휴스턴(Jean Houston)은 동작을 사용하여 워크숍 참가자들의 변화를 촉진시켰다. 그녀는 이미지를 사용하여 집단구성원들에게 큰 유연성과 이동성을 획득하게 하고 그들의 신체를 시각화하게 하였다. 그러고 나서 그들에게 신체동작으로 시각화된 움직임을 완수할 것을 요청했다. 그녀는 행동을 변화시키기 위해서, 우리는 반드시 은유를 변화시켜야 한다고 말하였다.

> "우리의 연구에서, 신체에 대한 표현과 상태를 의인화하는 은유가 종종 우리에게 신체 이미지와의 대화를 위한 소통의 채널을 만드는 내밀한 이미지들을 제공한다는 것을 발견하였다(1982, p. 12)."

워크숍이나 개인 내담자들과 함께하면서 우리는 종종 "전 그릴 수 없어요!"라는 항의를 들을 수 있다. 미술적인 능력은 시각적 전환에서 필수조건이 아니다. 박사들이 모인 콜로키움(colloquium)에서 시각적 전환에 대해 안내를 하는 동안 한 맹인 학생이 과제에 참여할 기회를 거절하였다. 하지만 그녀는 나중에 마음을 바꿔서 결코 이전엔 미술 프로젝트를 해보지 못했지만 시도해보겠다고 말했다. 우선, 그녀는 집단지도자에게 자신을 도와달라고 요청하였다. 그녀는 사진을 위한 자세를 취하였다. 첫 번째 사진은 대학원 프로그램에 들어왔을 때 어떻게 느꼈는가를 묘사하였다. 두 번째 사진은 프로그램을 졸업하였을 때 '그녀가 느끼기 원한 대로의' 그녀를 묘사하였다. 지도자는 그녀가 자신의 자세들을 오리는 것을 도와주었다. 그녀는 사진의 모서리들을 느꼈으며, 집단지도자에게 그것을 포스터보드 위 어느 곳에 놓고 붙일지에 대해 설명하였다. 그녀는 원하는 색을 선택하였으며 각각의 사진에 대해 사용되길 원하는 그림을 설명하였다. 그 이미지들은 인상적이었다. 그녀는 장애를 극복하는 데 있어 또 하나의 승리를 일구어냈다고 느꼈다. 그녀는 이제 예술가였다.

'건강관리에서의 유머(Humor in Health Care)' 워크숍에서 참가자들은 그들로 하여금 삶을 사는 것을 가로막는 개인적인 압박감, 혹은 골칫거리를 확인해볼 것을 요청받았다. 시각적 전환 기법은 집단구성원들이 그들의 압박감을 뛰어넘는 것을 돕는 데 쓰였다. 압박감은 욕구가 완벽할 필요가 있고 경계선을 설정해야 하며, 언제나 통제되어야 하고 실패를 피해야 한다는(혹은 역으로 성공을 피해야 하고 마음에 들어야 한다는) '자기 요구(self demands)'와 같은 것을 포함한다.

참가자들의 라이프스타일을 방해하는 개인적인 압박감은 소규모 집단 속에서 논의되었다. 그러고 나서 구성원들은 자신의 집단 속에서 그들의 압박감을 변화시키거나 극복하기 위한 유머러스한 방식을 찾는 것을 도와달라며 다른 사람들을 초대하였다. 두 번째 스틸 사진은 참가자들인 자신의 압박감을 유머러스한 방식으로 극복하는 것을 포착하였다. 워크숍 구성원들은 치료를 재미있어했고 웃음으로 인해 자신의 압박감에 스스로 부여한 증상들이 흩어지기 시작했다는 점을 발견하였다.

시각적 전환은 변화를 위한 강력한 은유인 듯하며, 스틸 사진술, 미술, 명상, 비디오 재생, 그리고 집단의 상호작용을 하나의 프로그램 속에서 통합시켰다. 그것은 치료적 접근으로 집단 혹은 개인적인 차원에서 사용될 수 있다. 코빗은 이 방법을 지속적인 치료를 받는 어린이들을 대상으로 성공적으로 사용하였다. 자신의 그림을 그리는 데 어려움을 느끼는 어린이들은 이 스틸 사진기법이 정확하며, 흥미롭고, 즐겁다는 것을 발견한다.

비록 분명히 가용할 수 있는 공간의 크기에 의해 집단 참가자 수가 제한되긴 하겠지만, 특정한 집단 크기가 그렇지 못한 집단 크기보다 더 바람직한 것은 결코 아니다. 시간 역시 분명한 제한을 만들어낸다. 우리는 14~18명으로 이루어진 집단에서 한 회기의 이상적인 시간 배정이 대략 3시간이라는 것을 발견하였다. 사람은 많은데 시간이 덜 주어진다면 속도가 여유롭지 못할 것이며 개인에게 주의가 덜 기울여진다.

이 특정한 기법은 직면적이며 다른 직면적인 치료방법들과 마찬가지로 동일한 주의사항과 더불어 쓰여야 한다. 허약하고 산만한 경계선(diffuse boundaries)을 가진 사람들의 경우, 시각적 전환을 위한 통찰 집단치료를 하기 이전에 지지적인 개인치료를 병행해야 한다.

커플들을 위한 시각적 전환

우리는 커플이나 커플들로 이루어진 집단들에 쓰기 위한 다양한 시각적 전환 기법을 도입하였다. 커플들은 보통 배우자, 비즈니스 파트너, 연인들, 혹은 친구들일 수도 있다. 우선, 각각의 파트너는 2장에서 기술된 바 있는 '타인과의 관계 속에 있는 나는 누구인가?'를 완수한다. 그들은 서로를 돕고 서로의 사진을 찍어주면서 그 프로젝트에 파트너로서 작업한다. 이 과제 다음에, 커플은 파트너와 같은 성을 가진 사람들에 대한 관계를 묘사하는 미술작품에 특별한 주의를 기울여야 한다. 다른 남성이나 여성에 대한 기본적인 태도는 서로에 대한 관계의 배경을 형성한다. 만약 한 남성이 기본적으로 여성을 신뢰하지 않는다면, 그러한 기본적인 불신이 그의 아내와의 관계에도 적용될 것이다. 다른 어떤 것인가와 그녀의 행동에 상관없이 그는 그녀를 불신할 가능성이 항상 존재한다.

커플을 위한 다음 단계는 그들 자신의 사진을 가지고 하나의 포스터보드 위에 그들의 관계를 보여주는 것이다. 그들의 초기 충동은 사진을 위해 함께 자세를 취하는 것일 수도 있지만 이는 불가능할 수도 있다. 함께 자세를 취하는 것보다는 각각의 파트너들이 개별적으로 자세를 취하는 것이 더욱 깨달음에 도움이 되고 생산적이다. 나중에 2장의 사진은 커플들이 동의한다면 어떠한 방식으로든 포스터보드 위에서 함께 합쳐질 수 있다. 어떻게 사진들을 결합시킬 것인가에 대한 논의와 결정은 관계를 결정하는 데 중요한 단계다. 게다가, 개별적 사진들은 두 사람이 커플일 뿐 아니라 한 개인이기도 하므로 항상 개인이라는 사실을 강조한다.

치료자에 의해 촉진된 논의와 상호 동의를 통하여, 커플은 포스터보드 위의 사진 배치를 결정한다. 커플 사이의 배치는 둘 사이의 상징적 관계를 보여준다. 마킹펜들, 리본, 실뭉치, 색종이 등과 같은 기타 미술재료와 더불어, 커플은 그들의 관계를 묘사하는 데 필요한 그 어떤 배경이나 기타 인공물들을 더할 수 있다.

치료자는 이 단계 동안 관계의 역동에 주의를 기울여야 한다. 역동은 다양한 방식으로 드러날 것이다. 색깔이나 배치 같은 단순해 보이는 선택조차 파트너들 중 한 사람에겐 매우 의미심장한 것일 수 있다. 이 과제의 한 참가자는 나중에 다음과 같이 말했다.

> "그때 매우 흥미로운 일이 일어났어요. 내가 내 사진을 거기에 놓자마자 밥이 갑자기 그 주변을 색칠하고 나를 완전히 가두기 시작했어요. 난 구석에서 질식할 것 같았고 홀로 버려진 듯한 느낌을 받았어요. 누군가 나를 비참하게 만들기 전까지 내가 그 장소를 매우 편안해했다는 것이 정말 흥미로웠어요."

이때 참가자는 일반적으로 그녀의 파트너에게 아무것도 말하지 않는다. 치료자가 미술작업 동안 보다 깨어 있다면, 분노를 야기하는 이러한 지배/순종의 역동이 일어나는 바로 그때에 다뤄질 수도 있을 것이다. 밥은 기쁨에 겨워 분노를 초래하였다는 것을 자각하지 못했고 그 사건을 심지어 기억조차 못했다.

치료자는 파트너들 각자가 작업이 완성되었다고 만족할 때까지 과제를 계속하도록 독려한다. 각각의 변화가 이루어지면서 파트너들은 서로에게 변화를 설명하고 논의하도록 지시받는다. 커플이 미술작품을 완성할 때, 그들은 모든 것을 포스터보드 위에 붙여서 작품의 어떤 부분들이 이동하는 일이 없도록 한다.

커플들을 위한 시각적 전환 과제의 다음 단계는 파트너들이 두 번째 포스터보드를 완성하는 것이며, 이번에는 미래의 어느 시점에서 그들의 이상적 관계를 묘사하는 것이다. 파트너 둘 다 그들의 관계에 대해 동일하면서도 서로 다른 환상들을 가질 것이다. 이 과제는 그들로 하여금 이러한 유사성과 차이점에 대해 분명한 이해를 하게끔 돕고 미래의 실망과 충돌을 피하는 데 도움이 된다. 커플은 계속해서 이전의 것과 동일한 방식으로 미술작품을 다루고 서로에게 이전의 포스터보드에 추가된 사항들이나 변화들에 대해 논의하고 설명하도록 한다.

커플은 앞에 완성된 2개의 포스터보드들을 놓고, 그 다음엔 첫 번째 포스터에 나온 관계와 동일한 자세를 몸으로 취하라는 지시를 받는다. 다음에 그들은 그 자세에 이름을 붙이는 데 동의한다. 그러고 나서 그들은 '이상적인' 포스터에 나온 자세를 취하고 그 자세에도 이름을 붙인다. 그때 커플은 첫 번째 자세를 취하고 그 이름을 크게 외치며, 그 다음엔 두 번째 자세를 취하고 그 이름을 말한다. 그들은 '현재의' 자세에서 '이상적인' 자세로 움직이면서 신체적인 요구사항들에 주의를 기울이고 그러한 전환의 움직임에 대해 이야기를 나누라는 지시를 받는다. 이를 통해, 치료자와 커플은 '지금 그리고 여기'에서의 동작의 경험에 대해 이야기를 나누고 커플의 '그때 그리고 거기'의 실제 인생관계에 상응하는 것을 그린다. 이번 장의 초반에 논의된 것처럼 비디오가 사용될 수도 있다.

Chapter 12

집단 응집력의 발전

어떻게 집단이 응집력을 가질 수 있는가? 집단 안에서 무슨 일이 일어나야 구성원들이 집단의 일부가 된 것처럼 느끼고 다른 집단구성원들과 동일시하기 시작하는가? 무엇이 낯선 사람들에게 비밀을 털어놓을 수 있고 서로 신뢰하는 개인들의 공동체로, 삶의 문제들로 고민하는 타인들을 지지하고 독려하는 공동체로 변모시킬 수 있을까?

저자는 지난 10년 이상 동안, 이러한 과정이 사진 미술치료와 워크숍에서 자연스럽게 일어나는 것을 관찰하였다. 또, 지난 몇 년 동안 집단의 응집을 촉진하고 관찰하려는 목표를 가지고 집단을 이끌었다.

우리의 경험에 의하면, 이러한 유대는 집단원들과 집단의 경험에 따라 서로 다른 시간대에 일어나지만 미술이 사용될 때 보다 빠르게 일어나는 것 같았다. 표현적인 미술치료는 이러한 집단의 응집 경험을 촉진하고 강화하며, 의사소통의 비언어적인 매개체의 추가로 인해 가능한 일일 것이다. 이는 대부분의 과정집단(process group)에선 가능하지 않다. 또는, 구성원들이 그들의 동작, 사진, 그리고 미술을 통해 상호작용함에 따라 압박감을 덜 느끼게 되기 때문일 수도 있다. 수년간의 임상적 경험을 가진 집단원들과 훈련된 관찰자의 눈을 통해서도 이러한 집단의 유대는 미술을 통해 빨라짐을 알 수 있다.

집단원으로 하여금 응집력을 발전시키는 것의 가치는 무엇인가? 그들이 그렇게 되면 그들의 개인성을 잃는 것은 아닐까? 사실 많은 사람들은 소속감을 결코 느껴본 적이 없다. 소속감은 많은 개인들을 치료, 특히 집단치료를 통해 얻고자 하는 하나의 목표다. 이러한 응집력 혹은 소속감은 보통 자신의 가족 내에서 어린 시절이나 어린 시절의 관계 속에서 발달된다. 그러나 만약 그러한 발달의 단계가 우회되거나 경험되지 않았다면, 그 개인은 그러한 연결의 느낌에 굶주린 채로 남겨진다. 개인치료 내에서 전이현상은 치유를 위해 필요한 연결을 만들어내거나 재창조하지만, 유대감은 한 개인이 집단치료에 들어설 때 일어날 수도 있다. 종종 친밀감을 경험하지 못했던 집단원들이 집단에서 유대감이 생겨날 때 '고양감'을 얻기도 한다.

우리가 집단 안에서의 응집력을 촉진하기 위해 개발한 사진 미술치료 모델은 다음과 같다.

① **안내:** 낯선 사람들이 함께 모여 집단을 형성할 때 우선 그들 각자의 특성 에 대한 감각을 얻는 것이 필요하다. 이것은 집단원들에게 그들이 워크숍이나 집단으로부터 무엇을 얻기를 바라는지 질문을 통해 할 수 있다.

② **하위 집단들로 나누기**: 이 과정은 만약 워크숍이 거대 규모일 때 특히 중요하다. 워크숍에 8명 이상 있을 때는 소규모 집단이 형성된다. 이는 스스로 선택하거나 집단을 둘 혹은 셋으로 나누는 '조 편성을 위한 번호 부르기(count off)' 방법을 통해 자연스럽게 이루어질 수 있다.

③ **포스터를 위한 주제 결정하기**: 소규모 집단 맥락 안에서 작업하면서 구성원들은 첫 번째 포스터의 주제를 결정한다. 이 과정은 짧은 시간이 소요될 수 있지만 어떤 집단에게는 느리고 신중한 과정이 될 수도 있다.

④ **사진술**: 하위 집단의 구성원들은 그들의 자세를 결정하고 논의한다. 그러고 나서 그들이 사진을 찍을 장소를 선택한다. 만약 날씨가 좋거나 상황이 적당하다면, 그들은 프로젝트의 이 부분을 위해 실외로 나가는 것을 선택할 수도 있다. 어떤 집단 내에서는 구성원들이 서로의 자세를 돕고 독려한다.

⑤ **포스터상에 개인적인 공간 정하기**: 집단이 그들의 포스터를 둘러싸고 모였을 때 포스터 위에 자신의 사진 이미지를 놓을 곳을 선택한다. 이때 이 이미지들을 풀로 붙이지는 않는다. 집단 상호작용을 통해 배치를 쉽게 바꿀 수 있기 때문이다.

⑥ **미술작업**: 집단구성원들은 그들의 포스터를 위한 미술작업으로 개인적인 이미지 주변을 꾸미는 것에 관해서 집단 포스터라는 주제의 맥락하에서 작업하는 것임을 고려한다.

⑦ **이미지 붙이기**: 구성원들이 자신의 이미지 배치와 전반적인 미술작업에 만족할 때 자신의 이미지를 풀로 붙인다.

⑧ **집단 다루기**: 구성원들은 집단과 집단지도자 혹은 촉진자들과 더불어 그들의 경험을 다룬다.

⑨ **사이코 드라마**: 이때 집단은 사이코 드라마를 하는 것을 고려할 수 있으며, 포스터의 일부 측면이나 전체 포스터를 시연할 수 있다.

⑩ **후속 포스터(follow-up poster)**: 후속 포스터들은 구성원들이 그들의 이미지를 통해 상호작용하고, 또한 직접적인 상호작용을 통해서 한층 깊은 집단의 발달을 제공한다.

1991년 1월 중반, 우리는 이번 장을 위한 실제 사례를 모으기 위해 단기간의 실험을 시작하였다. 집단은 8명으로 이루어졌다. 7명의 여성과 1명의 남성인데, 집단원 중 3명은 심리학과 대학원생이었으며 2명은 정신보건 분야 종사자였다. 모두가 자기 성장, 사회적 상호작용, 그리고 표현적 미술치료를 체험할 기회에 관심을 가지고 있었다. 모든 사람들이 집단 미술작업이 책으로 출판될 수 있다는 것에 동의하였다. 다음은 우리가 집단 응집력이 발달하는 과정에 특히 주의를 기울였던 회기를 기술한 것이다.

1회기, 1991년 1월 15일

첫 번째 집단은 늦게 시작했다. 집단 경험에 서명한 11명 중 8명만이 지정된 시작 시간인 오후 1시에 도착했다. 우리는 나머지 3명에게는 건물과 병원의 위치를 찾을 수 있도록 추가적인 시간을 주었고, 작업을 시작하였다.

집단 공간은 작았고 소파와 의자가 있었다. 학생들을 가르치기 위해 사용되는 양면 유리는 집단 공간의 벽에 걸려 있었다. 우리는 집단에 거울을 사용하지 않았다. 소개는 이름, 그리고 구성원들이 왜 이 실험집단에 참여하였는지를 발표하면서 시작하였다.

우리는 집단지도자로서 전체 집단에게 회기의 목적을 설명하는 것으로 시작하였다. 주로 집단장면 내에서 응집력이 발달하는 과정을 살펴보고 이번 장을 위한 자료를 수집하며, 이 과정에 관심을 가진 이들에게 집단 경험을 제공하는 것이다. 우리는 집단구성원들이 모든 회기에 참여하는 것을 원했으며, 가능하다면 그들이 어떤 이유에서건 회기에 참여할 수 없을 때 전화할 것을 요청하였다.

사진 미술치료 과정을 설명하면서, 우리는 집단원들에게 그들이 서로의 사진을 찍기 위해 짝을 지으라고 요청하였다. 스틸 사진은 이 새로운 집단의 구성원으로서 참가자들이 이 순간에 어떻게 느끼는지를 표현하기 위한 것이었다. 다음에 그들은 집단원 공동의 포스터보드에 사진을 배치시키며 사진을 오리거나 오리지 않는 결정은 그들의 선택에 따랐다. 집단원들은 이제 철저히 사람들과 대면하여 상호작용하기보다 포스터보드 위의 자신의 사진을 통해서 상호작용할 수 있는 위치를 선택한다. 사진들은 모든 구성원들이 포스터상의 위치에 만족할 때까지 다른 위치로 옮겨질 수 있다. 그 다음에, 집단구성원들은 미술재료들(오일 파스텔, 색깔이 있는 마커, 미술 박엽지, 색종이, 그리고 실뭉치)을 사용하여 어떠한 창조적인 방식으로든 포스터를 장식할 수 있다.

우리가 지도자로서 지침을 전달한 다음에 구성원들은 서로의 사진을 찍는다. 대부분의 참가자들은 그들이 자세를 취하는 동안 얼마간 긴장한 듯이 보였는데, 이는 집단 초기에는 예상할 수 있는 일이다. 워크숍 안에서 이러한 긴장은 일반적으로 집단원들에게 그들을 비언어적으로 소개하게 함으로써 감소될 수 있다. 이러한 비언어적인 소개는 단순히 원 주변을 걷는 것과 다른 참가자들과 눈으로 접촉하는 것부터, 이따금 '자유로운 영혼'에 의한 소개까지 다양한 형태를 띨 수 있다. 후자는 재주넘기나 댄스 스텝, 혹은 자신에 대한 창조적인 개인적 표현의 형태를 취할 수 있을 것이다.

집단원들은 모든 사진이 완성된 다음에 마루 위의 포스터보드 주변에 둘러앉는다. 집단원들은 첫 번째 포스터에서 명백하게 우리의 지침을 오해하였다. 그들의 사진을 포스터 위에 올리고 사진 주변을 장식한 것이 아니라 사진을 포스터 위에 놓기 전에 그들의 사진을 둘러싸고 미술작업을 개인적으로 하였었다(이러한 '오해'는 집단원들이 너무 빨리 친밀해지는 것을 회피하기 위한 것일 수 있다).

포스터 위에서 자신의 공간을 선택하는 것은 과정의 중요한 일부분이다. 어떤 사람이 가운데를 선택하였는가? 그리고 구석, 윗부분, 아랫부분을 선택하였는가? 집단구성원들 중 4명은 즉시 그들의 공간으로 구석을 선택하였다.

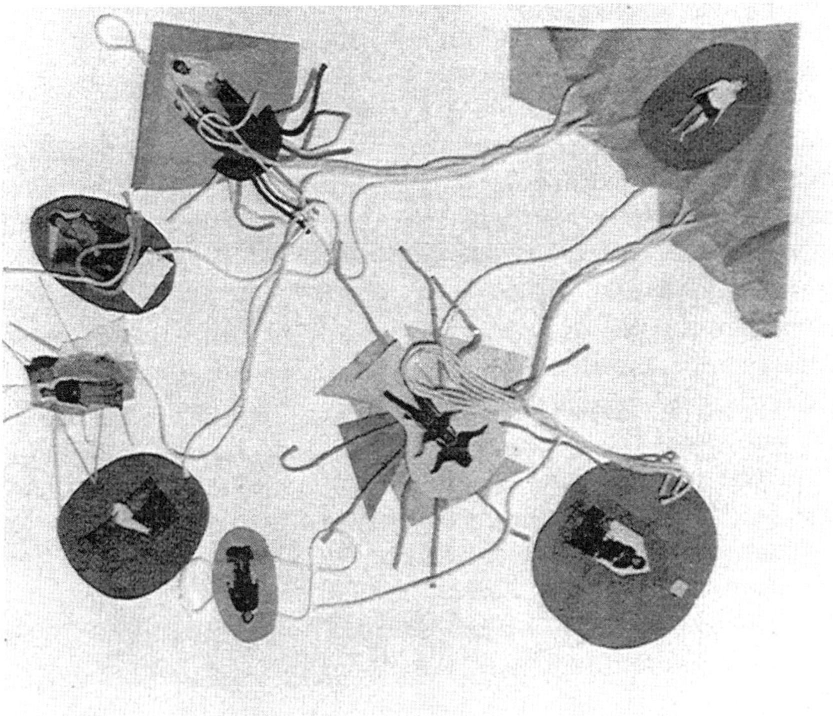

<그림 12-1> 집단 시작 - 연결된 분리

구성원들 중 리즈(Liz)는 집단 다루기에 참여하는 데 조심스러웠으며 그녀의 사진 주변에서 뻗어나오는 노란색의 막대기와 같은 추가물을 긴 시간에 걸쳐 완성하였다.

마지(Margie)는 그녀의 사진 주변에 노란색과 오렌지색 박엽지로 길고 가느다란 조각들을 붙였다. 그녀는 그녀의 사진을 포스터보드의 상단 모서리 근처에 놓았다. 그녀가 그 위치에 대해 이야기할 때 그녀가 가운데 있기를 바랐다고 이야기하였다. 하지만, 짧은 순간 가운데 공간을 사용하려고 하였으나 그것이 편안하게 느껴지지 않아 그곳을 포기하였다고 말했다.

로리(Laurie)는 그녀의 사진에 노란색 실을 더하였으며 결국 그녀의 실을 다른 사람들의 사진과 연결하면서 그들과 접촉하였다. 댄(Dan)은 그의 사진 속에서 앉아 있었다. 그의 미술작품의 하단은 검은색 영역이었다. 집단원들은 그 검은색 영역이 어떤 받침대이거나 아프리카식 솥일 거라고 추측하였다.

집단원들이 이야기를 나누면서 그들의 사진 이미지들을 보다 가까이 모으기 시작하였다. 로리는 조심스러워하며 포스터상에서 얼마간 집단원들의 원 바깥에 머물렀다. 몇몇 참가자들은 그들의 사진을 붙이기를 원하지 않는 것에 대해 이야기하였으나 마무리할 시간이 다가오면서 포스터 위에서 사진의 위치를 잡고 그것들을 붙였다.

마지는 마침내 그녀 자신을 포스터의 가운데에 위치시켰으며 다른 구성원들에게로 뻗어나갔다. 구성원들은 모든 사진들의 주변에 어떤 장벽을 가지고 있음을 관찰하였다. 동시에 뻗어나가면서도 한편으론 스스로를 보호하고 있었다. 안나(Anna)는 그녀의 사진 주변에 그려진 병 안에 그녀를 보호한 채였다. 그녀는 미래의 어느 순간에 병에서 나와서 더 외향적이 될 것이라고 말했다.

프리메이슨(역주: 회원 간의 상조와 우애를 목적으로 삼는 비밀결사 프리메이슨단(free accepted masons))의 상징과 조직의 비밀 같은 문제가 집단 회기의 마지막에 논의되었다. 우리는 이러한 논의가 회기 동안 야기된 개인적인 자료들에 대한 비밀유지와 엄수에 관한 의사를 서로에게, 그리고 집단지도자에게 전달하는 집단의 소통방식이라고 추측할 수 있다. 이는 또한 집단원들이 비밀스럽거나 신비로운 집단의 일부가 되고 싶어 하는 자신의 욕구를 묘사하는 방법이 될 수 있다.

2회기, 1991년 1월 29일

오늘은 7명이 집단에 나타났다. 프라이리어는 지난주의 포스터를 마루의 가운데에 놓았으며 구성원들이 오늘은 그들의 포스터 이미지들을 조금만 옮길 것을 기대한다고 말하였다.

집단원들은 얼마간 그들의 의자에 앉아 침묵 속에서 그 포스터를 바라보았다. 제니퍼(Jennifer)는 지난주의 지침에 대해 혼란스러워졌다고 이야기하였다. 그녀는 우리가 미술작업을 하기 전에 포스터 위에 이미지들을 배치하도록 말했다고 생각했다. 코빗이 말했다. "예, 그것들이 지침이었어요. 하지만 집단의 상호작용이 가장 중요한 요인입니다."

일부 집단구성원들의 심한 우유부단함 때문에 프라이리어는 그들을 위해 카메라를 설치하였다. 여전히 집단은 자신의 작업을 진행시키지 못했다. 마지는 마침내 그녀가 어떻게 사진에 찍히길 원하는지에 대해 결정하였고 나머지 집단원들에게 그들의 사진 작업을 시작하도록 촉구하였다. 집단원들이 포스터 작업을 시작하면서, 그들은 지난 회기보다 더욱 스스로를 고립시키거나 보호적인 것으로 보였다. 그들이 자신의 사진들을 포스터 위에 위치시키면서 '손'이라는 주제가 떠올랐다. 손은 방어막과 서로에게 뻗어나가는 상징 둘 다를 제공하였다.

잰(Jan)이 다음 주에 자신의 딸이 아이를 낳을 예정이라서 불참하게 될 것 같다고 이야기했다. 그때 누군가 제안하길, 미리 잰의 사진을 찍고 다음 회기의 집단작업에 추가하면 될 것 같다고 하였다. 잰이 동의하였고 그녀는 박엽지로 만든 '아기'를 안고 있는 자세를 취했다.

3회기, 1991년 2월 5일

오늘의 집단구성원들은 이전에 만든 2개의 포스터를 보면서 회기를 시작하였다. 댄과 리즈는 지난주부터 자신의 작업을 다루고 그들이 맡은 포스터 부분에 대해 논의할 시간을 내지 않았다. 댄은 그의 작업에 대해 확신하지 못한 듯 보였다. 그의 작품은 그의 두 측면을 마치 크리스털 공처럼 쥐고 있는 2개의 거대한 손으로 구성되었다.

마지는 세 번째 포스터의 주제로 나무를 제안하였다. 다른 사람들이 어떤 종류의 나무냐고 물었지만 구체적인 제안을 하지는 않았다.

<그림 12-2> 집단구성원들이 서로에게 손을 뻗치기

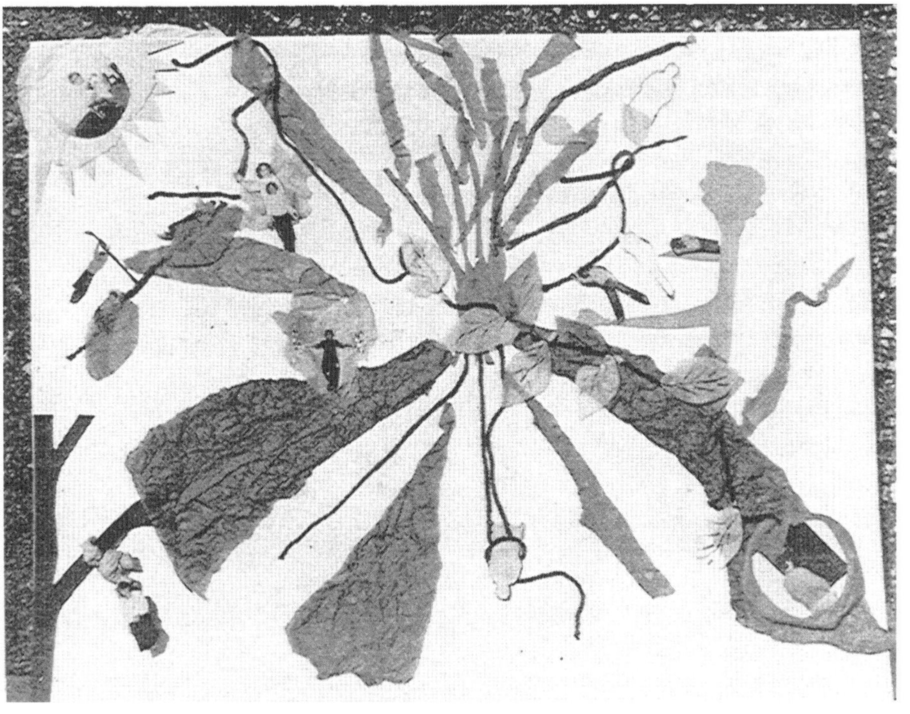

<그림 12-3> 공통의 주제 '나무'

집단원들은 모두 나무라는 주제에 동의하였고 그녀는 줄기를 오려 포스터상에 나무를 위한 배치를 시도하였다. 나무줄기는 종이 하단에서 출발하여 가운데를 향해 자라나게 하였다. 집단원들은 포스터 안에서 뿌리가 중요하다는 점에 동의하였다. 우리는 이번 주에 "우리가 덩굴을 타고 놀거나 원숭이가 되는 건 어떨까요?"와 같은 유쾌한 제안을 받았다. 마지는 그러한 제안을 하면서 이 시점에서 분명히 집단의 지도자로 떠올랐다.

린다(Linda)는 그녀가 집단 속에 '진실로' 존재하는지에 대해, 혹은 그녀가 '진실로' 집단 바깥에 있는지에 대해 확실하지 않았다고 말했다. 그녀는 자신의 두 페르소나 혹은 측면들 속에서의 차이를 지각하였다.

로리는 이번 회기 동안 좀 더 활동적으로 보였다. 그녀는 하늘과 땅에 색을 입히기 위해 젖은 박엽지를 사용하며 포스터에 대한 기여도를 높였다.

지난주에 나온 '아기'를 안고 있는 잰의 사진은 린다에 의해 만들어진 노란색 태양 위에 붙여졌으며 좌측 상단 구석에 배치되었다. 그녀가 결석한 상태에서 누군가가 "그녀는 집단으로부터 떨어져 있었어요."라고 말했다.

안나는 전체 회기 동안 집단에서 거리를 둔 채로 머물렀다. 그녀는 작고 따뜻한 방 안에선 밀실공포를 느낀다고 말하였으며, 실제로 어느 시점엔가 신선한 공기를 마시기 위해 방을 나갔다. 우리는 공기 순환을 더 잘 시키기 위해 문을 열어두는 것에 대해 논의하였다. 안나는 그녀의 작품을 좌측 하단 구석에 위치시켰으며 거기서 그녀 자신을 죽은 것처럼 보이는 나무 위의 덩굴에 매달려 있는 것으로 나타냈다.

댄은 나뭇가지를 날아다니거나 뛰어내리는 것에 대해 말했다. 마지는 그녀가 그를 붙잡을 것이라고 말했다. 그녀는 그가 추구하는 것처럼 보이는 안전함을 제공해주려고 하였다. 방어막이 집단 내에 점점 내려지고 있는 것처럼 보였다.

린다는 이번 회기 동안 박엽지로 나뭇잎을 오려내면서 홀로 작업하였다. 그녀는 마침내 나뭇잎을 포스터에 추가하였고 상징적으로 집단에 참여하였다. 집단이 그들의 나무를 다루기 전에 시간이 다 되었다. 5주라는 시간이 충분하지 않다는 의견이 있었고 연장이 가능한지에 대한 의문도 있었다. 전체 프로그램의 반이 끝났고 구성원들은 그들이 자신의 작업을 할 수 있는 충분한 시간을 갖지 못했다고 느꼈다.

4회기, 1991년 2월 12일

오늘 회기엔 리즈가 빠졌다. 우리는 지난주의 나무 포스터를 보며 그 포스터에 대한 집단의 상호작용에 대해 집단원들에게 다시 알려주면서 시작하였다. 집단구성원들은 집단 형성의 초기에 그들이 어디에 있었으며 지금은 어디에 있는지에 대해 말하면서 집단의 발전에 대한 새로운 관점을 얻었다.

우리는 네 번째 집단 회기를 위해 '집단 꿈(The Group Dream)'이라는 주제를 제안하였다. 우리는 집단원들에게 주어진 구조 속에서 자유롭게 집단에 대해 공상을 펼칠 기회를 제공하며 꿈을 창조하길 원했다. 이번 집단은 집단원들이 함께 만드는 이야기로 시작하며 각 구성원들이 그 공상을 더하거나 꾸민다.

집단원들이 서로 논의하고 꿈 이야기의 다양한 부분들을 재창조하기 시작하면서 포스터 작업은 잠시 멈춘다. 이야기의 첫 부분에서, 집단은 축제에서 회전목마를 타고 있었다. 집단원들은 동물들 위에 타고 있었으며 이를 포스터에 더하였다. 공상의 두 번째 부분에서, 집단원들은 테이블을 둘러싸고 앉아 대화에 몰두하였다. 공상의 네 번째 부분에서, 배 1척이 추가되었다.

잰은 회기에 늦게 왔으며 "집단 회기에 대해 거의 잊고 있었다."라고 말했다. 젠은 포스터를 몇 분 동안 연구한 다음에 그녀 자신을 보트 부분에 추가하였다. 다른 사람들도 보트 장면에 참여하도록 초대를 받았지만 거절하였다. 그러고 나서 집단원들은 그들이 포스터의 서로 다른 부분들 속에서 어떻게 느끼는지를 시험해보고 있었다고 말했다.

5회기, 1991년 2월 19일

이번 회기는 지난주에 빠진 리즈에 대한 이야기로 시작하였다. 마침내, 마지가 리즈를 찍겠다고 자원하였다. 리즈는 앉은 자세를 취하였고 그 다음에 파란색 구름을 오려 그녀 자신을 구름 위, 포스터의 거의 끝부분에 위치시켰다.

그 다음에 집단은 캠프파이어를 둘러싸면서 자신들을 올려놓기로 하였다. 그들은 모두 꿈 포스터의 이 부분에 대해 즐거워하는 것처럼 보였다.

그러고 나서 린다는 2명의 지도자를 찍었으며 그 사진을 원형으로 오려서 그들을 동굴 안에 배치하였다. 다른 집단원들은 그 사진이 동굴 밖을 내다보는 2개의 눈처럼 보인다고 말했다. 이 '2개의 현명한 눈'은 지도자들에 대한 집단의 투사로 볼 수 있으며 포스터를 만드는 동안 거의 참견하지 않는 채로 남아 있었다.

집단 회기의 후반부 동안에는 서로 유쾌한 농담을 나누었다. 집단원들은 '희망의 닻(hope anchor)'에 대해 이야기를 나누었으며 그것에 대해 색칠이나 반짝이는 것이 필요하다고 느꼈다.

마지는 다음 포스터는 '잘 해내길' 원한다고 말했다. 프라이리어는 집단이 이것을 완성하기 위해서는 아마도 더욱 많은 작업을 해야 한다고 응답하였다.

안나는 집단원들이 서로를 찍고 그들의 이미지를 원형으로, 혹은 만다라 모양으로 배열할 것을 주장하였다. 집단은 그들이 머리를 중심으로 향하게 할지, 아니면 발을 중심으로 향하게 할지에 대해 논의하였다. 그들은 팔을 바깥으로 펼치고 서로를 만지는 자세를 취하기로 결정하였다. 그들이 자신의 사진을 포스터 위에 배치하였을 때 그림은 원을 형성하였다. 몇몇은 그들이 '스카이다이빙 팀'처럼 보이고 '관람차'처럼 보인다고 말했다.

린다는 그녀가 만든 선물 포장지를 붙였으며 집단원들은 그들의 선물이 어떠하길 바라는지에 대해 이야기를 나누었다. 린다는 그녀가 팝콘, 다이어트 콜라, 모차르트, 그리고 좋은 소설 같은 것들을 원한다고 말했다. 마지도 이에 동의하였지만 나중에 그것을 무알콜의 와인으로 바꾸었다.

그 다음에 집단원들은 4개의 포스터 모두를 나란히 놓고 그것들을 비교해보았다.

그들은 첫 번째 작품에선 보호받는 것이었으며, 두 번째에선 상징적인 손을 뻗었다고 말했다. 또한 세 번째에선 나무라는 주제를 활용하였고, 네 번째에선 집단의 공상적인 꿈을 묘사하였다고 말했다.

회기의 마지막에 이르러, 집단원들은 종결에 대한 준비가 되어 있지 않았다. 다시 한 번 그들은 추가 회기나 지속적인 집단을 제안하였다. 그들은 서로 얼마나 가깝게 느끼는지에 대해 이야기를 나누었다. 실제로 그들은 이 다섯 번째 회기 전에 점심을 함께하였다. 리즈는 이름과 주소를 모아 서로 연락할 것을 제안하였다. 대부분의 회기가 정해진 치료집단에서는 종결, 즉 끝나는 것에 저항하고 집단을 계속할 방법을 찾는다.

집단의 발전을 검토하면서 우리는 집단 초기와 회기 전체에 걸쳐 저항, 그리고 저항을 줄이는 것에 대해 특별한 주의를 기울였다. 집단에 대해 스스로를 방어하는 것에 대해 집단원들의 사진에 담긴 신체 언어는 무엇을 이야기하는가? 첫 번째 포스터에서 지침을 '오해'한 나머지 집단원들이 그들의 이미지 주변에 배치한 방어막은 어떠한가?

우리는 집단 안에서 리더십 역할을 취하려는 사람과 같은 집단과정에서의 다른 요인들도 살펴보았다. 우리는 과거에 집단이 여성 1명이나 2명의 남성으로 이루어지면, 남성이 리더십 역할을 취하거나 '떠밀리게' 되는 것을 관찰하였다. 그러나 댄은 분명히 그 역할을 거부하였다. 마지는 대부분의 경우에 지도자의 역할을 하였다. 린다 역시 그녀만의 조용한 방식으로 집단 내에서 영향력을 발휘하였다.

우리의 마지막 요약에서 집단은 응집력의 발달에 대한 우리의 기대를 충족시킨 것일까?

〈그림 12-4〉 마지막 포스터, '모든 구성원들이 중앙에 만다라(mandala)로 통합하기'

전체적으로, 매주 1시간 반 정도 진행된 집단은 다 합쳐서 대략 7시간 반을 소모하였다. 그 기간 동안, 집단은 전반적으로 매우 방어적인 사람들에게 응집력 있는 집단구성원들로 전환되었다. 그들이 친근감을 나누고, 이름과 주소를 교환하며 서로 함께 시간을 보낼 방법을 찾고, 심지어 집단 회기의 연장을 요구하게 되면서 신뢰감은 발전하였다. 우리는 이 8명의 개인들이 처음 함께 만난 1월 중순부터 집단 응집력을 발달시키는 긴 여정을 함께 따라왔음을 느꼈다.

Chapter 13

정체된 집단

집단치료자들의 악몽 중 하나는 '정체된' 집단, 어떠한 치료도 일어나지 않고 그들의 작업이 진전되지 못한 채로 남아 있는 집단과 작업하는 것이다. 이러한 정체된 집단의 몇 가지 증상은 ①집단은 1명 혹은 2명의 구성원들에 의해 지배된다 ②구성원들은 상관없거나 옆길로 새는 어떤 주제로 정체된다 ③아무것도 이야기하지 않는다 ④구성원들이 늦게 오거나 아예 오지 않기 시작한다 ⑤구성원들이 시계를 보거나 지루해 보이기 시작한다 ⑥하위 집단화가 시작된다, ⑦집단원들이 불평을 하기 시작한다 등이다.

이러한 증상들이 생기기 시작할 때 집단치료자는 무엇을 하는가? 치료자는 우선 집단에 대한 개인적 태도를 탐구하기 시작할 것이며, 물론 집단의 무감동에 기여하는 요인으로써 집단원들의 개별적 삶 속에서 무슨 일이 일어나고 있는지를 살펴본다.

치료자는 우선 집단을 위해 제대로 숙고된 치료적 목표를 가져야만 한다. 이것은 만약 압박감이 일어난다면 집단의 압박감에 대한 예방으로 작용할 수 있고 해결책을 촉진시킬 것이다. 이러한 목표들은, 집단 응집력을 발달시키기, 느낌의 환기, 정체된 집단을 풀어내는 청사진, 그리고 집단구성원들 간의 의사소통을 촉진하기를 포함하지만 그것들로 한정되지는 않는다.

집단지도자로서 이렇게 정체된 집단을 풀어낼 때 우리가 취하는 첫 번째 행동들 중 하나는 의자를 제거하는 것이다. 둥글게 앉아서 이야기를 나누는 것은 이 시점에선 소용없다. 따라서 그러한 형식에 사로잡혀 있다면 구조화를 바꿀 수 있는 다른 형식을 찾아보자.

지도자는 출발지점에서 형식을 변경하기 위해 집단원들의 의견을 간청할 수도 있다. 예를 들어, 어떻게 불만들이 보다 긍정적인 틀로 재조정될 수 있는지를 묻거나 구성원들이 과거 그들 삶 속의 정체에서 풀려나는 것을 경험하였는지를 물어볼 수도 있다. 집단의 제안이 없다면 지도자는 사이코 드라마, 찰흙 소조, 그리기, 혹은 사진과 같은 표현적 미술치료들 중 하나를 제안할 수도 있다. 꿈 작업 또한 형식의 변화를 제공할 수 있으며, 가능하다면 동화나 몇몇 시를 읽고 다루는 것도 형식적 변화를 제공할 수 있다.

사진 미술치료를 하나의 사례로 활용하면, 집단구성원들에게 집단 상호작용과 그들의 개인적 수준이 어디에 있는지에 대한 새로운 의견을 줄 수 있다. 집단원들 간의 해소되지 않은 갈등이 무감동한 분위기를 일으킨다면, 사진 미술치료가 다른 한 구성원 혹은 많은 구성원들과 진실하게 만나는 안전하고 효과적인 방법이 될 수 있다. 다른 한편으로 어떤 구성원은 다른 구성원에 대한 성적 이끌림, 혹은 친밀감을 표현하는 데 어려움을 겪을 수 있는데, 포스터상에서 스틸 사진들 간의 상호작용은 이따금 말보다 더 많은 것을 전달할 수 있다.

사진 미술치료 경험은 제약이 없는 집단에게 경계선을 제공할 수 있다. 이 과제에 대한 구조화는 시간과 공간의 제한, 미술재료들, 그리고 포스터보드(이는 집단 경계선에 대한 은유가 된다)가 포함된다. 이러한 구조는 안전하며 집단구성원들이 사진을 통해 두 사람 간의 관계를 형성하고, 나중에는 서로가 미술창작을 통해 연결됨에 따라 그들 사이의 상호작용을 보장해준다. 집단을 종이 위에 표현하는 것은 집단의 모든 구성원이 해야 한다. 스스로 고립되기를 원하는 사람이 있더라도 말이다. 스스로 부여하는 고립에 대한 어떠한 창조적 표현도 집단과정의 일부가 된다.

사진 미술치료 과제 속에서, 집단지도자는 지도를 통해 작업을 시작할 수 있도록 추가적인 구조를 제공하고 집단원의 상호작용과 창조성을 허용하는 촉진자의 역할을 취해야 한다. 지도자는 가능한 참견하지 않으며, 이것은 결과적으로 집단이 자신의 일을 하게끔 허용한다.

집단의 미술창작이 포스터보드 위에서 형태를 갖춰감에 따라 집단원들은 집단 안에서 그들의 위치에 만족할 때까지 포스터 위에서 사진을 이동시킬 수 있다. 이러한 이유 때문에 풀은 집단이 원래의 포스터를 다루기 전까지는 제공되지 않는다. 풀은 의지를 나타낼 수 있는 반면에 정체됨을 나타내는 은유가 될 수도 있다. 집단원들이 자신들의 포스터에 완전히 만족하면, 그들은 그 이미지들을 붙이고 그 작업을 마지막에 실시한다. 집단지도자가 다시 한 번, 즉 집단원들이 열심히 작품을 다루지 않을 경우에 적극적인 역할을 수행하는 것이 바로 이 마지막 다루기 과정 동안 필요하다.

이 작품을 정신보건 전문가 집단에게 발표하면서, 우리는 참가자들에게 그들 스스로 정체된 집단을 이끄는 데 불편함을 느끼거나 그들이 정체된 집단원이라고 상상해보라고 요청하였다. 워밍업 과제로는 집단원들에게 그들의 정체된 상황과 동일한 자세를 취하라고 요청하였다. 유능하지 못한 집단지도자가 집단원들이나 자신의 수동성을 다루기에 무기력해지는 것을 표현하기 위해 마룻바닥에 누우려 하는 자세도 참가자에 의해 시연해볼 수 있다. 또 다른 집단구성원은 의자에 달라붙어 발은 마루에 붙이고 손은 한데 보으는 완전히 수동적이고 무방비상태인 자세를 취할 수도 있다.

집단원들이 자신의 자세를 찾으면 다른 집단원들은 그들의 사진을 찍고, 그들의 부적절한 느낌을 역동적이고 시각적으로 포착한다. 집단원들이 함께 포스터 작업을 하면서 그들은 서로의 무력감에 대해 공감할 것이다.

두 번째 포스터는 어떤 '자유롭게 움직일 수 있는' 과제로 시작한다. 혹은 어떤 쾌활한 음악으로 시작할 수도 있는데 이것은 정체되었다는 압박감을 푸는 데 도움이 된다. 집단구성원들은 그들의 발을 구르거나 심지어 음악에 맞추어 춤을 출 수도 있다. 참가자들은 자연스럽게 두 번째 자세와 그들의 사진을 둘러싼 미술작품을 작업함에 따라 쾌활해진다. 비록 억압된 자세와 정체에서 풀려나고 있는 자세 둘 다를 흉내 낸다고 해도 집단원들은 억압이 풀어진 자세들, 미술작품, 그리고 공동적인 창조성에서 나타난 자유로움에 크게 반응한다.

집단 내의 저항

치료자가 집단을 이끌 때 직면하게 되는 흔한 문제들 중 하나가 바로 내담자의 저항이다. 이는 집단이 고착되는 이유이기도 하다. 저항은 철수의 형태를 띨 수 있고, 내담자/환자가 과도하게 집단지도자나 다른 집단원들에게 적대적으로 대하는 적극적인 저항이 될 수도 있다. 우리가 저항을 확인하고 극복하기 위해 발전시킨 사진 미술치료 방법은 집단원들로 하여금 그들의 저항을 의도적으로 행동화하고 언어화시켜 저항이 집단 안에서 시작되게 하는 것이다.

집단 회기의 시작지점에서, 구성원들은 왜 그들이 차라리 집단 내에 있지 않기를 바라는지에 대한 이유를 살펴본다. 그 이유는 사실적일 수도 있고 이유를 만들어낼 수도 있다. 집단구성원들은 우선 그들의 자세를 활용하고, 그 다음엔 왜 그들이 참가자가 되길 원치 않는지를 언어로 표현한다. 그러면서 그들의 저항을 신체

언어로 옮기고 그들 자신을 집단에 소개한다. 이는 집단원들이 문제를 '행동화' 하기보다는 언어로 표현하는 법을 배우는 교육적인 모델이 된다.

다음 단계에서, 집단은 모든 구성원들이 참여하고 그들의 '저항'하는 자세를 드러낼 수 있는 집단의 신체 조각품을 고안해보라는 요청을 받는다. 집단 조각품은 지도자 중 1명에 의해 사진으로 담을 수 있다. 이 사진은 나중에 집단 포스터의 일부가 될 수 있다.

그 후 집단원들은 사진 파트너를 선택한다. 파트너를 선택하는 것은 전체 집단원들과 연결되리라는 예측보다는 좀 더 수월하다. 가장 흔한 절차는 그 사람에게 당신 옆에 앉을 사람을 선택하는 것이다. 대규모 워크숍 집단과 작업할 때 우리가 가장 선호하는 방법은 참가자들이 그들이 파트너를 '발견'할 때까지 천천히 방을 도는 '빙빙 돌기(milling)'이다. 만약 사람들 수가 홀수인 경우 한 집단은 3명의 파트너들로 이루어질 수 있다.

사진 찍기의 파트너는 우선 그들의 포스터를 위해 취할 자세를 논의하고 그 다음에 서로를 찍어준다. 이 활동은 그들이 자세를 생각하고 사진을 위한 장소를 선택하며 사진 찍는 과정을 통해 상호작용을 하게 됨에 따라 파트너들 간의 추가적인 의사소통을 이끌어낸다.

사진 찍기가 끝나면, 파트너들은 그들의 포스터보드를 둘러싸고 그들의 소규모 집단(보통 6명에서 8명)과 모인다. 그 다음에 집단원들은 포스터상에서 그들의 사진 이미지들과 기타 미술재료들을 활용하여 포스터를 꾸미고 장식하면서 상호작용한다. 만약 구성원들이 포스터 작품이 완성될 때까지 기다렸다가 그들의 이미지들을 붙인다면 가장 좋을 것이다.

어떤 워크숍에서는 한 여성 참가자가 매우 화가 난 채로 왔다. 그래서 우리 방의 과제는 몇 차례나 바뀌었으며 참여한 모든 이들이 당황했다. 이 여성은 승강기를 기다리며 빌딩 위아래를 오르내렸고, 결국 다른 방으로 보내졌다. 그녀의 분노는 그녀의 저항이 되었다. 집단작업을 하는 동안 그녀의 분노가 주변사람들에게 얼마나 강력하고 두려운 것일 수 있는지를 알 수 있었다. 그녀는 다른 사람에게 미술작품을 통해서 상징적으로 손을 뻗는 시도를 하였지만, 그녀의 폭발적인 성격에 대한 두려움 때문에 다들 뒤로 물러섰다. 아무튼 포스터는 그녀로 하여금 분노의 심층을 탐구하게 하고 해소할 수 있는 건전한 장소가 되었다.

비록 이 방법이 서로 다른 다양한 유형의 집단에서 유용할 수 있지만, '강제적인' 집단, 즉 집단에서 치료 프로그램에 대한 환자의 출석이 강제되는 병원 집단, 감옥 집단, 가해자 집단 등과 작업할 때 특히 도움이 된다. 또한, 출발지점에서 구성원들의 저항을 다루는 데 대립적인 태도나 행동을 약화시키는 집단과정의 일부가 될 수 있다. 이러한 저항은 논의의 주제가 되고 운동감각적으로 느껴지며, 사진 이미지들을 통해 나타나고 집단 미술창작으로 표현된다.

다양한 학습방법을 비추어볼 때, 이러한 절차는 우리의 시각, 청각, 촉각을 활성화시킴으로써 스스로를 교육시킨다. 따라서 자신에 대한 이러한 학습은 서로 다른 수준에서 다양하게 일어나며 통합적인 학습이 된다. 더불어, 그러한 학습은 통찰집단처럼 고통스럽다기보다는 일반적으로 신나고 즐겁다.

Part Ⅳ 논의

마지막 부분에서, 우리는 비밀유지, 재료에 대한 실질적인 문제, 우리가 이 책의 다른 곳에서 다루지 않은 기타 사진 미술치료 기법, 예측 가능한 연구 동향, 그리고 이 책의 요약에 대해 논할 것이다.

내담자의 얼굴 모습이 사진에서 인식될 수 있기 때문에, 비밀유지는 사진 미술치료에서 새로운 차원으로 다루어진다. 내담자에 대한 개인적인 정보를 위장하는 것만으론 충분치 않으며 그들의 사진도 동일한 방식으로 보호되어야 한다. 소유권에 대해서는 '누가 사진을 소유하는가, 사진기를 조작하는 사람인가 아니면 사진 속의 사람인가?'와 같은 흥미로운 문제점들도 있다.

우리는 초보 사진 미술치료자를 위해 사진 미술치료 프로그램을 위해 필요한 기본적인 재료의 목록을 제공한다. 일반적으로 잘 알려지지 않은 몇 가지 흥미로운 사진 미술치료 프로그램들이다. 사진을 치료적으로 활용하는 많은 예술가들과 사진가들은 글을 쓰기보다는 작품을 만들고 치료를 직접 행하고 있다. 우리가 알고 있는 사진 미술치료로 구성된 프로그램들은 14장에 포함되어 있다. 15장은 이 책에 대한 간단한 요약이다.

Chapter 14

윤리적이고 실질적으로 고려할 사항들

비밀유지의 문제

정신보건 전문가들은 훈련과 성향에 따라서 비밀유지와 기타 윤리적 문제들에 대해 매우 민감하다. 미국 심리학회(American Psychological Association)와 미국 미술치료협회(American Art therapy Association)는 윤리 규약을 가지고 있으며 각각 비밀유지 조항을 분명하게 명시하고 있다. 미국 심리학회의 비밀유지 원칙은 다음과 같다.

> 심리학자들은 심리학자로서 그들의 작업과정 중에 개인들로부터 얻은 정보의 비밀유지를 존중해야 할 주요한 의무를 가지고 있다. 그들은 이와 같은 정보를 오직 개인 혹은 법적 대리인의 동의하에서 공개하며, 그 개인이나 타인에게 명확한 위험을 낳을 특수한 경우는 예외로 한다. 심리학자들은 적절한 상황에 그들의 내담자들에게 비밀유지의 법적 한계에 대해 알려주어야 한다.
>
> ⓐ 임상 혹은 상담관계 속, 혹은 어린이, 학생, 고용인, 그 외의 사람들에 대한 평가 자료를 통해 얻어진 정보는 오직 전문적 목적을 위해, 그리고 그러한 경우와 명백히 연관된 사람들에 의해서만 논해진다. 글로 쓰이거나 구두로 이루어

진 보고는 오직 평가의 목적에 적절한 자료만을 제공하며, 불필요한 사생활의 침해를 막기 위한 모든 노력이 기울여져야 한다.

ⓑ 글쓰기, 강연, 혹은 기타 공적인 토론회 등의 전문적 작업 중에 얻은 개인에 대한 정보를 제공하는 심리학자들은 적절한 사전 동의를 얻거나 신원을 확인할 수 있는 모든 정보를 적절하게 가장한다.

ⓒ 심리학자들은 기록의 저장과 처분에 있어서 비밀유지를 위한 규정들을 만든다.

ⓓ 미성년자 혹은 자발적이고 자세한 동의를 할 수 없는 사람들과 작업을 하는 경우, 심리학자들은 이러한 사람들의 최선의 이익을 보호하기 위해 특별한 주의를 기울인다(APA 윤리위원회, 1990, pp. 390~395).

미국 미술치료협회의 비밀유지 원칙은 다음과 같다.

미술치료자들은 내담자의 비밀유지를 존중할 주요한 책임을 가지며 그들의 업무, 조사 혹은 교육 중에 얻은 개인 혹은 가족에 대한 언어적, 시각적 정보를 보호한다.

ⓐ 정보는 사례와 관련된 전문가들에게만 공개되어야 한다. 글이나 구두로 이루어진 보고에서는 오직 조사의 목적과 연관된 자료만 공개한다. 불필요한 사생활 침해를 피하기 위해 모든 노력이 기울어져야 한다.

ⓑ 미술치료자들은 그들의 내담자들에게 비밀유지의 한계에 대해 알려야 할 책임이 있다.

ⓒ 미술치료자들은 어떠한 시각적, 혹은 언어적 자료가 누설되기 전에 이와 연관된 내담자에게 문서로 허락을 받는다. 개인에 대한 신원확인이 가능한 모든 정보는 적절히 가장되어야 한다.

ⓓ 미술치료자들은 개인, 사회, 법에 의해 지정된 즉각적이고 명백한 위험이 있을 때 내담자의 동의 없이 정보를 공개할 수 있다. 이와 같은 정보는 오직 적절한 전문가, 공공 권위자 혹은 법이 임명한 타인들에게만 공개된다.

ⓔ 미술치료자들은 기록의 보관과 처분에 있어 비밀유지를 담은 규정을 만든다(American Art Therapy Association Ethics Committee 1988, pp. 15~16).

비밀유지 문제들에 덧붙여, 두 조직 모두 홍보(public relations)와 내담자의 복지 같은 윤리적 고려사항들을 다루고 있다. 미국 미술치료협회는 내담자 작품의 공적인 사용과 복제에 관한 부분을 추가하였다. 우리는 이러한 규약들에 익숙하지 않은 독자들이 그것들을 자세하게 읽어볼 것을 강력하게 권한다.

사진과 비디오는 내담자의 얼굴 모습을 담는다는 특징 때문에 비밀유지를 위반할 가능성이 있다. 단순히 내담자의 신원을 확인할 수 있는 배경정보의 공개를 막는 것만으로는 충분치 않다. 이미지 그 자체로 타인들에 의해 인식될 수 있기 때문에, 치료에 카메라를 활용하기 전에는 특별한 단계가 취해져야 한다.

내담자들은 최우선적으로 사진과 비디오테이프에 무슨 일이 벌어지는지와 누가 그것을 보는지를 알기 원한다. 우리는 내담자와 사진 혹은 비디오테이프의 정확한 처분에 대해 논의하자는 약속을 한다. 만약 치료자가 슈퍼비전을 받으면 슈퍼바이저는 사진이나 테이프를 보게 될 것이며, 내담자는 그것을 반드시 알고 동의해야 한다. 보통은 사진을 담은 미술작품이나 비디오테이프를 가지고 있도록 허용하는 것이 최선이다. 그러면 내담자의 허락 없이는 그 누구도 그것들을 볼 가능성이 없게 된다. 그러한 절차는 개인치료에서 가능하다. 집단치료에선 비디오테이프 혹은 사진 속에 다른 집단원들이 있을 수 있다. 이러한 경우에는 그 작품의 처분에 대한 집단원들 사이의 명확한 이해와 더불어 치료자들이 그 작품을 보호하거나 그걸 지우거나 없애는 것이 최선이다. 작품이 교육적인 목적으로 활용되는 경우엔, 예를 들면 이 책처럼 그 작품이 출판되기 전에 자신의 이미지가 실릴 각 개인으로부터 문서로 허락을 받아야 한다. 내담자는 그 이미지들이 어떤 식으로든 변형될 것을 요구할 수 있다.

몇몇 정신보건 시설들은 그러한 전제하에서 사진을 찍는 것에 대해 명확한 정책들을 가지고 있다. 휴스턴의 어떤 미술치료자는 치료에서 사진을 찍는 것을 금지당했다. 환자에 대한 어떠한 사진도 찍는 것을 반대하는 병원의 정책 때문이다. 이와 같은 경우엔 프로젝트를 시작하기 전에, 병동의 슈퍼바이저나 병원 행정 측으로부터 허가를 받아야 한다. 만약 내담자가 사진을 보관하게 될 것이라고 설명한다면, 비밀유지와 관련된 위험이 훨씬 줄어들 것이다. 이 책에서 논의된 대부분의 프로젝트에서 이미지들은 집단으로 자세를 취한 것이 아니라 엄격히 개인적인 것들뿐이었다. 어느 경우에도 이런 프로그램을 수행하기에 앞서 환자들뿐 아니라 정신보건 행정 측과 사진이나 비디오의 사용에 대해 논의해야 한다.

와이저(Weiser, 1986)는 치료 과정에서의 사진의 윤리에 대한 사려 깊은 에세이를 썼다. 그녀가 제기한 한 가지 이슈는 사진의 소유 혹은 부정적인 것들이다. 만약 치료자가 필름과 카메라를 소지하고 내담자의 사진을 찍는다면, 누가 그 이미지를 소유하는가? 치료자인가, 내담자인가? 보다 문제를 복잡하게 만들어보자. 만약 내담자의 정신건강 서비스 제공기관이 카메라와 필름을 소유하고 있고 치료자가 그 정신건강 서비스 제공기관을 위해 일한다면, 그땐 누가 사진을 소유하는가? 이러한 자세한 사항들은 반드시 고려되어야 하며 치료에서 사진을 사용하기 전에 내담자, 서비스 제공기관 행정 측에 미리 설명되어야 한다.

몇몇 내담자들은 사진을 찍히거나 비디오 촬영이 되는 것을 원하지 않는다. 그러한 바람들은 존중되어야 한다. 미술치료 프로그램 내에서, 내담자는 언제라도 사진 대신에 그림을 그릴 수 있으며 치료의 일부에 적극적으로 참여하지 않고 관찰만 할 수도 있다. 카메라 앞에 있길 원하지 않는 내담자는 카메라를 조작하는 사람으로서 카메라 뒤에서 프로젝트에 참여할 수도 있다.

안전은 우리가 이 책에서 논한 프로젝트와 크게 상관이 없다. 하지만 다룰 필요가 있는 안전 관련 주제가 하나 있다. 즉석 필름은 인화 관련 화학물질이 덮인 두 겹의 종이를 포함하고 있다. 이미지가 오려질 때 화학물질을 덮고 있던 봉인이 찢어지고 인화물질이 소량 노출된다. 이따금 손가락에 따끔함이 느껴질 수 있다. 폴라로이드 회사는 필름을 자르는 것에 대해 경고하고 있으나, 우리는 10년 남짓 폴라로이드 필름을 사용해 사진을 오리면서 아무런 문제가 없었다. 우리는 참가자들이 잘려나간 인화된 사진들을 만진 다음에 손을 씻고 인화된 사진을 그들의 손가락, 눈, 입에 가져가는 것을 피할 것을 충고한다. 이런 경고는 어린아이들이나 심각한 정신장애를 가진 사람들과 가장 연관이 있을 것이다. 물론 이들이 그 이미지들을 어떤 식으로든 오려내는 것은 바람직하지 않으며 가능치도 않을 것이다.

미술재료들

우리는 폴라로이드 600카메라를 가지고 충분히 사진을 찍을 수 있었다. 그것들은 다루기 쉽고 매우 튼튼하다. 우리는 그것들을 해변, 숲에서도 사용해보았고 어린아이들, 그리고 기타 적대적인 환경 속에서도 별다른 문제 없이 사용해왔다. 사진들은 컬러로 깨끗하게 나왔다. 노출 후 겨우 1분 뒤에 인화된 사진을 볼 수 있다는 추가적인 이점도 매우 중요하다. 플래시를 장착한 단순한 카메라가 30달러(약 3만 6,000원) 정도이며, 보다 정교한 것이 45달러(약 5만 4,000원)다. 우리는 15~18달러(약 2만 원)에 세일 중인 필름 2팩을 구매했다. 이러한 가격이 터무니없이 비싼 것 같다면, 봉사기관으로부터 도움을 받을 수도 있다. 로열티 그룹(The Royalty Club)은 프로젝트를 위해 필름을 기증했으며 다른 봉사기관들도 도움을 청하면 긍정적으로 받아들일 것이다. 휴스턴의 어떤 비영리 정신건강 센터는 폴라로이드 회사로부터 직접 카메라와 필름을 얻는 데 성공하였다.

하얀색이나 색깔 있는 포스터보드는 대부분의 미술 프로젝트를 위해 좋은 배경을 제공한다. 우리는 종종 포스터보드를 2개로 잘라서 2번 쓸 수 있게 하고 내담자가 지나치게 큰 공간을 미술로 채우지 않게끔 한다. 대규모 집단 프로젝트를 위해서는 벽지나 도화지도 배경으로 유용하다.

치료자는 사진에 추가하기 위해 거의 모든 미술재료들을 사용할 수 있다. 우리는 색깔이 있는 마킹 펜들, 오일 파스텔, 색종이와 박엽지, 그리고 색깔 있는 실을 사용하는 것을 좋아한다. 많은 치료자들은 아크릴 혹은 수채화용 물감이나 붓을 사용하기를 원할 것이다. 딱풀이나 미술용 풀, 액체 풀 역시 유용하다. 색종이 혹은 박엽지와 사진을 함께 사용하는 데에는 한 가지 기술적인 문제가 있다. 사진이 색깔이 있는 종이 위에 붙여지면, 액체풀은 그 색깔이 사진을 통과해 번져나가게 할 수 있다. 그것은 딱풀을 사용해 사진이 색깔을 가진 종이에 알맞게 붙임으로써 방지할 수 있다. 초보 사진 미술치료자가 갖추어야 할 재료들의 목록을 알아보면 다음과 같다.

- 폴라로이드 600카메라와 필름
- 하얀 포스터보드
- 여러 가지 색의 포스터보드, 검은색 포함
- 색깔 있는 마킹 펜들
- 오일 파스텔들
- 다양한 색의 박엽지, 검은색과 흰색 포함
- 다양한 색의 색종이, 검은색과 흰색 포함
- 작은 상자들. 포장가게에는 여러 가지 사이즈들의 상자들을 판매한다. 우리는

대략 가로×세로×높이 각각 20 cm 크기의 상자를 좋아한다. 신발상자 혹은 기타 작은 상자들도 적절하다.

- 다양한 색의 실, 검은색과 흰색 포함
- 다양한 색의 리본들, 검은색과 흰색 포함
- 가위
- 딱풀
- 액체 풀
- 미술용 풀
- 반짝이, 스팽글, 그리고 색깔 있는 깃털들
- 알루미늄 포일
- 사진이 많이 들어 있는 오래된 잡지 여러 권

경향과 기타 가능한 활용법들

우리는 미술치료 내에서 사진의 활용 가능성들을 제한시키지 않았다. 스스로 개발하거나 다른 다양한 프로그램들을 실행해보았으며 다른 사람들도 마찬가지였다. 프라이리어와 크라우스(Krauss, 1983)는 사진이 치료적으로 쓰일 수 있는 11개의 광범위한 영역들을 확인하였다. 11개의 영역들은 ① 정서적 상태의 환기 ② 언어적 행동을 끌어내기 ③ 모델링 ④ 기술의 습득 ⑤ 사회화의 촉진 ⑥ 창조성 ⑦ 언어적 치료에 대한 진단적 보조물 ⑧ 내담자와 치료자 간의 비언어적 의사소통의 형태 ⑨ 변화의 기록 ⑩ 특정 경험의 연장 ⑪ 스스로 직면하기다. 만약 우리가 사진 미술치료에 대한 논의 속에 비디오를 포함시킨다면 이 리스트는 더욱 길어질 것이다. 이 책에선, 기타 미술매체와 결합하여 창조적이고/표현적인 방식으로 사진을 활용하는 데 집중하였다.

미술치료가 하나의 치료 형태로서 폭발적인 인기를 누리고 있다는 점에는 의심의 여지가 없다. 불과 지난 몇 년 동안 미술치료자들은 그들 자신의 자격기준을 갖추고 명확히 자격을 지닌 전문가들로서 인정받기 시작했다. 미술치료에 사진과 비디오를 통합시킨 것은 물론 보다 구체적이고 전문적인 시도지만 그러한 분화 역시 그 정교함과 인기가 점점 성장하고 있는 듯하다. 미국 미술치료협회는 자신들의 연간 국제학회 프로그램에서 하나 혹은 그 이상으로 사진치료나 비디오에 대한 회기들을 관례적으로 갖추고 있다.

이제부터는 아직 초기 단계에 머물러 있거나 완전한 장으로 깔끔하게 정리되어 있지 않은 여러 가지 접근법들에 대해 언급하고자 한다.

아동학대 영역에선 혁신적인 치료적 접근에 대한 수요가 크다. 학대를 당하고 있는 아이들, 아이를 학대하는 어른들, 그리고 아이일 때 학대를 당한 어른들 모두가 도움이 필요하다. 학대에서 살아남은 성인 생존자들은, 10장의 주디스처럼 크게 주목을 받아왔다. 학대하는 성인들은 법이나 보호당국의 초점이 되었고 보호를 받고 있는 어린이들도 마찬가지다. 학대받은 아이들은 어린이 보호 서비스(Children's Protective Service)에 의해 종종 그룹 홈(Group home)이나 아동보호시설로 옮겨진다.

가족으로부터 떨어져 아동보호시설이나 다른 시설들로 옮겨진 아이들은 학대를 가하는 가족구성원으로부터 보호를 받을 수는 있지만 이러한 입소로 인해 희생당한 것처럼 느낄 수 있다. 그들은 친구, 학교, 애완동물, 종종 그들의 형제들이나 다른 친척들로부터 멀어진 것이다. 그들은 보호조치에 의해 벌을 받은 것처럼 느낀다. 또한 아이들은 어떻게든 그들이 처했던 곤경에 대해 비난받아야 한다고 느끼며 종종 분노와 이해받지 못한다고 느낀다. 그들은 미래에 대해 염려하며 소외되고 홀로 있는 것처럼 느낄 수 있다. 또한, 낮은 자기 존중감으로 괴로워하고,

자신감과 방어력이 부족하다.

프라이리어와 프라이스(1991)는 아이들이 보호시설로 옮겨가는 것이 편안하도록 돕기 위한 미술치료 프로그램을 개발하였다. 이 프로그램은 7주짜리이며 각 주당 1시간 반에서 2시간이 소요되고, 그리기, 색칠하기, 이야기 나누기뿐 아니라 사진과 비디오 촬영도 포함한다. 이 프로그램의 즉각적인 목표는 ① 아이들로 하여금 자신의 이야기를 하게 허용하기 ② 아이들이 현재 보호받아야 하는 상황에 대해 관점을 갖도록 도와주기 ③ 아이들이 자신들은 잘못이 없다는 것을 깨닫도록 돕기 ④ 아이들로 하여금 그들을 지지해주는 집단이 있다는 것을 알게 도와주기 ⑤ 아이들이 자기 자신의 강점들을 볼 수 있게 돕기다. 일반적인 목표는 아동보호시설로의 이동이 성공적인 것이라고 확신시키는 것이다. 전체 보육 시스템과 더불어, 장기간의 목표는 세대에서 세대로 이어지는 학대의 사이클을 끊는 것이다. 이 프로그램은 6살에서 16살의 아이들을 위해 고안되었으며 5~6명의 아이들로 이루어진 소규모 집단에서 행해졌다. 프로그램의 개요는 다음과 같다.

1회기 "이것이 나의 이야기야."

아이들은 현재의 곤경, 보호시설로의 이동에 대한 포스터를 만들고 집단원들에게 그것에 대해 이야기한다. 그림 속엔 그들이 원하는 어떠한 자세라도 담을 수 있으며, 그들 자신을 찍은 즉석 사진이 색깔 있는 마킹 펜으로 꾸며진다.

2회기 "하룻밤 사이에 그 일이 벌어지진 않아요."

아이들은 포스터보드 위에 그들에게 일어난 3가지 안 좋은 일들을 그리며 집단원들에게 그것에 대해 이야기한다.

3회기 "그건 내 잘못이 아니야."

2회기에서 나온 포스터보드를 활용하여, 아이들은 3개의 사건들 각각에 대해 문장을 하나씩 쓴다. 그러고 나서 그들은 집단원을 토크쇼의 진행자로 삼아 비디오 촬영을 하면서 미술작품을 보여주고 그에 대해 쓴 문장을 읽는다. 각 문장을 읽은 다음에 어른들은 스스로를 통제해야 하며, 진행자는 "그건 나의 잘못이 아니야."라는 문장을 언급하면서 개입한다. 전체 집단원들이 "그건 내 잘못이 아니야."라고 함께 외치며 응답한다. 우리는 최근 한 집단에서 이런 토크쇼를 뮤지컬 형식을 바꿨으며 아이들이 쓰는 문장인 "그건 내 잘못이 아니야, 내가 비난받아야 할 게 아니야."는 후렴구를 가진 뮤지컬 가사가 되었다. 아이들은 이 프로그램에 열광적이었다.

4회기 "모두 나쁜 것은 아니야."

아이들은 포스터보드 위의 3가지 좋은 일들과 포스터에 대해 집단원들에게 이야기한다.

5회기 "난 혼자가 아니야."

사람들의 실루엣을 담은 종이 1장 위에, 아이들 각자가 가운데에 자신들의 사진을 붙이고 그 다음엔 도움을 주는 사람들의 얼굴과 이름을 그린다. 학교친구들, 친척들, 선생님, 집단지도자, 그리고 양부모가 도움을 주는 사람들이 될 수 있을 것이다.

6회기 "난 충분한 자질을 갖추고 있어."

아이들 각자가 규격대로 잘라진 포스터보드 위에 장점과 긍정적인 측인을 담은 문장을 구성한다.

7회기

아이들과 양부모들이 만나고 아이들은 양부모들에게 지난 6회기 동안 나온 그들의 모든 작품을 보여준다.

포웰(Powell)과 파허티(Faherty, 1990)는 성적으로 학대받은 아이들의 치료를 위한 20주짜리 미술치료 프로그램에 대해 보고하였다. 그들은 사진을 포함하진 않았지만 비디오를 활용하여 몇 회기를 진행하였는데, 여기엔 교육적인 비디오테이프를 상연하는 것과 집단원들이 드라마를 만들어 비디오로 촬영하는 것이 포함되었다.

제이콥스(Jacobs, 1991)는 복사기를 가지고 자화상을 담은 즉석 사진을 200배 확대한 것을 가지고 성적으로 학대당한 10대 소녀들과 작업하였다. 확대된 이미지들은 보드지 위에 붙여졌고 스탠드로 받쳐졌다. 소녀들은 가해자와 보호자라는 2개의 추가적인 보드지 이미지들을 만들었다. 잡지에서 오린 남자들 사진이 가해자의 이미지를 위해 활용되었고 소녀들 자신의 이미지들은 보호자를 나타내기 위해 쓰였다. 소녀들은 그 이미지에 잡지에서 오린 종이옷을 입혔으며 희생자, 가해자, 보호자의 삼각형을 둘러싸고 연극을 하였으며 그에 대해 이야기를 나누었다.

프라이리어와 스테판스(Stephens, 1988, 1990)는 비디오 미술치료 프로그램을 개발 및 검증하였다. 이 프로그램 속에서 비디오는 치료에 부수적이기보다는 필수적인 부분이다. 비디오는 치료 속에서 매우 세밀하게 사용되지만, 우리가 도입부에서 설명하였듯이 미술치료 프로그램 속의 구성요소로는 좀처럼 사용되지 않는다.

내담자들에겐 포스터보드, 색종이, 박엽지, 마킹 펜들, 깃털, 반짝이, 색실, 가위, 그리고 풀 같은 미술재료가 주어진다. 그들은 그 다음에 마스크를 만들라는 지시를 받는다. 마스크들은 개인의 페르소나를 표현하기 위해 빈번하게 쓰이지만, 개인의 사적이거나 무의식적인 환상을 드러내는 데 쓰이기도 한다. 마스크를 구성하는 애매모호한 작업은 마스크를 만든 이의 성격의 투사로 나타나며 이는 주제통각 검사 TAT(Thematic Apperception Test)나 로르샤흐(Rorschach) 잉크 자국에 반응하면서 이야기하는 것과 유사하다. 연구에 의해 나온 가정에 따르면, 내담자는 마스크에 제대로 통합되지 않거나 수용되지 않고, 심지어 부인된 성격의 일부를 투사한다.

마스크가 완성된 다음에, 내담자들은 그들의 마스크를 착용하거나 그것들을 그들의 얼굴 앞에 들고 있으면서 비디오카메라를 바라본다. 큐 신호가 담긴 카드를 활용해서 내담자는 일련의 미리 쓰여진 문장들이나 질문들을 읽는다. 그 다음에 내담자는 마스크를 벗고 마스크를 쓴 페르소나를 담은 비디오를 돌려 보고 문장이나 질문들에 대답한다. 그 결과는 내담자의 마스크로 인해 상징적으로 표현된 성격과의 대화다. 대화의 목표는 마스크로 표현된 투사된 성격의 일부, 성격의 나머지 부분들을 통합하는 것이다. 융의 이론적 틀 속에서 내담자는 이러한 무의식 혹은 부인된 투사들을 개성화시키거나 통합하려고 노력한다.

큐 카드들에 쓴 일련의 문장들이나 질문들은 통합 혹은 개성화를 촉진하기 위해 고안되었으며, 자각으로부터 출발해서 수용하고 통합하게 한다. 자각을 촉진하기 위한 질문이나 문장은 다음과 같다.

"당신은 저를 알죠, 나는 누구인가요? 내게 나 자신에 대해 말해줘요."
"우리가 전에 본 적이 있나요? 그렇다면 어디에서였죠?"
"당신이 나를 알고 들을 수 있는데, 제가 당신이 기대한 대로의 나인가요? 당신은 놀랐나요?"

수용을 촉진하기 위한 것은 다음과 같다.

"당신과 같이 작업을 할 때, 나는 당신이 어떤 중요한 생각을 하는지 자각하게 되었어요. 그 생각들이 무엇이었는지 제게 떠올리게 했어요."
"나는 나의 색깔을 좋아해요. 당신은 이 특정한 색깔을 왜 선택한 거죠?"

"나는 나의 형상이 좋아요. 제게 그것에 대해 이야기해줘요."

통합을 촉진하기 위한 것은 다음과 같다.

"제가 당신을 위해 무엇을 할 수 있을까요?"
"당신은 나를 위해 무엇을 할 수 있나요?"
"우리가 그럴 필요가 있을 때 어떻게 서로를 찾을 수 있을까요?"

비디오 미술치료 프로그램은 개별적으로 혹은 집단 내에서 진행될 수 있다. 우리는 몇몇 개인상담과 8개의 집단프로그램을 시도해보았으며 대체로 긍정적인 결과를 얻었다. 힌즈(Hinz)와 라그스델(Ragsdell, 1990)은 신경성 식욕항진증을 가진 여성들의 집단에 본 프로그램을 활용하였으며 그 집단으로부터 높은 결석률을 경험하였다. 다른 혁신적인 프로그램들과 마찬가지로 어떤 집단에서 어떻게 잘 수행할 수 있는지를 알기 위해서는 많은 연구가 필요하다.

대체로 사진과 비디오 이미지들은 직면적이다. 그러한 이유 때문에 미디어는 신중하고 자기 자신의 이미지를 보는 것이 가질 수 있는 효과를 고려하면서 사용되어야 한다. 정신병으로 고통받는 사람들은 특히 이와 같은 직면에 취약하며, 우리가 이 책에서 제공한 프로그램엔 타당한 대상자가 아니다. 하지만 하트윅(Hartwich)과 그의 동료들(1986, 1987, 1989, 1990)은 정신분열 환자들에게 비디오를 활용한 것에 대해 연구하였으며 몇 가지 성공을 거두기도 하였다. 그들의 기본적인 접근은 환자를 비디오로 촬영하고, 그 다음에 그 자신을 바라보는 환자를 다시 비디오로 촬영한 것이다. 두 번째 비디오테이프는 환자와 치료자 사이의 논의를 위한 초점으로 사용되었다. 하트윅은 보는 자를 압도하는 것을 피하기 위해 자기를 바라보는 부분을 오직 15~30초 정도만 유지하라고 하였다. 엄격하게 말하자면, 이와 같은 접근은 미술치료라기보다는 시각적 이미지들의 활용이다.

보웬(Bowen, 1990)은 아리조나의 마리코파(Maricopa) 카운티 내의 주간치료센터(day treatment center)에서의 미술 프로그램 프로젝트(Project Art program)에 사진을 활용하였다. 이 센터의 내담자들은 정신과 환자들이었으며 몇몇은 심각한 정신건강 문제를 가지고 있었다. 미술 프로그램 프로젝트에서 보웬은 내담자가 그들 자신의 사진을 찍고 인화하게 하였다. 그는 사진 교실이 내담자들로 하여금 결정을 내리고 문제를 해결하며 보다 현실지향적으로 되는 데 도움이 된다고 믿는다.

우리는 가족 미술치료 프로그램에 대해선 자세하게 논의하지 않았다. 코빗은 시각적 전환 집단 기법(11장 참조)을 집단으로서의 가족에 적용하였다. 가족구성원들이 역기능적인 가족관계를 묘사한 그들의 사진을 활용하여 하나의 포스터를 구성한다. 그러고 나서 그들은 어떤 이상적인 가족구조를 담은 그들의 사진을 활용하여 두 번째 포스터를 구성한다. 두 포스터 모두가 함께 작업하는 가족구성원들에 의해 만들어지며, 여기에 대한 상당한 논의와 가족 역동을 드러냄으로써 마무리된다.

또 다른 가족사진 미술치료의 가능성은 가족구성원들로 하여금 사티어(Satir)의 의사소통 자세들 중 하나를 택하게 하는 것이며(비난하기, 과도하게 합리적, 애걸하기, 무관심, 그리고 일관성), 그에 해당하는 자세를 취하는 것이다. 그 다음에 그 사진은 이 책에서 기술된 다른 프로젝트와 매우 비슷한 방식으로 쓰인다. 가족구성원들은 전체 가족을 담은 포스터를 집단 응집력에 대해 다룬 사진을 활용해서 발전시킬 수 있다(12장 참조). 우리는 가족들을 대상으로 이 기법을 활용하진 않았다. 하지만 콕스(Cox, 1991)는 이에 대한 시도를 제안하였으며, 가족구성원들로서 자세를 취한 훈련생 치료자들과 함께 이를 시도하기도 하였다.

덴버에 거주하는 사진작가이자 치료자인 케이티 타라코프(Katy Tarakoff, 1991)는 아이들이 생명을 위협하는 질병과 트라우마에 대처하는 것을 돕기 위해 사진

일기 워크북을 활용하였다. 그녀는 2개의 저널인 '내 멍청한 병(my stupid illness)'과 '나의 인생 일기(my life journal)'를 고안하였다. 아이들이 직접 찍은 즉석 사진은 의학적 처치, 죽어가는 과정, 그리고 회복에 대한 그들의 희망과 그들이 벌이는 사투를 기록한다. 이 워크북 속엔 자기 개념, 가족구성원들과 친구, 행복, 슬픔, 두려움, 분노, 자존심의 감정, 그리고 병과 의학적 처치에 대한 그들의 이해를 다루는 창조적인 활동들이 담겨 있다. 이 일기과제는 아이들로 하여금 사진, 글쓰기, 그리기, 콜라주 만들기를 통해서 진실을 표현할 수 있게 한다. 암환자들, 에이즈 환자들, 그리고 화상 피해자들이 그녀의 프로그램에 참여하였다. 타라코프는 프로그램을 확장하기 위해 비영리 기구를 세웠다. 그녀와는 '아이들의 유산 재단'(The Childeren's Legacy Foundation, P.O. Box 300305, Denver, Colorado 80203)을 통해 연락할 수 있다.

우리가 언급해야 할 또 다른 인물은 바로 주디 와이저(Judy Weiser)다. 와이저는 밴쿠버에 사진치료센터를 세웠으며 거기서 치료자들에게 사진 사용에 대해 훈련시키고 치료작업을 하였다. 그녀는 다양한 기법들을 개발하였으며 최근에는 그것들을 책으로 출간하였다. 사진에 대해 특히 흥미로운 활용은 로르샤흐 잉크 자국, 혹은 TAT 검사의 사용과 유사하다. 와이저는 자신의 사무실 벽에 사진들을 모아놓았으며 내담자에게 그에 대해 반응하도록 하여 가장 감정을 자극하거나 흥미로운 것을 고르게 하였다. 그러고 나서 그녀는 내담자에게 그 사진에 대한 일련의 질문에 응답하게 함으로써 그 자신의 성격에 대한 걱정들을 그 상황 속으로 투사하게 하였다.

결론을 말하자면, 즉석 사진과 미술을 매체로 활용한 흥미롭고 혁신적인 치료방법이 존재한다는 것이다. 우리는 향후 보다 혁신적인 방법들이 고안되기를 기대한다.

Chapter 15

요약과 결론

우리는 지난 수년 동안 폴라로이드 사진과 기타 예술매체의 결합이 강력한 치료적 동맹임을 확신하였다. 우리는 이 책을 통해 어떻게 매체들이 치료적인 방식으로 결합될 수 있는지에 대한 자세한 사례를 제공하고자 노력하였고, 융의 분석이론의 관점으로부터 치료에 대한 이론적 의미를 만들어내고자 시도하였다. 우리는 독자들이 몇 가지 새로운 치료방법들과 왜 이런 방법들이 내담자에게 도움이 되는가에 대한 이론적 근거를 이 책에서 확인하기를 희망한다.

우리가 개성화와 초월의 과정이 진행되게 하려면 자기 자신, 특히 무의식의 역동을 포함한 자기 자신에 대해 제대로 알아야 한다는 융의 주장은 우리의 작업에서 두드러지게 나타난다.

1부 자기 이해에서는 자기 자신, 우리의 의식적이고 의도적인 동기들과 특성, 그리고 우리의 무의식적인 성격 둘 다를 이해하는 것의 중요성을 강조하였다. 또, 자연, 타인, 그리고 자기 자신과의 관계 속에서의 자기를 이해하기 위한 방법을 자세히 살펴보았다. 미국에서 75%에 달하는 사람들이 3%의 대지에 살고 있다. 즉, 우리는 대부분 도시에서 살고 있다. 도시의 거주자로서 우리는 자연계를 향한 우리의 기본적인 갈망은 있으나 자연과 우리의 연결 대부분을 잃었다. 1장에서 우리는 사진과 미술매체를 활용하여 이러한 연결을 다시 만들자는 주장을 하였다.

의심의 여지없이 우리는 사회적 동물이다. 미국 도심지들은 2.6 km^2당 평균 2,000명의 사람이 살고 있다. 이처럼 많은 사람들과 더불어, 우리가 서로 어울려야 하는 것은 피할 수 없는 일이다. 타인과 평화롭게 살 수 있는 능력에 핵심적인 것은 우리 자신을 이해할 수 있는 능력이다. 자신에 대한 이해는 타인을 향한 기본적인 지향성을 포함하여야만 한다. 융의 외향/내향 개념과 아니마/아니무스 개념이 이와 관련 있으며, 아들러의 사회적 관심과 우월감의 추구 개념도 마찬가지다. 2장은 어떤 사람의 타인에 대한 관계를 이해하는 데 있어 사진 미술치료의 활용을 살펴보았다.

자기 자신과의 관계에 있어 자신을 이해하는 일은 페르소나, 즉 우리가 세상에 드러내는 마스크에 대한 이해를 수반한다. 우리가 진정 자신과 편안하게 지내기 위해서는, 페르소나를 버리고 기꺼이 진정한 자기를 타인에게 보여주는 위험을 감수할 필요가 있다. 3장은 이 페르소나와 우리가 자화상 상자라 부르는 기법과 관련이 있으며, 자화상 상자에서 우리가 보여주는 페르소나와 우리가 숨기는 사적인 성격을 탐구하였다.

자기 이해는 또한 성격의 그림자 측면, 대부분의 사람들에 의해 희미하게 혹은 약간이라도 인식되는 성격의 일부를 잘 알고 편안해지는 것을 의미하기도 한다. 가장 큰 걱정은, 만약 우리가 자신을 잘 알지 못한다면, 무의식적인 그림자의 힘에 의해 휘둘려 최선의 이익을 얻을 수 없다는 점이다. 우리가 자신에 대해 더 알아갈수록, 그림자의 횡포로부터 더욱 자유를 얻게 된다. 4장은 그림자를 직면하고 이해하는 것에 대한 이론적 근거와 방법을 담고 있다.

자기 이해는 우리가 행동의 기반으로 제기하는 밑바닥에 놓인 집단적인 기질(predisposition)인 융의 원형 개념을 파고드는 것으로 귀결된다. 집단적인 원형은 미술작품, 동화, 그리고 민담들의 문화적 축적물들에서 가장 두드러진다. 원형을 가지고 한 우리 작업의 다수는 즉석 사진과 기타 미술매체를 결합한 동화를 활용하였다. 스스로 동화를 폴라로이드 사진을 사용해 그림으로 표현하는 것은 사람들로 하여금 시각적으로 이야기의 원형적 일부가 되는 것을 경험하게 한다. 5장은 사진 미술치료와 원형(archetypes)에 대한 논의였다.

꿈에 대한 논의가 없다면 분석심리학의 이론을 다루려는 그 어떤 책들도 적절하지 않을 것이다. 6장에서 우리는 꿈을 다룰 뿐 아니라, 꿈을 구성하는 무의식적 역동들을 해소하려는 시도를 하기 위해 융의 적극적 상상을 통해서 꿈을 다루는 것에 대한 구체적인 지침을 제공하였다. 적극적 상상은 사진 미술치료와 짝지어서 사람들이 자신의 꿈을 이해하고 그것들을 넘어서는 데 매우 큰 도움이 될 수 있다.

2부에서 우리는 정신병리적 증상들을 다루는 구체적인 방법과 이론적 근거를 자세히 다루는 4개의 장을 보았다. 우리는 두려움, 갈등, 우울, 그리고 아동학대의 영향을 치유하는 것에 대해 다루었다.

두려움을 다루는 7장은 비록 성인들에게도 대다수의 방법들이 활용될 수 있지만, 특히 어린이들과 함께하는 작업을 목표로 삼았다. 우리는 또한 모래놀이 기법을 결합한 사진 미술치료를 포함시켰다.

사진 미술치료는 정신적 갈등의 해소에 도움이 된다. 갈등의 양면을 표현하는 사진을 위한 자세를 취함으로써, 내담자는 문자 그대로 갈등을 볼 수 있고 미술작품을 참고삼아 해결책에 대한 작업을 할 수 있다. 8장은 이러한 해결방법에 대한 논의다.

9장에서 우리는 융의 분석심리학 이론을 벡의 우울증과 그 치료에 대한 인지이론에 절충하고자 하였다. 인지가 모두 언어적인 것만은 아니며 그것은 시각적이기도 하다. 즉, 시각적 구성요소들이 언어적인 구성요소와 창조적이고 치료적인 방식으로 결합될 수 있다는 것이다.

10장에서 우리는 내면의 상처받은 아이를 치유하기 위해 사진 미술치료 기법을 활용한 한 여성의 사례 연구를 보고하였다. 이전 장들에서 살펴본 여러 가지 방법을 통해서, 내담자는 그녀의 학대에 대한 새로운 관점을 알게 되고 자비롭고 용감하게도 그녀의 미술작품을 공유하였으며 그 작품에 대한 언급도 해주었다.

3부 집단치료는 집단작업에 대한 3개의 장을 담고 있다. 11장에서는 저자가 개발하여 시각적 전환이라고 이름을 붙인 다중 양식의 미술치료 집단기법을 기술하였다. 이 방법은 사진, 비디오, 동작, 미술, 명상, 그리고 이야기 나누기를 포함하고 있다. 12장과 13장에선 잘 알려진 문제인 집단의 응집력과 고착된 집단의 문제들을 다루었다. 사진 미술치료 기법이 이 두 문제를 위해 제안되었다.

14장에서 우리는 독자들이 비밀유지에 대해 자각하고 신경 쓸 것을 요청하였다. 비밀유지는 치료자들이 사진이나 비디오를 사용할 때 특히 관심사가 되는데, 이는 사람들이 내담자의 얼굴을 알아볼 수 있기 때문이다. 사진 미술치료를 위한 미술재료들의 목록을 포함시켰으며, 우리가 알고 있는 매력적이었지만 이 책의 다른 장들에 딱 맞아떨어지지 않는 기타 사진이나 비디오 미술치료 방법들에 대해서도 간략하게 논하였다.

결론적으로, 미술치료의 매체로서의 사진은 다양한 이점들을 제공하며, 특히 다른 미술매체들과 결합하였을 때 그러하다. 그 이미지는 거의 즉각적이며 어떠한 미술적 재능도 필요치 않다. 폴라로이드 카메라는 다루기 쉬우며 우리가 앞서 논하였듯이, 내담자들은 자신이 찍히거나 찍은 사진을 다양한 창조적인 방식으로 활용할 수 있다. 우리는 이 매체를 활용한 새로운 방식을 계속 탐구할 계획이며 다른 사람들도 그러할 것이라 확신한다. 그리고 우리가 아직 상상하지 못한 새로운 아이디어들이 표현되기를 기대한다.

참고문헌

Adler, G. (1948). *Studies in analytical psychology.* New York: W. W. Norton.

Afanasev, A. (1973). *Russian fairy tales.* New York: Pantheon Books.

Alger, I. and Hogan, P. (1967). The Use of Videotape Recordings in Conjoint Marital therapy. *American Journal of Psychiatry,* 123, 1425~1430.

American Art Therapy Association Ethics Committee (1988). Ethical Standards for Art Therapists. *American Art Therapy Association Newsletter,* Vol. XX, No. 4, 15~16.

American Psychiatric Association (1987). *Diagnostic and Statistical Manual of Mental Disorders—Third Edition—Revised.*

American Psychological Association Ethics Committee (1990). Ethical Principles of Psychologists (Amended June 2, 1989). *American Psychologist,* Vol. 45, No. 3, 390~395.

Beck, A. T. (1967). *Depression: Causes and treatment.* Philadelphia: University of Pennsylvania Press.

Beck, A. T. (1976). *Cognitive therapy and emotional disorders.* New York: International Universities Press.

Beck, A. T., Rush, A. J., Shaw, B. F., and Emery, G. (1979). *Cognitive theory of depression.* New York: Guilford Press.

Berger, M. M. (Ed.) (1978). *Videotape techniques in psychiatric training and treatment, Rev. Ed.*, New York: Brunner/Mazel.

Bowen, R. (1990). Personal Communication.

Bradway, K. (1982). Gender Identity and Gender Roles: Their Place in Analytic Practice. In M. Stein (Ed.) *Jungian analysis.* LaSalle, IL; Open Court.

Breuer, J. and Freud, S. (1895). *Studien uber hysterie* (Leipzig and Vienna. Translated as *Studies in Hysteria.* New York, 1936 and 1947.

Briggs, K. C. and Myers, I. B. (1977). *Myers-Briggs type Indicator.* Palo Alto, CA:

Consulting Psychologists Press.

Buchalter-Katz, S. (1989). :Barrier: drawings for depressed patients. In H. Wadeson, J. Durkin and D. Perach (Eds.) *Advances in art therapy.* New York: John Wiley.

Cohen, F. and Phelps, R. (1985). Incest Markers in Children's Artwork. *The Arts in Psychotherapy,* Vol. 12, pp. 265~283.

Corbit, I. (1985). *Veterans's nightmares: Trauma, treatment, truce.* Unpublished Doctoral dissertation. Ann Arbor, MI: University Microfilms, Inc.

Cornelison, F. and Arsenian, J. (1960). A Study of the Responses of Psychotic Patients to Photographic Self-image Experience. *Psychiatric Quarterly,* 34, 1~8.

Cox, K. (1991). Personal Communication.

Dollard, J. and Miller, N. E. (1950). *Personality and psychotherapy: An analysis in terms of learning, thinking, and culture.* New York: McGraw-Hill.

Edinger, E. (1972). *Ego and archetypes.* New York: G. P. Putnam's Sons for the C. G. Jung Foundation for Analytical Psychology.

Erickson, M. (1980). *The collected papers of milton H. Erickson on hypnosis.* E. L. Rossi (Ed.). New York: Irvington.

Fisher, S. and Greenberg, R. (Eds.) (1978). *The scientific evaluation of Freud's theories and therapy*. New York: Basic Books.

Fleshman, B. and Fryrear, J. L. (1981). *The Arts in Therapy.* Chicago: Nelson-Hall.

Frey-Rohn, L. (1967). #it#Evil.# Evanston, IL: Northwestern Universit Press.

Fry, R. T. (1974) *Teaching active imagination meditation.* Unpublished doctoral dissertation. Laurence University California, Goleta, California.

Fryrear, J. L. and Fleshman, B. (1981). *Videotherapy in mental health.* Springfield, IL: Charles C Thomas.

Fryrear, J. L. and Corbit, I. E. (1989). Visual Transitions: Metaphor for Change. In H. Wadeson, J. Durkin, and D. Perach (Eds.) *Advances in art therapy.* New York: John Wiley.

Fryrear, J. L. and Krauss, D. A. (1983). Phototherapy Introduction and Overview. In D. A. Krauss and J. L. Fryrear (Eds.). *Phototherapy in mental health.* Springfield, IL: Charles C Thomas.

Fryrear, J. L. and Price, K. (1991). "An art therapy transition program for children in protective care." Paper presented at "Current issues in mental health: conference, University of Houston–clear Lake, Houston, Tx.

Fryrear, J. L. and Stephens, B. (1988). Group Psychotherapy using Masks and Video to Facilitate Intrapersonal Communication. *The Arts in Psychotherapy.* Vol. 15, 227~234.

Fryrear, J. L. and Stephens, B. (1990). Response to Hinz and Ragsdell. *The Arts in Psychotherapy.* Vol. 17, No. 3, 263~264.

Gad, I. "Beauty and the Beat" and "The wonderful sheep:" The Couple in Fairy Tales: When Father's Daughter meets Mother's Son. In M. Stein and L. Corbett (Eds), *Psyche's stories: Modern Jungian interpretations of fairy tales.* Wilmette, IL: Chiron Publications.

Greene, T. A. (1982). Group Therapy and Analysis. In M. Stein (Ed.), *Jungian analysis.* La Salle, IL: Open Court.

Hall, J. (1977). *Clinical uses of dreams: Jungian interpretations and enactments.* New York: Grune and Stratton.

Hall, J. (1982). Dream Interpretation in analysis. In M. Stein (Ed.), *Jungian analysis.* La Salle, IL: Open Court.

Hall, J. (1983). *Jungian dream interpretation.* Toronto: Inner City Books.

Hall, J. (1986). *The Jungian experience: Analysis and individuation.* Toronto: Inner City Books.

Hall, J. (1990). Presentation at International C. G. Jung Conference, Houston, Texas.

Hall, J. (1991). *Patterns of dreaming: Jungian techniques in theory and practice.* Boston and London: Shambhala.

Hartwich, P. (1986). Audiovisuelle Verfahren. In Chr. Muller, (Ed.), *Lexikon der perchiatrie.* Berlin, Heidelberg, New York: Springer.

Hartwich, P. (1987). Schizophrenien: Kognitive Gesichtspunkte. In K. P. Kisker, (Ed.), *Psychiatrie der Gegenwart. Berlin, Heidelberg,* New York: Springer.

Hartwich, P. (1989). "Audiovisual self-viewing experience in the therapy of schizophrenics." VIII World Congress of Psychiatry. Athens.

Hartwich, P. (1990). "Psychiatry in the treatment of schizophrenia with drawings and video-mirroring." International C. G. Jung Conference, Houston, Texas.

Heilveil, I. (1983). *Video in mental health practice: An activities handbook.* New York: Springer.

Hillman, J. (1975). *Re-visioning psychology.* New York: Harper and Row.

Hillman, J. (1983). *Healing fiction.* Barrytown, NY: Station Hill.

Hinz, L. D. and Ragsdell, V. (1990). Brief Report: Using maskes and Video in Group Psychotherapy with Bulimics. *The Arts in Psychotherapy.* Vol. 17, No. 3, 259~262.

Houston, J. (1982). *The possible human.* Los Angeles: J.P. Tarcher, Inc.

Jacobs, S. (1991). Personal Communication.

Johnston, J. (1978). Elements of Senoi Dreaming Applied in a Western Culture. *Sundance Community Dream Journal,* 2;1, pp. 50~61.

Jung, C. G. (1964). *Man and his symbols.* London: Aldus Books.

Jung, C. G. (1953). *Two essays on analytical psychology.* Collected Works, Vol. 7. Bollingen Series XX. Pantheon Books. Princeton University Press.

Jung, C. G. (1960). *The structure and dynamics of the psyche.* Collected Works, Vol. 8. Bollingen Series XX. Pantheon Books. Princeton University Press.

Jung, C. G. (1959). *The archetypes and the collective unconscious.* Collected Works, Vol. 9, Part 1. Bollingen Series XX. Pantheon Books. Princeton University Press.

Jung, C. G. (1964). *Civilization in transition.* Collected Works, Vol. 10. Bollingen Series XX. Pantheon Book. Princeton University Press.

Jung, C. G. (1963). *Mysterium coniunctionis.* Collected Works, Vol. 14. Bollingen Series XX. Pantheon Books. Princeton University Press.

Jung, C. G. (1966). *The spirit in man, art and literature.* Collected Works, Vol. 15. Bollingen Series XX. Pantheon Books. Princeton University Press.

Jung, C. G. (1954, 1966). *The practice of psychotherapy, 2nd. Edition.*Collected Works, Vol. 16. Bollingen Series XX. Pantheon Books. Princeton University Press.

Jung, C. G. (1955). *The symbolic life.* Collected Works, Vol. 18. Bollingen Series XX. Pantheon Books. Princeton University Press.

Kalff, D. M. (1980). *Sandplay: A psychotherapeutic approach to the psyche.* Santa Monica, CA: Sigo Press.

Kaplan–Williams, S. (1985). *The Jungian-Senoi dreamwork manual.* Berkeley, CA: Journey Press.

Keeney, B. P. (1983). *Aesthetics of change.* New York: The Guilford Press.

Kelsey, M. (1978). *Dreams: A way to listen to God.* new York: Paulist Press.

Keyes, M. F. (1974). *The inward journey; Art as therapy for you.* Millbrae, CA: Celestial Arts.

Krauss, D. and Fryrear, J. L. (1983). *Phototherapy in mental health.* Springfield, IL: Charles C Thomas.

Lambert, M. (1988). Personal Communication.

McNiff, S. (1987). Pantheon of Creative Arts Therapies: An Integrative Image of the Profession. *Journal of Integrative and Eclectic Therapy.* 6(3), 259~281.

McNiff, S. (1990). Hillman's Aesthetic Psychology. *The Canadian Art Therapy Association Journal.* Vol. 5, 1.

Melnechuk, T. (1983). The Dream Machine. *Psychology Today.* November.

O'Connell, W. E. (1981). *Essential readings in natural high actualization.* Chicago: North American Graphics. 1982.

Powell, L. and Faherty, S. L. (1990). Treating Sexually Abused Latency Age Girls. *The Arts in Psychotherapy.* Vol. 17, No. 1, 35~48.

Roberts, J. and Pines, M. (1991). *The practice of group analysis.* New York: Tavistock/ Routledge.

Roberts, R. (1983). *Tales for Jung folk.* San Anselmo, CA: Vernal Equinox Press.

Rogers, C. (1951). *Client-centered therapy.* Boston: Houghton Mifflin.

Rosen, S. (1982). *My voice will go with you: The teaching tales of Milton Erickson.* New York: W. W. Norton.

Samuels, A., Shorter, B., and Plaut, F. (1986). *A critical dictionary of Jungian analysis.* new York: Routledge Kegan Paul.

Sanford, J. A. (1980). *The invisible partners: How the male and female in each of us affects our relationships.* New York: Paulist Press.

Schutz, W. C. (1958). *FIRO: A three-dimensional theory of interpersonal behavior.* New York: Holt, Rinehart.

Schutz, W. C. (1978). *FIRO awareness scales.* Palo Alto, CA: Consulting Psychologists Press.

Seemann, E., Stromback, D. and Jonsson, B. R., Eds. (1967). *European folk ballads.* Copenhagen: Rosenkilde and Bagger.

Sidun, N. and Rosenthal, R. (1987). Graphic Indicators of Sexual Abuse in Draw-A-Person Tests of Psychiatrically Hospitalized Adolescents. *The Arts in Psychotherapy.* Vol. 14, pp. 25~33.

Singer, J. (1972). *Boundaries of the soul.* Garden City, NY: Doubleday.

Singer, J. (1976). *Androgyny: Toward a new theory of sexuality.* Garden City, NY; Anchor Press/Doubleday.

Spring, D. (1985). Symbolic Language of Sexually Abused, Chemically Dependent Women. *American Journal of Art Therapy.* Vol. 24, pp. 13~21.

Sullivan, H. S. (1953). *The interpersonal theory of psychiatry.* New York: W. W. Norton.

Tartakoff, K. (1991). Personal communication.

von Franz, M.-L. (1974). *Shadow and evil in fairy tales.* Zurich: Spring.

Wadeson, H., Durkin, J. and Perach, D., Eds. (1989). *Advances in art therapy.* New York: John Wiley.

Watzlawick, P., Weakland, J., and Fisch, R. (1974). *Change: Principles of problem formation and problem resolution.* New York; W. W. Norton.

Weiser, J. (1986). Ethical Considerations in Phototherapy Training and Practice. *Phototherapy.* Vol V, No. 1, 12~17.

Weiser, J. (in press). *The secret lives of personal snapshots and family albums: A practical guide to phototherapy.* New York: Brunner/Mazel.

Wolf, R. (1976). The Polaroid Technique: Spontaneous Dialogues from the Unconscious. *The International Journal of Art Psychotherapy, 3:* 197.

Wolf, R. (1978). Creative Expressive Therapy: An Integrative Case Study. *The International Journal of Art Psychotherapy, 5,* 81.

Wolf, R. (1983). Instant Phototherapy with Children and Adolescents. In D. Krauss and J. L. Fryrear (Eds), *Phototherapy in mental health.* Springfield, IL: Charles C Thomas.

Wolpe, J. (1958). *Psychotherapy by reciprocal inhibition.* Stanford, CA: Stanford University Press.

Yalom, I. (1975). *The theory and practice of group psychotherapy.* New York: Basic Books.

찾아보기

ㄷ

ㅁ

ㅂ

ㅅ

ㅇ

ㅈ

ㅊ

ㅋ

사진 미술 치료

지은이 | Jerry L. Fryrear • Irene E. Corbit
옮긴이 | 김준형 • 서시영
발행인 | 조승식
발행처 | (주)도서출판 북스힐
등 록 | 제22-457호
주 소 | 142-877 서울시 강북구 수유2동 240-225
www.bookshill.com
E-mail | bookswin@unitel.co.kr
전 화 | 02-994-0071
팩 스 | 02-994-0073
2011년 8월 15일 인쇄
2011년 8월 20일 발행

값 18,000원

ISBN:978-89-5526-781-5

* 잘못된 책은 구입하신 서점에서 바꿔드립니다.